Kristin Helberg

# DER SYRIEN-KRIEG

Kristin Helberg

# DER SYRIEN-KRIEG

Lösung eines Weltkonflikts

FREIBURG · BASEL · WIEN

*Für meine Mutter und meinen Vater,
mit Dankbarkeit und Respekt.*

© Verlag Herder GmbH, Freiburg im Breisgau 2018
Alle Rechte vorbehalten
www.herder.de

Satz: Daniel Förster
Herstellung: CPI books GmbH, Leck
Karte Syrien: © 2018 Klaus Kühner
www.huettenwerke.de

Printed in Germany
ISBN 978-3-451-38145-4

# Inhalt

Klarstellung: Warum es in der internationalen
Politik nur Interessen, aber in Syrien sehr
wohl Gute und Böse gibt .................. 7

1. Das System Assad. Wie das syrische Regime
   bis heute herrscht .................... 15
   Land ohne Staatlichkeit .................. 18
   Freund oder Feind ....................... 25
   Gleichschaltung der Gesellschaft .............. 29
   Lügen und leugnen, hetzen und spalten ........ 35
   Wirtschaftliche Vereinnahmung .............. 48

2. Die Syrer. Zerrüttung und Zerfall einer
   Gesellschaft .......................... 59
   Regionen des Regimes: Herrschen und gewinnen,
   schweigen und wegducken .................. 65
   Vorübergehend unter oppositioneller Kontrolle:
   Auf der Flucht vor dem Tod ................ 74
   Ehemaliges IS-Kalifat: Erwachen aus der Schockstarre   89
   Unter kurdischer Selbstverwaltung: Nicht frei,
   aber weniger unterdrückt .................. 100

3. Verraten und gekauft. Warum die Revolution
   in Syrien scheiterte ................... 113
   Berauscht und betrogen: der zivile Widerstand .... 114
   Manipuliert und missbraucht: der bewaffnete Aufstand   124
   Abhängig und uneinig: die politische Opposition .. 139

4. Spielfeld Syrien. Wie ausländische
   Interessen den Konflikt befeuern und Frieden
   verhindern .......................... 157
   Wer weiß, was er will, tut, was ihm nutzt:
   Russland, Iran ........................ 158
   Wer kein Ziel hat oder zögert, gestaltet nicht,
   sondern reagiert: Europa, USA, Israel, Saudi-Arabien
   und Qatar ............................ 171
   Wer sich anpasst, bleibt über Wasser: Türkei, Irak,
   Jordanien, Libanon ..................... 187

5. Der Syrien-Krieg als Symptom einer neuen
   Welt-Unordnung. Was zu tun und was zu
   lassen ist ........................... 201
   Krieg gewonnen, Macht zerronnen.
   Wie weiter in Syrien? ................... 202
   Die »Syrienisierung« der internationalen Politik ... 209
   Geflüchtete und Integration, Nationalismus und
   Terror: Folgen für Europa ................ 221
   Langfristig denken, eindeutig handeln: Sieben
   Empfehlungen für den Umgang mit Syrien ....... 230

Anhang .............................. 241
   Abkürzungsverzeichnis .................. 241
   Karte ............................... 246
   Quellen ............................. 248
   Weiterführende Literatur ................ 256

# Klarstellung: Warum es in der internationalen Politik nur Interessen, aber in Syrien sehr wohl Gute und Böse gibt

»Wann gehen sie denn endlich nach Hause, die Syrer? Der Krieg ist doch vorbei. Und warum jetzt noch Frauen und Kinder nach Deutschland holen? Die Männer sollten lieber zurückkehren und ihre Heimat mit aufbauen.« Solche Meinungen finden sich nicht nur in Anträgen rechtsnationaler Parteien, sondern auch auf CDU-Parteitagen, in Internetkommentaren und Talksendungen. Und viele Deutsche, Österreicher und Schweizer mögen ähnlich denken: Wir haben geholfen, als es nötig war, haben Hunderttausende Syrer aufgenommen, dafür unseren sozialen Frieden eingebüßt und die Spaltung unserer Gesellschaften riskiert. Aber jetzt ist Schluss. Die Terroristen vom Islamischen Staat (IS) sind vertrieben, es fallen weniger Bomben, Assad bleibt an der Macht (was nicht schön, aber nicht zu ändern ist), und alle reden von Wiederaufbau – damit ist unsere Solidarität am Ende. Fehlen nur noch ein paar Schlagzeilen wie »Terrorverdächtige kommen aus Syrien«, »Syrischer Flüchtling greift Juden an« oder »Verfassungsschutz warnt vor Frauen und Kindern aus Syrien« (weil diese vom IS radikalisiert sein könnten), und schon wird die Rückführung von Syrern zur persönlichen Überlebensfrage.

Umso wichtiger ist es, zu hinterfragen. Der Krieg scheint militärisch entschieden, aber ist er deshalb vorbei? Vielerorts fallen keine Bomben mehr, aber können wir diese Gebiete als sicher bezeichnen? Und kann das Land überhaupt Frieden finden, solange die Ursachen des Aufstands weiterbestehen?

Seit Jahren produziert der Syrien-Konflikt weltweit die meisten Geflüchteten: 6,3 Millionen außerhalb Syriens und noch mal so viele Vertriebene innerhalb des Landes. Mehr als die Hälfte der Bevölkerung musste ihr Zuhause verlassen. Humanitär, politisch und militärisch gilt der Krieg als größte menschengemachte Katastrophe seit dem Zweiten Weltkrieg, als historisches Versagen unserer Zeit. Längst ist aus dem innersyrischen Machtkampf ein Weltkonflikt geworden, dessen Folgen vor allem Europa betreffen und dessen Lösung uns deshalb alle angeht. Syrien wurde internationalisiert, jetzt wird die Welt »syrienisiert« – das Ergebnis ist eine neue Welt-Unordnung, die sich unsicher und unmenschlich anfühlt.

Es ist also dringend. Und doch herrscht in Sachen Syrien Ratlosigkeit. Zu kompliziert, zu viele Interessen, alles nur Propaganda. Keiner blickt mehr durch, so scheint es, dabei lässt sich der Konflikt in seiner Vielschichtigkeit durchaus verständlich machen. Ein Syrien-Buch, das keine plakative These vertritt, sondern auf Differenzierung setzt, ist in diesen Zeiten allerdings schwierig zu schreiben. Einfache Erklärungen verkaufen sich besser, vor allem wenn sie vermeintlich selbstkritisch – also antiwestlich – daherkommen. Der Krieg in Syrien wird dann wahlweise auf einen westlichen Regimewechsel, einen geplatzten Pipeline-Deal oder eine Anti-Iran-Intervention reduziert. Syrer kommen in diesen geostrategischen Planspielen um Geheimdienstdokumente, Rohstoffförderung und Einflusszonen bezeichnenderweise kaum vor – zumindest nicht als Handelnde, höchstens als Opfer von Missbrauch und Manipulation.

Dadurch machen sich ihre Verfechter ausgerechnet das zu eigen, was sie eigentlich kritisieren: eine zutiefst paternalistische Sichtweise. Als wären Syrer ohne die CIA nicht in der Lage, gegen ein Unrechtsregime auf die Straße zu gehen. Als hätten die Deserteure der syrischen Armee, die sich weigerten, auf friedliche Demonstranten zu schießen, nicht jahrelang vergeblich auf effektive Waffen aus dem Westen gewartet, während die Dschihadisten in Syrien ab 2013 alles hatten, was sie brauchten. Und als hätten syrische Aktivisten und Oppositionelle seit 2012 nicht immer wieder um Schutz vor den Bomben des Regimes gebeten, woraufhin Amerikaner und Europäer Assad gewähren ließen und ab 2014 lieber selbst in Syrien bombardierten – im Kampf gegen den IS.

Ja, westliche Außenpolitik ist verlogen. Und sie trägt große Verantwortung für das Leid der Syrer. Aber nicht weil irgendein westlicher Politiker oder Geheimdienst im Jahr 2011 Assad stürzen wollte (das wollte zuletzt US-Präsident George W. Bush mit seinem Plan für einen Greater Middle East), sondern weil der stets von Menschenrechten und Freiheit schwadronierende Westen die eigenen Interessen über den Schutz von Zivilisten stellte. Weil ihm der zivile Widerstand in Syrien egal war, er die Kriegsverbrechen des Regimes trotz historisch einmaliger Beweislage geschehen ließ und damit die Radikalisierung der Menschen vorantrieb. Der Aufstieg des IS ist nicht nur auf den amerikanischen Interventionalismus der Ära Bush zurückzuführen, sondern auch auf die krampfhafte Nichteinmischung seines Nachfolgers Barack Obama. Al-Qaida im Irak entstand als Reaktion auf die US-Invasion 2003, aber nach Syrien ausbreiten konnten sich die Dschihadisten nur, weil ein zögerlicher Obama die dortigen Rebellen im Stich ließ.

Vor allem Linke und Friedensbewegte greifen die Thesen von Regimewechsel und Pipelines gern auf, weil sie in ihr jahrzehntealtes Denkschema von »Gut« (antikapitalistischer Osten) und »Böse« (rohstoffgieriger imperialistischer Westen) passen. Dabei finden sich besonders unsoziale Auswüchse eines entfesselten Kapitalismus inzwischen in Russland und China, Syrien steht für Neoliberalismus und Nepotismus in Reinform. Außerdem gibt es in der internationalen Politik grundsätzlich keine Guten und keine Bösen, sondern nur Interessen. Außenpolitisch verfolgt jeder Staatsführer, jede gewählte oder nicht gewählte Regierung stets die Belange des eigenen Landes oder der eigenen Klientel – ob Donald Trump oder Kim Jong-un, Angela Merkel oder Wladimir Putin, Emmanuel Macron oder Bashar al-Assad. Eine moralische Überlegenheit ergibt sich daraus nicht, Unterschiede bestehen höchstens in der Wahl der Mittel zur Durchsetzung der jeweiligen Interessen, da diese internationales Völkerrecht berücksichtigen müssen, was sie – auf allen Seiten – selten genug tun.

Trotzdem gibt es in Syrien Gute und Böse, denn beim menschlichen Handeln gelten sehr wohl moralische Standards. Ein Arzt, der Medikamente in ein abgeriegeltes Gebiet schmuggelt, tut Gutes, ein Söldner, der an einem Checkpoint seine Landsleute abkassiert, um sich persönlich zu bereichern, definitiv nicht. Geheimdienstchefs, die Massenvergewaltigung und sadistische Folter in ihren Haftzentren als legitime Mittel der Einschüchterung und Erniedrigung betrachten, sind nach menschlichem (nicht westlichem) Verständnis ziemlich böse. Genauso wie Rebellenführer, die ihren Frust und ihr Bedürfnis nach Rache an gefangenen Soldaten ausleben. Ein unbewaffneter junger Mann, der für Freiheit demonstriert und dabei »*silmie, silmie*« (»friedlich, friedlich«) ruft, ist besser als der Soldat, der auf ihn schießt, oder sein Vorgesetzter, der ihn dazu zwingt.

Diesen moralischen Kompass drohen wir in Syrien zu verlieren, wenn wir vorgeben, nichts zu wissen, weil alle Seiten nur versuchten, mit Manipulation und Inszenierung unsere Wahrnehmung zu beeinflussen. Am Ende verwechseln wir Verbrecher und Leidtragende – wie jene Wahrheitsverweigerer, die jedes Gerücht und jede Propaganda im Internet dankbar aufgreifen, um das Assad-Regime vom Täter zum Opfer zu machen. Kompetente Journalisten, die im Gegensatz zu diesen selbst ernannten Experten Syrien persönlich kennen, beschimpfen sie als »Hetz-Prostituierte«, »Kriegstreiber«, »Auftragslügner«, »Psychopathen« und »gefährliche Terroristen«.

Wenn wir über Syrien als geopolitisches Spielfeld internationaler Interessen reden, dürfen wir die innenpolitische Dimension von Gut und Böse niemals vergessen. Denn sonst ignorieren wir

21 Millionen Syrer, die diesen Gegensatz zeit ihres Lebens am eigenen Leib zu unterscheiden gelernt haben. Und dann enden wir wie manche vermeintlich Linke, die komplizierte Konflikte wie den syrischen so an ihr ideologisiertes Weltbild angepasst haben, dass sich am Ende eine »demokratisch legitimierte syrische Regierung« gegen »westlichen Imperialismus und ausländische Einmischung zur Wehr setzt«. Für Syrer ist das ein Schlag in die Magengrube, für Menschen wie mich, sie sich seit Jahren beruflich und persönlich mit dem Land befassen, zum Verzweifeln. Wer zum Ostermarsch ein Konterfei Assads hochhält, hat nichts begriffen. Und wer Assad bis heute als »geringeres Übel« betrachtet, hat nicht die Syrer im Blick, sondern mit seiner geostrategischen Vogelperspektive nur sich selbst. Schauen wir also genau hin und nicht nur von oben herab. Reden wir mit den Syrern und nicht nur über sie. Deutschland bietet dafür gute Voraussetzungen, denn seit 2011 sind 700 000 Syrer zu uns gekommen.

Natürlich ist der Westen am Chaos in Nahost mit schuld. Die Außenpolitik der USA und Europas in der arabischen Welt und in Zentralasien ist eine Aneinanderreihung von Katastrophen. Mit Kolonialismus und der Ausbeutung von Ressourcen, dem Stützen von prowestlichen und dem Stürzen von unliebsamen Herrschern verfolgen Amerikaner und Europäer (vor allem Briten und Franzosen) seit mehr als 100 Jahren nur eigene Interessen. Der Staatsstreich gegen Irans Premierminister Mossadegh, die Aufrüstung der Taliban gegen die Sowjetunion in Afghanistan, die Einsetzung oder Unterstützung autoritärer Machthaber in Iran (Schah), Ägypten (Mubarak und Sisi), Tunesien (Ben Ali) und Saudi-Arabien (Königshaus der Sauds) sowie militärisch herbeigeführte Regimewechsel von außen (Irak und Libyen) sind dafür unrühmliche Beispiele. Mit dieser Politik sendet der Westen die immer gleichen falschen Signale aus. Er belohnt Despotismus und Klientelismus und trägt so zur Unterdrückung und Ausbeutung von Millionen Menschen bei, zu Unzufriedenheit und Hass, Gewalt und physischer wie gesellschaftlicher Zerstörung.

Würden europäische Regierungschefs die Machthaber dieser Welt konsequent danach beurteilen, wie diese in ihren jeweiligen Ländern herrschen, wäre Europa außenpolitisch um einiges glaubwürdiger. Stattdessen reden westliche Politiker von Freiheit, Menschenrechten und Demokratie und bezeichnen die saudische Monarchie und Ägyptens Militärherrschaft als »Stabilitätsfaktoren«. Dabei müssten sie spätestens seit den Revolutionen und Aufständen 2011 verstanden haben, dass Staatschefs, die sich auf Kosten der Bevölkerungsmehrheit bereichern, Kritiker verfolgen, der Jugend jede Zukunftsperspektive und die Luft zum Atmen rauben, keine Stabilität hervorbringen, sondern nur den Nährboden für Radikalismus und Terrorismus bereiten.

Angesichts dieser Doppelmoral des Westens wird Geostrategie allerdings gern überbewertet. Alles in der Welt scheint der Logik geheimdienstlicher Netzwerke, westlich gesteuerter Märkte und politischer Geheimdeals zu folgen. Das Internet als Resonanzraum für Fake-News und Verschwörungstheorien verstärkt diese Tendenz. Aber wer geostrategische Analysen als alleinige Erklärschablonen auf die Brandherde dieser Welt legt, wird der Realität nicht gerecht. Denn damit machen wir die Menschen vor Ort zu Marionetten. Syrien ist dafür das beste Beispiel.

Der Ursprung dieses Konflikts liegt nicht im Westen, sondern in Syrien selbst. Mehrere Millionen Syrer haben im Laufe der Jahre für ihre Würde und Freiheit demonstriert, nicht weil ausländische Agenten ihnen dafür Geld gegeben hätten, sondern weil das Assad-Regime sie seit Jahrzehnten drangsaliert. Diese Zustände im Innern waren dem Westen egal – Assad senior und Assad junior galten je nach regionalen Kräfteverhältnissen und politischer Großwetterlage mal als Partner, mal als Schurken. Seit 2008 standen die Zeichen auf Verständigung, europäische Außenminister fuhren nach Damaskus, Assad wurde in Paris empfangen, Obama schickte wieder einen Botschafter nach Syrien. Von Dämonisierung zum Zwecke eines »regime-change« kann keine Rede sein.

Mit Blick auf Bashar al-Assad vom »Bösen-Mann-Frame« westlicher Medien zu sprechen, passt deshalb nicht. Die Tatsache, dass Assad seit 2011 als Massenmörder oder Kriegsverbrecher bezeichnet wird, hat mit seinen Taten zu tun und nicht mit einer von US-Geheimdiensten ausgeheckten Schmutzkampagne zur Destabilisierung des syrischen Regimes. Deshalb ist der Blick nach innen im Falle Syriens so wichtig. Um es ganz deutlich zu machen: Bashar al-Assad ist nicht böse, weil er iranische Waffen an die libanesische Hisbollah passieren lässt. Damit verfolgt er nur ein nachvollziehbares Interesse, nämlich Israel zu ärgern, das noch immer den syrischen Golan besetzt hält. Aber Assad ist sehr wohl böse, wenn wir uns die Beweise für die Massenvernichtung von Zivilisten ansehen, die der von ihm angeführte Staatsapparat systematisch betreibt.

Die Verbrechen in Syrien gehen weiter. Der Syrien-Konflikt ist nicht zu Ende, er tritt in eine neue Phase. Wie diese aussehen wird, was das für die Syrer bedeutet und welche Auswirkungen der Krieg auf Europa hat, erklärt dieses Buch. Es liefert keine Zauberformel zur Befriedung des Landes. Aber es enthält alles, was man wissen muss, um den Konflikt zu verstehen und lösen zu können: wie das syrische Regime funktioniert (erstes Kapitel), was die Syrer denken und fühlen (zweites Kapitel), was in den vergangenen Jahren alles schiefging (drittes Kapitel), welche Interessen das Ausland in Syrien verfolgt (viertes Kapitel) und wie es weitergeht, was das mit uns zu tun hat und was wir beitragen sollten (fünftes Kapitel).

Syrien abzuschreiben können wir uns nicht leisten. Es lohnt sich deshalb, genauer hinzusehen – um sich eine eigene Meinung zu bilden, um die Syrer und die internationalen Zusammenhänge besser zu verstehen und um von unseren Politikern eine glaubwürdigere Nahostpolitik zu fordern.

# 1. Das System Assad. Wie das syrische Regime bis heute herrscht

Wer verstehen möchte, warum Bashar al-Assad bis heute Präsident Syriens ist, muss sich mit dem Wesen seines Regimes beschäftigen. Das gilt umso mehr für Menschen, die ohne tiefere Kenntnisse nach Syrien reisen, um das Leben in den Regierungsgebieten zu erkunden, und dann angetan sind vom scheinbar friedlichen und geordneten Alltag und der Dankbarkeit und Zufriedenheit der Menschen gegenüber Assad. Solche vermeintlichen Beobachter, Journalisten oder Wissenschaftler lassen sich täuschen von der wohlinszenierten Oberfläche eines Landes, in dem sämtliche Aspekte des Lebens von einem gefürchteten Sicherheitsapparat durchdrungen und kontrolliert sind. Dieser ist für Syrer omnipräsent, für Ausländer jedoch zunächst unsichtbar. Es sei denn, man weiß, mit welchen nicht nur brutalen, sondern vor allem perfiden Methoden die Assads seit Jahrzehnten herrschen.

Das heutige Regime existiert seit mehr als 50 Jahren. 1963 ergriff die Baath-Partei die Macht, geführt seit 1970 von den Assads. Hafiz al-Assad, der Vater des heutigen Präsidenten, machte aus einer säkularen, sozialistisch und panarabisch inspirierten Massenbewegung (*baath*, Wiedergeburt) ein staatliches Vollzugsorgan. Ihre ideologische Beschwörung des arabischen Nationalismus klingt schon lange hohl und abgedroschen, schließlich erwiesen sich arabische Führer in der Vergangenheit als unfähig zur Zusammenarbeit (etwa bei der Union von Ägypten und Syrien 1958–61 oder bei Vereinigungsversuchen zwischen Syrien und Irak). Tatsächlich endeten sämtliche Bemühungen um arabische Einheit seit den 1940er-Jahren mit dem totalitären Herrschaftsanspruch jeweils eines arabischen Führers in Ägypten, Irak, Syrien, Libyen, Jemen und andernorts, schreibt der niederländische Diplomat und Syrienkenner Nikolaos van Dam.[1]

In Syrien zentralisierte Hafiz al-Assad die gesamte Macht bei sich – er war Staatspräsident, Parteivorsitzender und Oberbefehlshaber der Streitkräfte in Personalunion und hielt alle Fäden fest in der Hand. An der formalen Machtfülle hat sich bis heute nichts geändert. Auch nach der neuen Verfassung von 2012 kontrolliert der Präsident Exekutive, Legislative und Judikative. Bashar al-Assad erlässt Dekrete, ernennt Premierminister und Minister, bestimmt die Mitglieder des Verfassungsgerichts und kann das Parlament auflösen. Dabei ist er als Präsident, Parteichef und Oberbefehlshaber durch Immunität vor Strafverfolgung geschützt (außer im Falle des Landesverrats). Allerdings fehlt Bashar jene Eigenschaft, die seinen Vater zu einem unanfechtbaren Führer und dessen Regime zu einer stabilen Diktatur machte: ein außergewöhnlicher Machtinstinkt.

Dieser zeigte sich bei Hafiz al-Assad schon früh. 1930 in dem damals abgelegenen Ort Qardaha im Küstenhinterland geboren, war er das neunte von insgesamt elf Kindern und ging als Erster auf eine weiterführende Schule nach Lattakia. Mit 16 Jahren trat er in die Baath-Partei ein, die mit ihrer säkularen und sozialistischen Rhetorik in Syrien besonders die konfessionellen Minderheiten ansprach – Alawiten, Christen, Drusen und Ismaeliten. Die politischen und wirtschaftlichen Eliten des Landes fanden sich traditionell vor allem im sunnitischen Großbürgertum der Städte. Wer als Alawit von der Küste oder Druse aus dem südlichen Hauran gesellschaftlich aufsteigen wollte, wählte deshalb meist den Weg über das Militär.

So auch Hafiz al-Assad, der aus einfachen alawitischen Verhältnissen und nicht aus einem einflussreichen Clan stammte. In den 1950er-Jahren ließ er sich unter anderem in der Sowjetunion zum Piloten ausbilden, 1963 war er als Luftwaffenoffizier an der Machtergreifung der Baath-Partei beteiligt. Hafiz setzte sich an die Spitze des militärischen Flügels innerhalb der Partei, der 1966 putschte, und schaltete in den folgenden Jahren konsequent jeden potenziellen Konkurrenten aus – auch ehemalige Weggefährten und Verbündete.

Die beiden Gründer der Baath-Partei, Michel Aflaq und Salah al-Din al-Bitar, mussten ins Exil, weil sie sich der Militarisierung der Partei widersetzten. Assads langjähriger Mitstreiter Salah Dschadid, der sich als Generalsekretär der Baath-Partei zu seinem größten Widersacher entwickelt hatte, landete 1970 ebenso im Gefängnis wie Präsident Nouraddin al-Atassi. Gnade kannte Assad nicht. Dschadid blieb bis zu seinem Tod 23 Jahre später inhaftiert, Atassi kam nach 22 Jahren frei und starb kurz darauf. Manche Gegner wurden bis ins Ausland verfolgt wie der erwähnte Parteigründer und ehemalige Premierminister al-Bitar. Nachdem dieser in seinem Pariser Exil ein oppositionelles Magazin gegründet und das Regime in Damaskus zehn Jahre später des »Terrorismus gegen das syrische Volk« beschuldigt hatte, wurde er am 21. Juli 1980 ermordet.[2] Das konsequente und skrupellose Aus-dem-Weg-Räumen von politischen Gegnern gehörte von Anfang an zum Repertoire des Assad-Regimes.

Hafiz al-Assad baute seine Macht auf drei Pfeiler – die Partei, das Militär und die Geheimdienste. Indem er diese mit diversen Stützen und Querstreben miteinander verband, errichtete er ein ziemlich einsturzsicheres Herrschaftsgebäude, das sein Sohn Bashar im Jahr 2000 von ihm erbte. Dabei stehen die drei Pfeiler für verschiedene Wesenszüge des Regimes: Die Baath-Partei repräsentiert seine politische Dimension als Regierung, das Militär steht für das äußerlich sichtbare Gewaltmonopol und den systemimmanenten Autoritarismus, die Geheimdienste erfüllen die mafiaähnlichen Aufgaben einer kriminellen Organisation.

Angesichts der Entwicklungen der vergangenen Jahre ist das Wesen des Regimes um eine weitere Erscheinungsform zu ergänzen. Denn unter Bashar etablierte sich ein vierter Pfeiler, der zu Zeiten seines Vaters in Ansätzen vorhanden war, aber erst durch die wirtschaftliche Liberalisierung des Landes in den 2000er-Jahren volle Macht entfalten konnte: eine vom Regime kooptierte Unternehmerschaft und Geschäftselite.

Es sind somit vier Charakteristika, die das syrische Regime ausmachen und ihm ein breites Spektrum an Handlungsmöglichkeiten eröffnen: als Regierung, als Militärkomplex, als kriminelle Vereinigung und als Wirtschaftsunternehmen. Die Fähigkeit, die eigene Herrschaft auf verschiedenen Ebenen und mit allen denkbaren Mitteln gleichzeitig durchzusetzen, lässt das Regime zugleich allmächtig und undurchschaubar erscheinen. Daneben verschafft sie ihm die notwendige Flexibilität, um auf Bedrohungen aller Art schnell und entschlossen reagieren zu können.

Wie dieses Zusammenspiel funktioniert, zeigt sich an den Strategien, die das Assad-Regime seit Jahrzehnten erfolgreich anwendet: an der Vereinnahmung staatlicher Institutionen, einem totalitären Loyalitätsverständnis, der Gleichschaltung der Gesellschaft, an Propaganda und Manipulation, Spaltung und konfessioneller Hetze sowie wirtschaftlichen Abhängigkeiten.

## Land ohne Staatlichkeit

Einen Staat im eigentlichen Sinne gibt es in Syrien nicht, da sämtliche staatlichen Institutionen vom Regime vereinnahmt sind. Regierung, Ministerien und Parlament, Behörden, Justiz und Verwaltung – sie alle werden direkt oder indirekt von Assads Machtzirkel gesteuert. Mithilfe eines engmaschigen Netzes aus geheimdienstlicher Kontrolle, persönlichen Abhängigkeiten und wirtschaftlichen Anreizen funktioniert Assads staatliches Patronagesystem bis heute. Auch wenn er in militärischen Fragen nicht mehr Herr der Lage und sowohl politisch als auch wirtschaftlich von seinen ausländischen Unterstützern abhängig ist – der Zugang zu Syriens Institutionen erfolgt über sein Regime. Wie wichtig diese Erkenntnis für Fragen des Wiederaufbaus ist, wird sich im fünften Kapitel zeigen.

Nach politikwissenschaftlicher Definition verfügt Syrien zwar über ein Staatsgebiet und ein Staatsvolk, aber das dritte wesentliche Element – die Herrschaft, politische Macht oder Staatsgewalt – dient nicht der rechtlichen Organisation der Gemeinschaft, sondern dem Machterhalt des Regimes. Jeder Beschluss, jeder Stempel unter einem Dokument, jeder Richterspruch, jede Baugenehmigung, jedes öffentliche Vergabeverfahren erfolgt im Sinne der Machthaber. Dafür sorgt ein hierarchisches System, das von Assad-Gefolgsleuten angeführt und von einem weit verzweigten und bewusst undurchschaubaren Sicherheitsapparat kontrolliert wird. Entspricht das Verhalten eines Ministers nicht den Vorstellungen der Führungsspitze um Assad, wird die Person ausgetauscht. Äußert sich ein Abteilungsleiter zu kritisch, wird er entmachtet. Folgt ein Richter nicht den Vorgaben des Geheimdienstes, wird er versetzt. Einfache Mitarbeiter, die Assad die Gefolgschaft verweigern, verlieren ihren Job. In syrischen Institutionen herrscht das ungeschriebene Gesetz, dass die Herrschaft Assads nicht in Zweifel zu ziehen ist – damit das niemand vergisst, hängt in jeder Eingangshalle und in den meisten Amtsstuben ein Porträt des Präsidenten.

Eigenverantwortliches Arbeiten im Sinne des Allgemeinwohls findet im öffentlichen Dienst folglich nicht statt. Für jede noch so kleine Entscheidung braucht es die Unterschrift des Ministers oder Behördenchefs, dieser macht ohne das Okay von oben gar nichts. Entsprechend langsam, ineffektiv und korrupt ist die syrische Bürokratie. Für Syriens Zukunft könnte sich dieser Papierwahn allerdings als nützlich erweisen, denn er dokumentiert Befehlsketten und somit Verantwortlichkeiten. Die juristische Aufarbeitung von Verbrechen fällt dadurch umso leichter, schließlich gilt das schriftliche Dokument als Mutter aller Beweise. Indem das syrische Regime also akribisch festhält, wer für welches Haftzentrum zuständig ist, in wessen Namen die Auslieferung von humanitären Gütern verhindert wurde, wer den Befehl zur Bombardierung eines Stadtteiles gegeben hat oder wessen Unterschrift ein Bauvorhaben trägt, das zur faktischen Enteignung von Anwohnern führt, liefert es die Beweise, die irgendwann zur Verurteilung der Hauptverantwortlichen dieser Verbrechen führen werden. Wie weit diese juristischen Bemühungen gediehen sind und welche Wege die internationale Strafverfolgung im Falle Syriens geht, steht im fünften Kapitel.

Wer in Behörden und Ministerien arbeitet, muss sich Assad gegenüber also loyal verhalten. Der extrem aufgeblähte Beamtenapparat (in den 2000er-Jahren waren es 1,2 Millionen Staatsangestellte bei 18 Millionen Einwohnern) stellt in Syrien ein effektives Instrument der staatlich verordneten Regimetreue dar. Von Funktionsträgern wird man keine grundsätzliche Kritik hören – unabhängig davon, was sie in Wirklichkeit denken. Sie können über Korruption schimpfen und die Zerstörung von Stadtteilen beklagen, aber an der Herrschaft Assads werden sie niemals Zweifel äußern – nicht mal im eigenen Wohnzimmer. Entsprechend schwierig ist es herauszufinden, wie viel Unterstützung dieser tatsächlich hat.

Journalisten oder Beobachter müssen sich darüber im Klaren sein, dass Menschen aus Angst vor dem Regime von sich aus nur das sagen, was dieses hören will. Um die eigene Wahrnehmung zu schärfen, sollten sie sich von Syrern im Exil erzählen lassen, wie polizeistaatliche Überwachung unter Assad funktioniert, warum sie Uniformierte nicht leiden können und Personenkontrollen bei ihnen Panik auslösen, warum sie lieber sterben würden, als in einem syrischen Gefängnis zu landen, und warum sie auch in Deutschland ihren echten Namen nicht in der Zeitung lesen wollen. Dann könnten westliche Reporter in Syrien Gesten und Blicke besser deuten und aus ausweichenden Antworten und leeren Phrasen die richtigen Schlüsse ziehen.

Öffentlich geäußerte Reaktionen und Meinungen von Menschen in Aleppo, Homs oder Damaskus pauschal als wahrhaftige Solidaritätsbekundungen zu Assad zu deuten, zeugt von naiver Ahnungslosigkeit oder böswilliger Ignoranz. Das gilt auch für Interviews mit nichtstaatlichen, also vermeintlich unabhängigen Repräsentanten – den Vorsitzenden der Handelskammer, einen Schulleiter oder Parlamentarier, den Mufti oder ein Kirchenoberhaupt sowie den Chef einer Kläranlage. Sie alle werden sich stets zu Assad bekennen, weil sie ihre Posten ansonsten los sind.

Diese Strukturen im Verwaltungsapparat haben dazu geführt, dass Staat und Regime über die Jahrzehnte eins geworden sind, verschmolzen zu einem System oder einer Ordnung (*nizam*), die von den Menschen als willkürlich, bedrohlich und korrupt empfunden wird. Zu diesem Schluss kommt auch der Nahostexperte Daniel Gerlach in seiner Analyse der Assad'schen Herrschaft. Er beschreibt das syrische System als ein »Amalgam aus herrschender Klasse und Staat, verbrämt und verflochten mit einer Partei, die die staatlichen Institutionen ebenso durchdrungen wie ausgehöhlt hat. Ein System, in dem nahezu jedes staatliche Organ von einer Parallelstruktur neutralisiert wird, die letztendlich auf das Regime zugeschnitten ist«.[3]

Dass das Regime dabei wichtige staatliche Funktionen nicht erfüllt, zeigt sich vor allem an der »materiell-rechtlichen Komponente«, die der syrische Staats- und Verfassungsrechtler Dr. Naseef Naeem hervorhebt.[4] Gerlach und Naeem leiten zusammen die Expertengruppe zenithCouncil, die sich mit Fragen von Recht und Staatlichkeit in Nahost beschäftigt. Die materiell-rechtliche Komponente beinhaltet die Versorgung, die rechtliche Absicherung und den Schutz der Bürger – drei Aspekte, bei denen das syrische Regime komplett versagt. Genauer gesagt enthält das Regime diese drei Staatsfunktionen einem Teil der Syrer bewusst vor. Es versorgt sie nicht, sondern hungert Hunderttausende über Jahre aus. Es sichert niemanden rechtlich ab, sondern hat die Syrer insgesamt entrechtet und herrscht willkürlich. Und es schützt einen Teil der Bevölkerung nicht vor Gewalt, sondern greift diesen mit Massenvernichtungswaffen aller Art an. Das Regime verkleidet sich also als Staat, dessen Aufgaben werden aber von Militär und Sicherheitsapparat ins Gegenteil verkehrt und zu Kriegsstrategien (Aushungern, Bombardieren, Verhaften und Foltern) umgewandelt.

Dabei verlässt sich Assad nicht nur auf staatliche Strukturen wie Armee und Geheimdienste, sondern setzt auch auf nichtstaatliche Milizen, die bei der Abwehr innerer Feinde besonders hilfreich sind. Schon sein Vater hatte in den 1970er-Jahren die Verteidigungskohorten (Sarayat al-Difaa) gegründet, eine paramilitärische Eliteeinheit, die unter dem Befehl seines Bruders Rifat stand und fast nur aus Alawiten bestand. Sie bekämpften jede Form von Opposition, darunter vor allem die islamistische Partei der Muslimbrüder, die Ende der 1970er-Jahre das Regime herausforderte. Ihr im Untergrund agierender extremistischer Flügel (al-Taliaa al-Moqatila, kämpfende Avantgarde) verübte Anschläge gegen Einrichtungen des Militärs und der Baath-Partei, wobei sich ihr Hass vor allem gegen alawitische Mitglieder der Sicherheitskräfte richtete. Am 16. Juni 1979 überfiel eine islamistische Kommandoeinheit die Artillerieschule in Aleppo und richtete 50 Kadetten hin – ausschließlich Alawiten.

Die darauffolgende Repression des Regimes trug ebenfalls konfessionelle Züge. Als sich die überwiegend sunnitischen Händler in den *Suqs,* den Altstadtmärkten von Aleppo, Hama und Homs, mit Streiks und Protesten dem Widerstand der Muslimbrüder anschlossen, rückte die Armee ein. Sie hatte jedoch keine gezielten Anti-Terror-Operationen im Sinn, sondern die Abschreckung, Erniedrigung und Unterwerfung der Zivilbevölkerung.

Der Aufstand der Muslimbrüder wurde Anfang 1982 endgültig niedergeschlagen, als das Regime in Hama ein Inferno anrichtete: Kampfjets bombardierten die Stadt, junge Männer wurden auf der Straße hingerichtet, Frauen, Kinder und Alte in ihren Verstecken erschossen, Panzer walzten Menschenmassen nieder und Milizen warfen Benzinbomben in Wohnungen. Dabei ging es nicht darum, eine existenzielle terroristische Gefahr abzuwenden, sondern darum, die Bewohner Hamas kollektiv zu bestrafen und an ihnen ein Exempel zu statuieren: »Wer meine Herrschaft herausfordert, wird vernichtet.«

Für die in diesem Zusammenhang notwendigen besonders brutalen und nachhaltigen Massaker an Zivilisten braucht es eine motivierte und emotional aufgeladene Speerspitze – die alawitischen Spezialeinheiten der Sarayat. Assad habe diese in Hama gezielt eingesetzt, um »ein Fanal für die Ewigkeit zu setzen«, schreibt Daniel Gerlach. Dort hätten sie als perfekte Vollstrecker gewirkt. »Für Bombardements benötigt man Befehle, für Massaker an Zivilisten aus nächster Nähe braucht man eine andere Disposition: Hass, Rachlust und die Überzeugung, dass jeder nachwachsende Sunnit aus Hama eines Tages ein alawitisches Dorf ausrotten kann.«[5]

Was damals die Sarayat waren, sind heute die Shabiha-Milizen (*shabiha*, Geister). Deren Anfänge liegen ebenfalls in der Zeit Hafiz al-Assads. In der Küstenregion bildeten Anhänger und Verwandte des Präsidenten kriminelle Netzwerke, die mit Schmuggel- und Schwarzmarktgeschäften im Libanon reich wurden. Schon immer ging ihnen der Ruf rücksichtsloser Gangster voraus, die sich mit mafiösen Methoden Geld und Einfluss sicherten. Im aktuellen Konflikt dienen die Shabiha dem Regime als außerordentlich brutale Milizionäre, die für zahlreiche Massaker an Zivilisten verantwortlich sind.

Daneben entstanden ab 2011 zunächst lokale Volksverteidigungskomitees, die mit Unterstützung der Geheimdienste von Anwohnern gegründet wurden. Vor allem Christen, Drusen und Alawiten bildeten ihre eigenen Stadtteil-Milizen, um mit Checkpoints, Überwachung und Waffengewalt die Infiltrierung durch Rebellen in ihren Wohngebieten zu verhindern. Ab Sommer 2012 bemühte sich das Regime, diese Hunderte von Komitees zu professionalisieren und besser zu strukturieren. Zu diesem Zweck schuf es die Nationalen Verteidigungskräfte (National Defense Forces = NDF), die heute etwa 100 000 Mitglieder zählen. Auch Shabiha-Milizionäre wurden darin integriert. Die NDF sollten als hochmotivierte, effektive und lokal verwurzelte Freiwilligenarmee die Defizite der regulären Streitkräfte ausgleichen, die sich aus Wehrpflichtigen aller Gesellschaftsschichten zusammensetzen und deshalb als weniger zuverlässig und loyal gelten. Ab Frühsommer 2011 desertierten nicht nur einfache Soldaten, sondern auch einige hochrangige Militärs, obwohl das Regime jeden Deserteur beim ersten Verdacht erschießen ließ und häufig die Familien dieser »Verräter« schikanierte. Die regulären Truppen waren zunehmend unterfinanziert, schlecht ausgestattet und entsprechend demoralisiert.

Für junge Männer wurde es deshalb viel attraktiver, bei einer örtlichen NDF-Einheit mitzumachen, als bei der Armee zu kämpfen: Sie bekommen einen höheren Sold, sie können Teilzeit arbeiten und vor Ort bei ihren Familien bleiben, sie kämpfen für lokale Ziele, mit denen sie sich identifizieren, und können sich nebenbei bereichern, persönliche Rechnungen begleichen und plündern, ohne Konsequenzen fürchten zu müssen.

Finanziert und strukturiert wurden die NDF von Anfang an mithilfe des Irans und der Hisbollah. Dabei sind sie dem Vorbild der iranischen Basij gefolgt – einer paramilitärischen Einheit innerhalb der Revolutionsgarden, die vor allem Dissidenten bekämpfen und die Ideen der Islamischen Revolution verbreiten soll. Entsprechend groß ist der Einfluss iranischer Militärführer und Sicherheitsberater auf die syrischen NDF. Kritiker bezeichnen sie als verlängerten Arm Teherans in Syrien.

Hinzu kommen mächtige Milizen, die von Assad zwar gebraucht und für wichtige militärische Ziele und Offensiven eingesetzt werden, sich dessen Kontrolle aber weitgehend entziehen. Besonders bekannt sind die rivalisierenden Tiger Forces in den Provinzen Aleppo und Hama und die Desert Hawks in Lattakia. Sie werden von Milizionären, Schmugglern und Kriminellen angeführt, finanzieren sich über Entführungen, Geldwäsche, Waffen-, Öl- und Menschenhandel und bauen auf eigene Unterstützernetzwerke vor Ort statt auf staatliche Institutionen.

Diese loyalen, aber zunehmend unkontrollierbaren Kräfte entstanden (wie im Fall der Tiger Forces), weil Geheimdienste über Jahre auf Kriminelle und bewaffnete Gruppen setzten, um die Bevölkerung zu unterdrücken.[6] Andere gründeten sich infolge eines Dekrets, mit dem Assad im August 2013 privaten Geschäftsleuten erlaubte, zum Schutz ihrer Kapitalgüter eigene Milizen aufzubauen. »Mit einem Federstrich bewaffnete das Regime dadurch seine eigenen Kleptokraten«, schreibt der Nahost-Militärexperte Tobias Schneider.[7] Manche konnten ihre Macht regional so weit ausbauen, dass selbst Assads gefürchteter Militärgeheimdienst sie nicht mehr im Griff hat – etwa die Tiger Forces.

Die Strategie des Regimes, auch im aktuellen Konflikt paramilitärische Einheiten einzusetzen, unterminiert insofern die Macht, die sie gleichzeitig sichert. Diverse Milizen haben für Assad Territorium zurückerobert, dabei aber ihren eigenen Herrschaftsanspruch geltend gemacht. Das Regime wird sie nach einem Ende der Kämpfe an seinem Sieg beteiligen müssen, sonst werden lokale Kriegsherren mit Schutzgelderpressung, willkürlicher Gewaltanwendung und dem Abkassieren von Bewohnern verhindern, dass die von ihnen kontrollierten Gebiete zur Ruhe kommen.

Der Einsatz privater und halbstaatlicher Milizen zeigt, wie Assad das Gewaltmonopol des Staates zu einem vom Regime gelenkten persönlichen Herrschaftsinstrument umgedeutet hat. Denn diese Kräfte handeln zwar im Auftrag oder Interesse des Regimes, aber außerhalb der staatlichen Hierarchie. Diese ausgehöhlte, in Geiselhaft genommene oder nicht existente Staatlichkeit hat schwerwiegende Auswirkungen – auf die Gesellschaft und den Einzelnen. Denn ohne Staat keine Bürger. Indem das Regime den Staat ersetzt, macht es die Syrer zu Untertanen. Und für diese gelten nur zwei Kategorien: loyal oder nicht loyal – Freund oder Feind.

## Freund oder Feind

Das Denken in Loyalitäten kennzeichnete die Herrschaft der Assads von Anfang an. Hafiz al-Assad umgab sich mit Leuten, von deren treuer Ergebenheit er absolut überzeugt war. Das waren nicht zwangsläufig Mitglieder der eigenen Familie oder Glaubensgemeinschaft, sondern langjährige Verbündete, die seinen Führungsanspruch nie infrage stellten, weil sie sich als zuverlässige Stützen der Assad'schen Herrschaft eingerichtet und keine weiteren Ambitionen hatten. Zu ihnen zählten neben vielen Alawiten und manchem Christen auch Sunniten wie der frühere Außenminister und

Vizepräsident Abdelhalim Khaddam (der seit 2005 im Pariser Exil lebt und mit dem Regime brach), der langjährige Stabschef Hikmat al-Shihabi (verstorben 2013) und Mustafa Tlass, der über Jahrzehnte als Verteidigungsminister diente, 2011 zur medizinischen Behandlung nach Frankreich zog und dort 2017 starb (sein Sohn Manaf desertierte 2012 aus der Armee und stellte sich gegen Bashar).

Geschickt tarierte Hafiz al-Assad innerhalb des Systems die Macht aus. Kein alawitischer Geheimdienstchef, keine Gruppe von Generälen, kein naher Verwandter konnte ihm je gefährlich werden, weil es zu jeder einflussreichen Figur stets ein Gegengewicht gab. So balancierten sich die verschiedenen Machtzentren gegenseitig aus, und Assad selbst stand unangefochten an der Spitze. Dieses Gleichgewicht der Kräfte sicherte im Jahr 2000 die reibungslose Machtübergabe von Vater zu Sohn. Und es garantierte dem 34-jährigen Bashar in seiner Anfangszeit als unerfahrener Präsident die Macht. In den darauffolgenden Jahren gelang es ihm, die betagten Weggefährten seines Vaters, auch als »alte Garde« bekannt, sukzessive mit Vertrauten seiner Generation zu ersetzen. Wer sich zur Gefahr für das Regime entwickelte, wurde liquidiert – wie vermutlich Innenminister Ghazi Kanaan, Alawit und mehr als zwanzig Jahre lang Chef der syrischen Geheimdienste im Libanon. Welche Rolle er beim Anschlag auf den ehemaligen Premierminister Rafiq al-Hariri am 14. Februar 2005 in Beirut spielte, ist ebenso unklar wie die Umstände seines Todes. Am 12. Oktober 2005 soll er sich in seinem Büro mit einem Schuss in den Mund selbst getötet haben. Ob Assad Kanaans Aussagen gegenüber den Ermittlern im Hariri-Fall fürchtete oder ob Kanaan als syrisches Bauernopfer für den Mordanschlag herhalten musste, ist bis heute Gegenstand von Spekulationen.

Nicht in Ungnade zu fallen ist für Assad-Verbündete folglich eine Frage des Überlebens. Das weiß auch Farouk al-Sharaa, der inzwischen wohl dienstälteste Repräsentant des Assad-Regimes und Sunnit. Al-Sharaa war von 1984 bis 2006 Außenminister und ist seitdem erster Vizepräsident. Grundsätzlich gilt die Position des Vizepräsidenten als zeremonielle Ruhigstellung ehemals einflussreicher Politiker und Militärs, aber al-Sharaa wäre im Fall eines Rücktritts oder Todes von Bashar al-Assad sein unmittelbarer Nachfolger. Als solcher wurde er schon einmal im Jahr 2012 von der Arabischen Liga und den UN ins Spiel gebracht, als es um die Ausgestaltung eines politischen Übergangs ging. Im Gegensatz zu den meisten anderen Mitgliedern des Systems ist der 1938 geborene Farouk al-Sharaa eine ausschließlich politische Figur. Er durchlief keine militärische Ausbildung, hat keine Vorgeschichte in den Geheimdiensten, sondern diente als das diplomatische Gesicht des Regimes nach außen. In dieser Rolle trägt er keine unmittelbare Verantwortung für das Blutvergießen der letzten Jahre und ist für viele Syrer – ob oppositionell oder regimetreu – eine akzeptable Figur für einen Übergang.

Das Prinzip der Loyalität, auf das sich die Herrschaft der Assads bis heute stützt, löste in Syrien zwei Entwicklungen aus, die sich im ersten Moment zu widersprechen scheinen. Einerseits spielte religiöse Zugehörigkeit und Verwandtschaft beim persönlichen Aufstieg keine Rolle, weil allein Loyalität zählte – mächtig und reich wurde, wer Assad unterstützte. Andererseits führte die Notwendigkeit, die eigene Macht über Loyalität abzusichern, sehr wohl zu einem wachsenden Anteil von Alawiten im Staatsapparat und von Profiteuren innerhalb der erweiterten Präsidentenfamilie. Denn die syrische Gesellschaft war Mitte des 20. Jahrhunderts in vielen Aspekten vormodern, die Menschen definierten sich über Stammeszugehörigkeit, Konfession, familiäre Bindungen und einen ererbten sozialen Status. Das zeigte sich auch im Machtapparat. Geschwister, Cousins, Onkel, Schwager und Neffen der beiden Präsidenten wurden wichtige Unterstützer ihrer Herrschaft – die meisten gehören zu den Familien Assad und Makhlouf (über Hafiz' Ehefrau und Bashars Mutter Anisa). Alawitische Offiziere und Generäle beförderten automatisch Mitglieder ihrer eigenen Gemeinschaft – nicht weil sie konfessionell dachten, sondern weil sie ihnen näherstanden und mehr vertrauten –, was eine Diskriminierung von Sunniten und einen deutlichen Anstieg von Alawiten in militärischen und geheimdienstlichen Führungspositionen zur Folge hatte.

Das Tragische dabei ist, dass die Baathisten sich ursprünglich zur Aufgabe gemacht hatten, genau diese traditionalistischen Gesellschaftsstrukturen zu bekämpfen. Sie propagierten eine säkulare, sozialistische Ideologie, mit der sie konfessionelle, regionale und Stammesloyalitäten abschaffen wollten, und fielen dann unter Hafiz al-Assad selbst in diese Handlungsmuster zurück, wenn es um die Sicherung der eigenen Macht und persönliche Bereicherung ging. So wurde das syrische Baath-Regime zur »Anti-These seiner eigenen Ideale«[8], schreibt Nikolaos van Dam, der niederländische Diplomat, der das Land seit Jahrzehnten kennt und mehrere Bücher zu Syrien verfasst hat. Statt den »Konfessionalismus, Regionalismus und Tribalismus«, den die Baath-Vordenker als »Krankheiten einer traditionellen Gesellschaft« betrachteten, zu bekämpfen, stärkte das Regime genau diese Faktoren, schreibt Van Dam. Auch sozialistische Ideale wie soziale Gleichheit blieben angesichts von Korruption und Klientelismus unerfüllt. Und die Beschwörung der »arabischen Einheit« scheiterte an der mangelnden Bereitschaft sämtlicher arabischer Führer, Macht zu teilen oder abzugeben.[9]

Bis heute handelt das Regime in diesen vormodernen Kategorien – etwa wenn es Loyalität nicht nur über das Verhalten des Einzelnen, sondern über die Familie definiert. Im Falle von Kritik oder Widerstand wird oft die Verwandtschaft in Sippenhaft genommen. Beteiligt sich ein junger Mann an Demonstrationen und taucht unter, wird sein Bruder oder Vater verhaftet. Ehefrauen von Menschenrechtsanwälten verlieren ihre Anstellung beim Staat, Ehemänner von Aktivistinnen landen im Gefängnis, Töchter werden vor den Augen ihrer Väter vergewaltigt. Die Geheimdienste und Milizen des Regimes setzen dessen Forderung nach Loyalität mit so sadistischen und hinterlistigen Methoden um, dass die abschreckende Wirkung nicht ausbleibt. Jeder Syrer weiß: Begehrt er gegen Assad auf, bringt er seine Angehörigen in Gefahr. In einer kollektivistischen Gesellschaft wie der syrischen, in der die Familie als unverzichtbarer Halt und wichtigste Identifikationsquelle gilt, zögern Regimegegner deshalb, offen Stellung zu beziehen.

Auch im vermeintlich sicheren Europa. Viele in Deutschland lebende Syrer reden lieber nicht über die Politik in ihrer Heimat, sie beschränken sich auf ihr eigenes Schicksal oder den allgemeinen Frust über den Konflikt. Zweierlei macht ihnen Angst: hierher geflüchtete Anhänger oder Schergen des Regimes und der lange Arm des syrischen Sicherheitsapparates, der bis nach Deutschland reicht – schließlich unterhält das Regime in Berlin bis heute eine Botschaft.

Das Loyalitätsprinzip widerlegt also die verbreitete Ansicht, in Syrien herrsche seit Jahrzehnten eine konfessionelle Minderheit – die Alawiten – über die sunnitische Bevölkerungsmehrheit. Dazu gibt es zu viele arme und benachteiligte Alawiten und zu viele reiche und mächtige Sunniten. In Wirklichkeit herrschen Assad-Loyalisten über eine ruhiggestellte Bevölkerungsmehrheit und eine massiv unterdrückte kritische Minderheit. In allen drei Gruppen finden sich Mitglieder sämtlicher in Syrien vertretenen Konfessionen, allerdings sind regimenahe Alawiten im Sicherheitsapparat inzwischen so überrepräsentiert, dass viele Sunniten diesen als konfessionell motiviert wahrnehmen. Die daraus folgenden reflexhaften Reaktionen haben den Konflikt religiös aufgeladen, sodass sich die unterschwellig schon immer vorhandenen Spannungen zwischen den Glaubensgemeinschaften heute in Hass und offener Gewalt äußern. Im zweiten und dritten Kapitel kommen wir darauf zurück.

## Gleichschaltung der Gesellschaft

Jahrzehntelang setzte die Baath-Partei nicht nur die von Assad angeordneten politischen Maßnahmen um, sondern diente auch der Gleichschaltung der Gesellschaft. Mit ihren vielfältigen Unterorganisationen dominierte sie jeden Aspekt des Alltags: von der Jugendorganisation bis zum Militärcamp (Pflicht für Jugendliche ab 16), von der Frauenunion bis zum Journalistenverband, von den Vertretungen für Arbeiter und Bauern bis zu Künstlervereinigungen und Anwaltskammer, vom Studentenverband bis zu Sportvereinen. Wer sich engagieren wollte, landete in den Strukturen einer Partei, deren führende Rolle in Politik und Gesellschaft bis 2012 sogar in der Verfassung verankert war.[10] Unabhängige Gewerkschaften, Nichtregierungsorganisationen oder andere Formen des zivilgesellschaftlichen Engagements gab es in Hafiz' Syrien nicht.

Mit einer Ausnahme: Religiös motivierte Sozialarbeit wurde geduldet – etwa privat geführte muslimische Hilfsorganisationen, die Wohnungen für Jungverheiratete finanzierten und arme Familien unterstützten oder kirchliche Vereinigungen, die Ausbildungsprogramme organisierten und Basishilfe in Form von Essen und Unterkunft leisteten. Solange sich diese muslimischen und christlichen Helfer von Politik fernhielten und mit dem Regime abstimmten, ließ Assad sie gewähren. Schließlich kümmerten sie sich um die schwächsten Mitglieder der Gesellschaft und ersetzten damit den nicht vorhandenen Sozialstaat. Zwar gab es im sozialistischen Syrien subventionierte Nahrungsmittel und eine kostenlose Grundversorgung in den staatlichen Krankenhäusern, aber Arme, Arbeitslose, chronisch Kranke oder Behinderte waren auf gesellschaftliche Solidarität angewiesen.

Unter Bashar entstanden erste NGOs (etwa im Umweltbereich) – die größte von ihnen, den Syria Trust for Development, gründete Ehefrau Asma al-Assad gleich selbst. Die meisten anderen erhielten keine Genehmigungen, sodass sie der Willkür des Regimes ausgesetzt blieben, das in jedem Moment Büros schließen und Mitglieder verhaften konnte. So erging es etwa dem 2004 gegründeten Zentrum für Medien und Meinungsfreiheit (SCM) des Rechtsanwaltes Mazen Darwish, dessen Büroräume so unauffällig im Souterrain eines Damaszener Wohngebiets untergebracht waren, dass ich bei jedem Besuch erneut suchen musste.

Darwish und sein Team verfassten Studien, organisierten Workshops, dokumentierten Menschenrechtsverletzungen und setzten sich für Journalisten ein, die Ärger mit den Behörden hatten. Dafür wurden sie selbst eingeschüchtert, mit Ausreiseverboten belegt und vorübergehend verhaftet. Im Zuge der Revolution machten

Assads Schergen dann Ernst. Im Februar 2012 stürmten Sicherheitskräfte das Zentrum und verhafteten Darwish, seine Frau Yara Bader und mehr als ein Dutzend Mitarbeiter. Während die meisten nach einigen Monaten freikamen, blieb Darwish dreieinhalb Jahre in Haft, er wurde gefoltert und mehrfach verlegt, sodass zwischendurch niemand wusste, wo er war und ob er noch lebte. Im August 2015 wurde er als letzter der inhaftierten SCM-Mitarbeiter entlassen. Heute engagieren sich Mazen Darwish und Yara Bader von Berlin aus.

Stellvertretend für viele andere zeigt dieser Fall, was beim Regime existenzielle Angst auslöst: der Verlust von Kontrolle. Syriens Machthaber fürchten sich vor einer kritischen Gesellschaft und zivilen Formen des Widerstandes mehr als vor Militanten und Milizionären, das zeigt auch der Verlauf der Revolution ab 2011 deutlich.

Was auch immer in Syrien geschieht – politisch, kulturell, wirtschaftlich – es muss von Assad ausgehen oder seinen Segen haben. Ein Jazzfestival in der Altstadt von Damaskus? Nur unter Schirmherrschaft des Kultusministeriums. Wanderwege durch die Toten Städte im Norden des Landes? Nur mit Unterstützung des Tourismusministeriums. Weiterbildung für syrische Journalisten? Nur in Zusammenarbeit mit dem Journalistenverband. Kleinkredite für Frauen in ländlichen Gebieten? Nur mit der Organisation der First Lady. Gern missbraucht das Regime Ereignisse oder Personen zur Inszenierung der eigenen Macht, etwa die Fußballnationalmannschaft, die sich fast für die Weltmeisterschaft 2018 in Russland qualifiziert hätte und von Assad für Propagandazwecke nutzen ließ. Manche der Spieler wurden dafür heftig kritisiert oder als Verräter beschimpft. Über allem schwebt stets Assad – gottähnlich verehrt von seinen Anhängern mit Slogans wie »Gott, Syrien, Bashar und sonst nichts« (»*Allah, Suriya, Bashar wa bas*«). Dreifaltigkeit auf Syrisch.

In den vergangenen Jahren ist der Einfluss der Baath-Partei zurückgegangen. Offiziell führt sie noch immer die Nationale Fortschrittsfront an, ein Bündnis verschiedener gefügiger Parteien – ähnlich der Blockparteien in der DDR. Bei den wohlinszenierten Parlamentswahlen gewinnt die Nationale Fortschrittsfront stets die große Mehrheit der insgesamt 250 Parlamentssitze, von denen entfallen wiederum die allermeisten auf die Baath-Partei (bei den Parlamentswahlen 2016 waren es 172 Sitze). Da das syrische Parlament faktisch keine Macht hat, fungieren seine Mitglieder vor allem als Claqueure Assads. Unter den aktuell 50 »unabhängigen« Mitgliedern finden sich einflussreiche Persönlichkeiten aus den verschiedenen Regionen, die sich durch enge Verbindungen und besondere Loyalität zum Regime auszeichnen. Früher waren es Stammesführer und Clanchefs, heute sind es eher Geschäftsleute und Unternehmer.

Die Zeiten, in denen man in Syrien ein Parteibuch brauchte, um Karriere zu machen oder die Genehmigung für einen Laden oder ein Restaurant zu bekommen, sind vorbei. Inzwischen entscheiden informelle klientelistische Netzwerke über Erfolg und Misserfolg des Einzelnen. Entsprechend unbedeutend ist die Rolle der Baath-Partei, vor allem auf lokaler und regionaler Ebene. Unter Bashar bekamen die anderen Pfeiler der Macht mehr Gewicht – insbesondere der Sicherheitsapparat und die Wirtschaftsverbindungen.

Mehr als ein Dutzend Geheimdienste überwachen die Gesellschaft und konkurrieren zum Teil untereinander, was den syrischen Polizeistaat undurchschaubar und somit besonders effektiv und unberechenbar macht. Bespitzelung ist in Syrien keine Frage der freien Entscheidung, sondern Teil des gesellschaftlichen Miteinanders. Jedes Stadtviertel hat einen Vorsteher (*mokhtar*), der bürokratische Angelegenheiten regelt und über alles in seiner Gegend Bescheid weiß. Er dient den Geheimdiensten als Informationsquelle und wird unterstützt von Ladenbesitzern, Handwerkern und Kellnern, die ganz nebenbei und mit großer Selbstverständlichkeit weitererzählen, was sie so gehört haben.

In diesem Punkt unterscheidet sich der syrische Geheimdienstapparat von der Staatssicherheit (Stasi) der DDR, deren Methoden ansonsten durchaus Gemeinsamkeiten aufweisen. Während die Stasi inoffizielle Mitarbeiter gezielt anheuerte, um bestimmte Personen zu überwachen, läuft in Syrien eine automatisierte gesamtgesellschaftliche Überwachungsmaschine, die den Einzelnen zum zuverlässigen Rädchen im Getriebe macht und dabei jeden Syrer – und jeden Ausländer – im Blick hat.

Wer dem Geheimdienst über mich berichtete, wusste ich recht bald (nicht weil ich von allein darauf gekommen wäre, sondern weil syrische Freunde mich darauf hinwiesen): die Besitzer des Schuhladens unter meiner Wohnung in Damaskus' modernem Geschäftsviertel Shaalan und der Betreiber des Internetcafés eine Ecke weiter. Im Falle des Internetcafés war das nicht weiter überraschend, denn mit der Genehmigung für ein solches gingen regelmäßige Besuche des Geheimdienstes einher sowie die Verpflichtung, Protokoll über Kunden und verdächtige Aktivitäten zu führen. Inwiefern andere Ladenbesitzer, mit denen ich als Stammkundin gern plauderte – während ich Erdbeer-Limonen-Saft trank, Falafel aß oder einkaufte – Informationen weitergaben, kann ich nicht einschätzen. Sicher ist nur, dass die syrischen Dienste stets auf dem Laufenden waren, was meine Arbeit, meine Reisen und meine Besucher anging. Persönlich focht mich das nicht an, da ich ja mit Genehmigung des Informationsministeriums im Land war – ich hatte nichts zu verbergen und wähnte mich jahrelang in Sicherheit. Das Schlimmste, was mir passieren konnte (und schließlich auch eintrat), war, meine Akkreditierung zu verlieren, keine Aufenthaltsgenehmigung mehr zu bekommen und nicht mehr wiedereinreisen zu dürfen. Harmlos im Vergleich zu den Methoden, die das Regime gegenüber Syrern anwendet.

Erst mit der Zeit verstand ich, dass es bei der Spitzelei gar nicht um echte Informationen geht, sondern um staatliche Willkür, die sich irgendwelcher an den Haaren herbeigezogenen Geheimdienstinformationen bedient, um einen Syrer in seiner Existenz zu bedrohen, ihn gefügig zu machen oder sich an ihm zu bereichern. Die Zusammenarbeit mit den Geheimdiensten zu verweigern, funktioniert nicht. Wer nicht freiwillig kommt, wird nachts abgeholt und besonders schikaniert. Die bessere Option sei es, Vorladungen anzunehmen, hinzugehen und so wenig wie möglich preiszugeben, erklärten mir syrische Journalistenkollegen.

Angst ist in Syrien folglich ein ständiger Begleiter und ein wirksames Instrument des Machterhalts. Sie erzeugt vorauseilenden Gehorsam und Selbstzensur – die meisten Syrer halten ganz von allein still. Und die wenigen Syrer, die sich den Mund nicht verbieten lassen, zahlen einen hohen Preis dafür. Wer sich vor 2011 politisch austauschen wollte, ging in Damaskus in das geräuschvolle Café Rawda (wo Dutzende Männer Backgammon spielen) oder an gedämpfte Orte mit weit auseinanderstehenden Tischen, an denen Gespräche schwer mitzuhören waren. Treffen von mehr als drei Oppositionellen oder Menschenrechtlern erregten Verdacht. Intellektuelle, Freigeister oder kritische Bürger haben in solch einem Gesellschaftsklima keine Luft zum Atmen, das politische Leben in Syrien ist seit Jahrzehnten tot.

Nur einmal erwachte es kurz zum Leben – während des Damaszener Frühlings, einer Zeit halböffentlicher Debatten in den Privathäusern bekannter Intellektueller nach der Machtübernahme Bashars im Sommer 2000. Ermutigt durch Bashars pseudomoderne Rhetorik diskutierten die Menschen bei diesen Salons über soziale und politische Themen, bis das Regime die wachsende Eigendynamik der Bewegung fürchtete und sie ab Frühjahr 2001 gewaltsam beendete. Die Treffen wurden verboten, sämtliche Schlüsselfiguren des Damaszener Frühlings gingen für Jahre ins Gefängnis. Nur das Atassi-Forum, ein politischer Salon im Haus der Oppositionellen Suheir al-Atassi, durfte noch bis Mai 2005 weitermachen – unter der Beobachtung der Geheimdienste, deren Mitarbeiter sich bei den theoretischen Debatten meist langweilten. Rückblickend hatte der Damaszener Frühling ein kleines Fenster zur Freiheit aufgestoßen, das nach einem knappen Jahr wieder fest verschlossen war. Die Botschaft war klar: Unter Bashar gelten die gleichen roten Linien wie zuvor. Kritik an bestimmten Zuständen wie Korruption oder Misswirtschaft ist erlaubt, das Regime an sich infrage zu stellen oder die Herrschaft der Assads anzuzweifeln jedoch nicht.

Syrien blieb, was es bis heute ist: ein zutiefst autoritäres Land. Selber denken ist unerwünscht – in der Schule, bei der Arbeit, in der Öffentlichkeit und auch zu Hause. Man hört auf das, was die jeweilige (meist männliche) Autoritätsperson vorgibt – der Vater, der Lehrer, der Professor, der Chef, der Abteilungsleiter, der General, der Präsident.

## Lügen und leugnen, hetzen und spalten

Der gesellschaftliche Diskurs und die damit verbundene öffentliche Wahrnehmung sind in den Assad-Gebieten deshalb zu 100 Prozent vom Regime gelenkt. Staatliche und private Medien verbreiten, was Syriens Machthaber für richtig und wichtig erachten. Interessanterweise steht das nicht selten in direktem Widerspruch zu ihrem Handeln. Über die Jahrzehnte lässt sich darin eine effektive Strategie des Regimes erkennen: Es sagt öffentlich das Gegenteil von dem, was es tatsächlich tut.

Besonders deutlich wird das beim Thema Religion. Seit Jahrzehnten beschwört das Regime die konfessionelle Einheit und religiöse Vielfalt des Landes, während es jeglichen Diskurs dazu unterbindet und die Konfessionen auf vielfältige Weise gegeneinander aufhetzt. Ein alawitischer Deserteur, den ich 2013 in Beirut interviewte, berichtete von seinen Erfahrungen im Sicherheitsapparat zu Beginn der Revolution. Mitglieder von Minderheiten wurden gesondert einbestellt und mit besonderen Aufgaben betraut, weil den sunnitischen Kameraden angeblich nicht zu trauen sei, erzählte der junge Mann, der aus Angst um seine Familie anonym bleiben wollte. Erfolgreich habe das Regime dadurch die Syrer entlang konfessioneller Linien gespalten, sagte der Ex-Soldat. Alawiten wie er seien als Verbündete, sunnitische Wehrpflichtige als potenzielle Verräter behandelt worden.

In den Gefängnissen wurden Alawiten und Sunniten schon seit den 1970er-Jahren gegeneinander in Stellung gebracht, meist waren die Haftbedingungen für Alawiten besser als für ihre – damals oft islamistischen – sunnitischen Mitinsassen. So war es in dem berüchtigten Foltergefängnis von Tadmur (wie die Wüstenstadt Palmyra auf Arabisch heißt), das einer der wenigen überlebenden Insassen mal als »Königreich von Tod und Wahnsinn« bezeichnete. Und so soll es bis heute im Gefängnis des Militärgeheimdienstes von Homs zugehen. Nach Recherchen von zenithCouncil können sich alawitische Häftlinge dort Hafterleichterungen verschaffen, wenn sie sunnitische Gefangene misshandeln.[11] Eine effektive Strategie, um konfessionellen Hass zu erzeugen, schreibt Daniel Gerlach. Nicht »Schergen des Regimes« foltern »mutmaßliche Terroristen«, sondern »Alawiten foltern Sunniten«.[12]

Der gleichen Logik folgte das Regime, als es alawitische Shabiha-Milizen im Sommer 2012 grausame Massaker an sunnitischen Dorfbewohnern zwischen Homs und Hama begehen ließ. Bei den Angriffen auf die Orte Hula, al-Qubeir und Tremseh starben mindestens 253 Menschen – die meisten waren Zivilisten (darunter allein in Hula 49 Kinder).[13]

Mit dieser Methode macht das Regime Alawiten zu Tätern und setzt sie dem zunehmend irrationalen Hass der sunnitischen Bevölkerungsmehrheit aus. Diese sinnt auf Rache und wird so zur Bedrohung für die Alawiten insgesamt, die sich in ihrer existenziellen Angst hinter Assad als ihren vermeintlichen Beschützer stellen sollen. Dass sie dadurch längst zu Geiseln dieses Regimes geworden sind, durchschauen manche Alawiten durchaus, daran ändern können sie allerdings wenig.

In deutlich abgeschwächter Form funktioniert die konfessionelle Hetze auch bei den Christen. Kirchliche Strukturen sind in Syrien vom Geheimdienst unterwandert, einzelne Priester und Bischöfe berichteten den Sicherheitsbehörden gleich zu Beginn der Revolution über Regimegegner in den eigenen Gemeinden. Eine karmelitische Nonne, die berühmte Mutter Agnes Mariam de la Croix, diente dem Regime mit ihren Propagandamärchen in mehreren Fällen als Kronzeugin gegen die Opposition, auch westliche Medien schenkten der Ordensfrau anfangs Glauben.[14] Geheimdienste forderten junge Christen zur Selbstverteidigung auf und bewaffneten sie, das Regime ließ Raketen aus christlichen Dörfern abfeuern, um den Eindruck zu vermitteln, alle Christen stünden hinter Assad. Kritische christliche Stimmen wurden verfolgt, verhaftet, getötet oder des Landes verwiesen, etwa der italienische Jesuitenpater Paolo Dall'Oglio, der sich in dem von ihm gegründeten Kloster Mar Musa jahrzehntelang für einen christlich-muslimischen Dialog eingesetzt hatte. Die Luftangriffe des Regimes zerstörten auch Kirchen und vertrieben Christen, darunter viele der Bewohner von Homs.[15]

Kirchenvertreter in Syrien dienen wie alle religiösen Repräsentanten als indirekte Sprecher des Regimes. Dabei wirkt die Solidarisierung mit Assad in ihrem Falle kontraproduktiv. Indem sie sich auch nach Hunderttausenden Toten und angesichts der Verbrechen dieses Regimes noch hinter Assad stellen, verraten sie ihre christlichen Werte, ziehen den Hass radikaler Gruppen auf sich und bringen die Mitglieder ihrer Gemeinden in Gefahr.

Während Assad behauptet, er beschütze Syriens Minderheiten, benutzt er sie in Wirklichkeit zum eigenen Machterhalt und macht sie zu Komplizen seiner Verbrechen. Für viele Christen und Drusen, aber vor allem für die Alawiten entwickelte sich daraus eine existenzielle Bedrohung.[16]

Im Fall der Alawiten kommt eine historische Dimension hinzu. Ihre erste Instrumentalisierung zum Zweck des Massenmordes fand 1980 beim Massaker von Tadmur statt. In dem erwähnten Gefängnis der Wüstenstadt Palmyra saßen jahrzehntelang vor allem politische Gefangene, von denen sich das Regime bedroht fühlte – zu Zeiten Hafiz al-Assads waren das Kommunisten und Muslimbrüder. Am 27. Juni 1980 wurden alawitische Eliteeinheiten der Sarayat von Damaskus nach Palmyra geflogen, um dort mehrere Hundert überwiegend sunnitische Gefangene zu ermorden. Der von Rifaat al-Assad befehligte Einsatz, der in einem blutigen Gemetzel endete, erfolgte als Vergeltung für ein gescheitertes Attentat auf Hafiz al-Assad einen Tag zuvor und sendete laut Daniel Gerlach eine eindeutige Botschaft aus: »Wer dem Präsidenten nach dem Leben trachtet, öffnet die Pforten zur Hölle.«[17]

Interessant ist der Umgang des Regimes mit dem Massaker. Details sprachen sich herum, wurden aber von offizieller Seite nicht kommentiert. Die Tat sollte monströs wirken, um maximal abzuschrecken, zugleich aber nicht Hafiz' väterlichen Führungsanspruch infrage stellen. Zu diesem Zweck wurde sie Hafiz' Bruder Rifaat zugeschrieben. Dem vom Regime verbreiteten Narrativ zufolge hatte »nicht etwa der ›Vater der Nation‹ Hafiz al-Assad das Blutbad zu verantworten«, sondern »sein später in Ungnade gefallener Bruder Rifaat und eine Bande übereifriger, hasserfüllter Alawiten.«[18] Das Massaker von Tadmur – das erste kollektive Verbrechen von Alawiten an Sunniten in Syrien, das Gerlach als Teil einer »Erbschuld« der Alawiten bezeichnet, die bis heute nachwirkt[19] – wurde so zu einem »Unfall«: scheinbar versehentlich aus dem Ruder gelaufen, tatsächlich aber gezielt in Auftrag gegeben und wirkungsmächtig umgesetzt, um Syriens Sunniten abzuschrecken und die Alawiten an das Regime zu binden.

Rifaat selbst beschwor kurz nach dem Massaker in einem Artikel für das Regierungsblatt *Tishrin* die Einheit der Nation und bezeichnete die Muslimbrüder indirekt als deren Feinde und als »Feinde der Zivilisation«.[20] Er gebrauchte das kollektive »Wir«, das man bis heute in Reden und Äußerungen syrischer Regimevertreter hört und das sich je nach Rezipient mehrdeutig lesen lässt. »Wir« werden angegriffen, »wir« sind Opfer, »wir« wollen niemandem schaden, »wir« werden uns wehren – mit derartigen Formulierungen versucht das Regime, die Reihen zu schließen und seine Gegner zu warnen. Letztere können sie nur als Kampfansage verstehen.

Wenn bei Massakern wie dem in Tadmur der genaue Hergang im Dunkeln bleibt, lassen sich auch die Rollen besser verteilen. Dabei trägt Präsident Assad selbst keine direkte Verantwortung, stattdessen ist der kleine Bruder der böse Vollstrecker. Damals war es Rifaat, heute ist es Maher. Letzterer befehligt die Republikanische Garde und die 4. Division (die früher von Rifaat angeführt wurde) und gilt als strategischer und skrupelloser Kopf hinter der Niederschlagung der Proteste ab 2011. Während der gnadenlose Bruder also den gewünschten Schrecken verbreitet, kann der zivilisierte Präsident seine Hände in Unschuld waschen und sich wahlweise als Übervater der Nation (Hafiz) oder Retter vor dem Terror (Bashar) inszenieren. Am Ende sollen die Syrer froh sein, dass nicht die kleinen Brüder herrschen.

Die gleiche Taktik – rhetorisch die Einheit der Syrer zu beschwören, diese aber faktisch zu spalten – wendet das Regime seit 2011 im Umgang mit der Revolution an. Bei seinem ersten öffentlichen Auftritt nach Ausbruch der Proteste sprach Assad am 30. März 2011 vor dem Parlament von einer ausländischen Verschwörung, die Syrien in einen religiösen Konflikt treiben und Chaos verbreiten wolle und damit einer israelischen Agenda folge. Zwar seien nicht alle Demonstranten Verschwörer, manche der Forderungen seien zum Teil berechtigt, und syrische Bürger dürften nicht zu Schaden kommen, führte Assad aus. Aber gegen Verräter, Agenten und Feinde Syriens müsse man hart durchgreifen.[21] Bouthaina Shaaban, Beraterin und inoffizielle Sprecherin des Präsidenten, redete bereits am 24. März des Jahres von einem ausländischen Angriff gegen Syrien. Noch im Juni 2011 betonte sie, das Regime gehe nicht gegen Demonstranten vor, sondern nur gegen bewaffnete Extremisten, die konfessionelle Gewalt schüren wollten.[22] Mehrmals versicherte sie, es gebe keinen Schießbefehl, Präsident Assad hätte die Sicherheitskräfte im Gegenteil angewiesen, nicht scharf zu schießen.

Reflexhaft folgten Syriens Machthaber und deren Vertreter damit der über Jahrzehnte eingeübten Strategie, das Gegenteil von dem zu sagen, was das Regime tut. Denn statt einzelne »bewaffnete Milizionäre« zu bekämpfen, deren Existenz zu Beginn der Revolution umstritten ist, tötete, verfolgte und folterte das Regime Hunderttausende Syrer, die bis zum Sommer 2011 friedlich für Würde, Freiheit und Gerechtigkeit eintraten. Denn die Friedlichen, die Unbewaffneten, die Gemäßigten waren die eigentliche Gefahr, nicht ein paar bewaffnete Banden, von denen wir bis heute nicht wissen, ob das Regime sie im März 2011 nicht selbst losgeschickt hat, um die eigene Gewalt zu rechtfertigen. Mit seinem brutalen Vorgehen gegen jede Form des Widerstandes machte es eben doch alle Demonstranten und Aktivisten zu ausländischen Agenten, Verschwörern, Extremisten und Terroristen, lange bevor dschihadistische Gruppen überhaupt einen Fuß nach Syrien gesetzt hatten.

Das, was Assad seinen Feinden unterstellte – Syrien zu spalten und religiöse Gewalt zu entzünden –, tat sein Regime vielmehr selbst. Die Provinz Daraa, in der die ersten großen Proteste stattfanden, nachdem Schulkinder regimekritische Parolen auf die Mauer ihrer Schule gesprüht hatten und dafür verhaftet und gefoltert worden waren, galt traditionell als sunnitische Pro-Regime-Basis. Mit der von Anfang an unverhältnismäßigen und tödlichen Gewalt gegen Demonstranten habe Damaskus pauschal die Sunniten der Region gegen sich aufgebracht, warnte Andrew Tabler, ein Nahost-Experte am Washington Institute for Near East Politics, der mehrere Jahre in Damaskus gearbeitet hat, schon am 24. März 2011, nach nur einer Woche der Proteste. »Das Regime unterdrückt eine große sunnitische Basis, nur weil ein paar Kinder Graffiti an die Wand gesprüht haben«, sagte Tabler damals der *New York Times*.[23]

Die Belagerung, Aushungerung und Bombardierung von sunnitischen Stadtteilen und Ortschaften, in denen Demonstrationen stattfinden und die deshalb als regimekritisch gelten, zieht sich wie ein roter Faden durch den Krieg. Seit Jahren beweist das Regime damit, dass es keine Terroristen, sondern Zivilisten bekämpft. Es bezeichnet den Aufstand zwar als Werk von Fanatikern, betrachtet und behandelt ihn aber als eine Erhebung der syrischen Sunniten. Eine solche Bedrohung lasse sich freilich nicht mit Anti-Terror-Einheiten abwenden, schreibt Gerlach, »sondern nur mit Bomben und Artilleriegranaten, die nicht *trotz* Zivilbevölkerung zum Einsatz kamen, sondern eben dieser galten«.[24]

Zu keinem Zeitpunkt ging es in den vergangenen Jahren darum, Aufständische aus Städten zu vertreiben (nicht in Homs ab 2012 und nicht ab 2013 im östlichen Umland von Damaskus und in Aleppo). Vielmehr sollten Städte von Kritikern gesäubert, als loyale

Zentren des Regimes gefestigt und somit demografisch neu geordnet werden. Wie sich die Bewegung dadurch radikalisierte und militarisierte, sodass aus Assads anfänglicher Propaganda eine »self fulfilling prophecy«, eine sich selbst erfüllende Prophezeiung, wurde, steht im dritten Kapitel.

Die vom Regime betriebene gesellschaftliche Spaltung betrifft jedoch nicht nur Konfessionen, sondern auch Volksgruppen. Einer der tiefsten Gräben innerhalb der syrischen Gesellschaft verläuft heute zwischen der arabischen Bevölkerungsmehrheit (etwa 80 %) und der größten ethnischen Minderheit der Kurden (etwa 12 %). Seit Jahrzehnten beschwört das Baath-Regime die arabische Nation und reduziert die syrische Identität auf eine arabische, in der für andere Völker per Definition kein Platz ist. Infolge der Machtergreifung der nationalistisch denkenden Baathisten 1963 wurden Kurden benachteiligt und unterdrückt, mehr dazu im zweiten Kapitel. Hier soll es zunächst um die Strategie des Regimes gehen, Araber gegen Kurden aufzuhetzen, um eine Solidarisierung der Assad-Gegner untereinander zu verhindern.

Dazu unterstellte das Regime den Kurden generell mangelnde Loyalität gegenüber der syrischen (also arabischen) Nation und den geheimen Wunsch nach einem eigenen Kurdenstaat, der Teile des syrischen Staatsgebietes umfassen und insofern eine Gefahr für die Einheit des Landes darstellen würde. Nur wer als Kurde die eigene kulturelle Identität weitgehend verleugnete und sich als besonders regimetreu erwies, hatte Chancen, in Assads Syrien aufzusteigen – auch indem er den Geheimdiensten über verbotene politische Aktivitäten in den Kurdengebieten berichtete.

Das in der arabischen Mehrheitsgesellschaft verbreitete Narrativ war, dass man den Kurden gegenüber misstrauisch und wachsam bleiben müsse, da sie irgendwann einen Teil Syriens für sich beanspruchen und abspalten würden. Da die meisten der heute lebenden Syrer den arabischen Nationalismus gewissermaßen mit der Muttermilch aufgesogen haben, betrachten viele von ihnen jegliche Forderung nach Föderalismus oder Autonomie als Anfang vom

Ende des syrischen Staates und als Verrat an der arabischen Nation. Selbst demokratisch auftretenden Oppositionellen und Aktivisten fällt es schwer, sich eine Syrische Republik vorzustellen, in der Araber, Kurden und andere Völker (wie Tscherkessen und Armenier) gleichberechtigt zusammenleben, weil sie als Syrer etwas anderes als die arabische Identität verbindet.

Im Umgang mit den Kurden entwickelte das Regime schon früh eine effiziente Methode der Einhegung und Kontrolle, die sich später auch im Umgang mit Oppositionellen und Demonstranten bewähren sollte. Dabei gehen nicht schwerbewaffnete Sicherheitskräfte gegen vermeintliche Gegner vor, sondern »loyale Bürger«, die als Gegendemonstranten oder Provokateure auftauchen. »Statt uns wie früher zu verhaften, schicken die Sicherheitskräfte jetzt meinen Nachbarn, damit er mich verprügelt«, sagte mir der kurdische Politiker Mashal Tammo im Jahr 2005 in Qamishli.[25] Meist handelt es sich um Mitglieder von Parteiorganisationen wie dem Studentenverband, Staatsbedienstete, gewaltbereite Regimeanhänger oder auch bezahlte Schläger, die gezielt mobilisiert werden, um einzuschüchtern oder eine gewaltsame Gegenreaktion zu provozieren. Bei den Feiern zum jährlichen Newroz-Fest am 21. März – dem höchsten Feiertag der Kurden, mit dem sie das Frühjahr begrüßen – funktionierte das meist gut. Die traditionellen Tänze um das Feuer, bei denen abends vor allem junge Kurden ausgelassen feierten, arteten immer wieder zu Schlägereien zwischen Arabern und Kurden aus – gezielt angefacht von Provokateuren des Regimes.

Was blieb, war der Eindruck, dass Kurden lieber unter sich blieben und Arabern feindlich gesinnt waren. Sie galten als sture Hitzköpfe, die insgeheim eigene Ziele verfolgten und diese zur Not auch mit Gewalt umsetzen würden. Entsprechend wenig Unterstützung bekamen die Kurden von syrischen Oppositionellen, die sich inhaltlich durchaus mit ihren Forderungen nach mehr Mitbestimmung und gleichen Rechten für alle identifizierten, aber zum Teil von ihrem eigenen arabisch-nationalistischen Denken blockiert waren. Kurdenführer Tammo ahnte bereits 2005, dass die vom Regime erfolgreich gesäte Zwietracht jede gemeinsame Anstrengung für demokratische Veränderungen verhindern würde. Die zunehmende Instrumentalisierung einfacher Bürger und der damit einhergehende Hass innerhalb der Gesellschaft sei ein »Spiel mit dem Feuer«, so Tammo, das Regime provoziere einen »Bürgerkrieg zwischen Arabern und Kurden«.[26] Sieben Jahre später war es so weit, im November 2012 bekämpften sich kurdische Milizen der Volksverteidigungseinheiten (YPG) und arabische Rebellen der Freien Syrischen Armee (FSA) erstmals mit Waffen.

Mashal Tammo, der bekennende Brückenbauer, war zu dem Zeitpunkt bereits tot. Als einer der wenigen Oppositionellen, die in der Lage waren, Kurden und Araber in ihrem Kampf gegen das Regime zu einen statt sich von diesem auseinanderdividieren zu lassen, war er 2011 in seiner Heimatstadt Qamishli zu einem vehementen Unterstützer der Revolution, einer charismatischen Integrationsfigur und damit großen Gefahr für das Regime geworden. Am 7. Oktober 2011 wurde er von Bewaffneten in Zivil im Haus eines Freundes in Qamishli erschossen – die vier Angreifer kamen wahrscheinlich im Auftrag des Regimes, sprachen aber Kurdisch. Viele sehen darin den Beweis, dass der Mord vom Regime geplant und von Mitgliedern der YPG durchgeführt wurde.

Ein Widerspruch zwischen dem, was das Regime ankündigt, und dem, was dann passiert, findet sich auch bei vielen politischen Maßnahmen. Sinnvolle Entscheidungen bleiben meist reine Theorie und werden damit zur Maskerade für Zustände, an denen sich nichts ändert. Etwa wenn das Regime ankündigt, konsequent gegen Korruption vorzugehen (schon 1977 gründete Hafiz al-Assad eine »Untersuchungskommission zu illegalen Gewinnen«, Baath-Parteikongresse widmeten sich dem Thema immer wieder), die eigenen klientelistischen Netzwerke auf oberer Führungsebene aber unangetastet bleiben – weil Geschäftsverbindungen, Bereicherung und Schmiergelder wie erwähnt die eigene Macht sichern[27].

Mitunter sendet das Regime gleichzeitig widersprüchliche Signale aus, um verschiedene Interpretationen des eigenen Handelns zu ermöglichen und dadurch Verwirrung zu stiften: Weiß die eine

Hand, was die andere tut? Wer hat in Syrien tatsächlich die Macht? Ist Assad planlos, überfordert, unter Druck oder manipuliert? Dabei ist genau diese Vieldeutigkeit, Ungewissheit und Vagheit Teil des Erfolgsrezeptes – vielleicht nicht immer wohlkalkuliert, aber über viele Jahre automatisiert. So laufen scheinbar gegensätzliche Entscheidungen parallel ab, die in ihrer Gesamtheit das Regime stärken: Am Donnerstag (24.3.2011) kündigte Sprecherin Shaaban Reformen an, am Freitag (25.3.) wurde scharf auf Demonstranten geschossen, am Samstag (26.3.) kamen 260 Gefangene (vor allem Islamisten) aus Saidnaya frei, und am Mittwoch (30.3.) sprach Assad von einer ausländischen Verschwörung und bewaffneten Banden. Scheinbar Versöhnliches wechselt mit hartem Durchgreifen ab – im syrischen Fall ist das die Steigerung von Zuckerbrot und Peitsche, weil das Zuckerbrot Süßes verheißt, aber giftig wirkt.

Immer wieder wurden politische Gefangene durch präsidiales Dekret freigelassen, nur um die Haftanstalten sofort mit neuen Verhafteten zu füllen. Inzwischen hat sich die willkürliche Inhaftierung politischer Gegner oder auch völlig Unbeteiligter zu einem der effektivsten Instrumente des Assad'schen Machterhalts entwickelt. Denn angesichts der Zustände in den Folterzentren und Gefängnissen des Regimes gilt eine Verhaftung als das Schlimmste, was einem in Syrien passieren kann. Besser tot als gefangen, darin sind sich viele Assad-Kritiker einig. Denn wer in der »syrischen Todesmaschinerie« verschwindet, die Garance Le Caisne mithilfe des ehemaligen Militärfotografen Caesar beschreibt, stirbt meist langsam und qualvoll.[28] Die unabhängige Untersuchungskommission der Vereinten Nationen für Syrien wirft dem Assad-Regime in den Haftzentren eine »systematische Vernichtung der Zivilbevölkerung« vor[29], im fünften Kapitel komme ich darauf zurück.

Interessant sind die Maßnahmen, mit denen Assad ab 2011 langjährige Forderungen der Opposition erfüllte. Im April 2011 hob er den Ausnahmezustand auf, der Syrien seit 1963 in einem Zustand der Rechtlosigkeit gehalten hatte, und löste das Oberste Staatssicherheitsgericht auf. Beides änderte jedoch nichts, denn die Notstandsgesetze wurden durch Anti-Terror-Gesetze und das Oberste Staatssicherheitsgericht durch ein Anti-Terror-Gericht ersetzt.[30] Wie zuvor hielt sich der Sicherheitsapparat an keinerlei Gesetze, Verbrechen blieben folgenlos. Anwälte wie Haitham al-Maleh und Anwar al-Bunni beklagen seit Jahrzehnten, dass für die Verantwortlichen von Folter und Mord innerhalb der Sicherheitskräfte Immunität herrscht.[31]

Gleichzeitig erlaubte ein Dekret friedliche Proteste, sofern vorher eine Genehmigung eingeholt wurde. Personen, die entsprechende Anträge stellten, wurden jedoch verhaftet. Ähnlich folgenlos blieb ein neues Parteiengesetz, das Assad im Juli 2011 verabschiedete. Es erlaubte zwar die Gründung neuer Parteien, knüpfte diese aber an Auflagen, die sich vom Regime jederzeit als Vorwand nutzen lassen, einer Parteigründung nicht zuzustimmen (ein Komitee des Justizministeriums muss die Partei genehmigen). Im Februar 2012 trat eine neue Verfassung in Kraft, die die führende Rolle der Baath-Partei in Staat und Gesellschaft (Artikel 8) abschaffte (eine weitere langjährige Forderung der Opposition). Das Mindestalter für das Präsidentenamt wurde wieder auf 40 Jahre heraufgesetzt, nachdem es im Jahr 2000 extra für Bashar auf dessen damalige 34 Jahre heruntergesetzt worden war. Außerdem muss der Präsident von Geburt Syrer sein, mit einer Syrerin verheiratet sein und mindestens zehn Jahre in Syrien gelebt haben – damit sollen im Exil lebende Syrer von vornherein von einer Kandidatur ausgeschlossen werden.

Als sich Bashar al-Assad im Juni 2014 mit knapp 89 Prozent der Stimmen im Amt bestätigen ließ, gab es erstmals zwei Mitbewerber um das Präsidentenamt. 43 Jahre lang hatten sich Hafiz und Bashar al-Assad nur per Referendum ohne Gegenkandidaten wählen lassen. Wieder folgte das Regime dem gleichen Muster: Politische Maßnahmen wecken den Anschein von Reformen, während sich in Wirklichkeit nichts ändert. Denn angesichts der medialen, politischen und finanziellen Übermacht Assads waren die beiden anderen Präsidentschaftsbewerber von vornherein chancenlos. Ganz abgesehen davon, dass vom Zulassungsverfahren bis zur Stimmenauszählung der gesamte Wahlvorgang in den Händen des Regimes liegt.

In den Assad-Hochburgen nutzten viele Syrer die Wahl, um ganz offen ihre Wahlzettel und damit ihre bedingungslose Loyalität zu Assad zu zeigen. Wer seinen Wahlzettel faltete, machte sich verdächtig. In dieser Form spaltete die Wahl das Land weiter in Loyalisten und Terroristen, und zwar zunehmend entlang konfessioneller Linien. Louay Hussein, Alawit und Vorsitzender der »Building the Syrian State«-Bewegung, die damals zur geduldeten Opposition in Damaskus zählte, warnte, es werde in Zukunft nur noch »Syrer« und »Terroristen« geben. »Als echte Syrer gelten die Loyalisten und die Minderheiten, die den Schutz und Segen der Regierung bekommen. Die Terroristen dagegen sind die Sunniten«, sagte Hussein der BBC-Journalistin Lina Sinjab in Damaskus. Um zu überleben, müssten diese in Zukunft jeden Tag beweisen, dass sie keine Terroristen seien.[32]

Das konsequente Leugnen von Verbrechen und die damit verbundene Lügenpropaganda des Regimes ziehen sich als ein weiterer roter Faden durch die vergangenen Jahre. International entsteht dadurch der Eindruck, es gebe in Syrien mehrere Versionen der Wahrheit, je nachdem wen man fragt, und deshalb könne man keiner Quelle vertrauen, erst recht nicht den etablierten Medien. Dabei müssen wir unterscheiden: Es gibt verschiedene Versionen und Sichtweisen des Krieges, je nachdem wo die Person lebt und was sie in den vergangenen Jahren für Erfahrungen gemacht hat. Aber im Falle von Verbrechen gibt es nur eine Wahrheit, gibt es Täter und Opfer. Was wahr ist herauszufinden, ist Aufgabe von Ermittlern, Strafverfolgern, Staatsanwälten und Richtern, die sich zu diesem Zweck auf Zeugenaussagen, Dokumente, Fotos und Recherchen von Menschenrechtsorganisationen stützen. Schon jetzt sind diese Beweise in vielen Fällen so eindeutig, dass sie die Darstellung des Regimes Lügen strafen – etwa was den Einsatz von Giftgas, den Abwurf unpräziser Fassbomben und die gezielten Angriffe auf Krankenhäuser angeht. Dennoch leugnet Assad in Interviews alles, teilweise unterstützt von Russland, das dann auf UN-Ebene eine zweifelhafte Gegendarstellung präsentiert, die zwar keinerlei Tatsachenüberprüfung standhält, aber dennoch ihren Zweck erfüllt: Zweifel an der Wahrheit zu säen, bis diese am Ende als eine von mehreren möglichen Versionen erscheint.

Der Sarin-Angriff auf Khan Sheikhoun am 4. April 2017 mit 74 Toten und Hunderten Verletzten ist dafür ein gutes Beispiel. In ihrem siebten Bericht kommt die gemeinsame Untersuchungskommission der Vereinten Nationen und der Organisation für das Verbot chemischer Waffen (OPCW) mit dem sperrigen Namen Organisation for the Prohibition of Chemical Weapons – United Nations Joint Investigative Mechanism (JIM) am 25. Oktober 2017 zu dem Schluss, dass die syrische Regierung für den Giftgasangriff verantwortlich ist. Alle ermittelten Fakten – Uhrzeit, Einschlagkrater, Luftangriff, Symptome der Opfer, Art des Sarins – sprechen für diese Erkenntnis, die sich auf Zeugenaussagen, Satellitenbilder, behandelnde Ärzte, Bodenproben, Blutproben der Opfer, Expertenanalyse, Videos von vor Ort und anderes stützt.[33] Weil aber Russland die internationalen Ermittlungen als unseriös abtut und bis heute abstruse Behauptungen aufstellt, halten sich andere Versionen des Angriffs hartnäckig. Diese werden von dem amerikanischen Enthüllungsjournalisten und Pulitzerpreisträger Seymour Hersh sowie von Theodore Postol, einem ehemaligen Professor des Massachusetts Institute of Technology, unterstützt. Allein deshalb erscheinen sie manchen als glaubhaft, obwohl ihre Argumente auf zweifelhaften Quellen basieren und durch den JIM-Bericht eindeutig widerlegt sind.[34]

Am Ende sind die Menschen verunsichert und trauen niemandem mehr. Schlimmer noch: Eine wachsende Zahl vermeintlich kritischer Bürger vertraut im Internet kursierenden Verschwörungstheorien mehr als einer unabhängigen UN-Untersuchung, deren Methoden international anerkannte wissenschaftliche und juristische Standards erfüllen müssen. Nach dem Motto: Wenn ein Pulitzerpreisträger und ein MIT-Professor was anderes sagen, ist was faul an der Wahrheit. Der Bericht zu Khan Sheikhoun ist der letzte der gemeinsamen Untersuchungskommission – Russland verhindert Ende Oktober 2017 im Weltsicherheitsrat ihre Verlängerung.

## Wirtschaftliche Vereinnahmung

Das vom Vater übernommene Machtgebäude hat Bashar etwas umgebaut. Zwar steht es immer noch auf den Säulen Militär, Geheimdienste, Partei und Geschäftsverbindungen, aber die Gewichtung hat sich verändert. Die Baath-Partei spielt nur noch eine untergeordnete Rolle, die Armee hat gegenüber halbstaatlichen oder ausländisch dominierten Milizen an Einfluss verloren. Geheimdienste und eine loyale Unternehmerschaft bilden heute das Rückgrat des Assad-Regimes.

Nach der Machtübernahme der Baath-Partei 1963 wurde Syriens Wirtschaftssystem formal sozialistisch – Industriebetriebe wurden verstaatlicht, Großgrundbesitzer enteignet, Arbeiter und Bauern gestärkt, gedacht wurde in Fünfjahresplänen. Die Änderungen blieben jedoch oberflächlich, in Wirklichkeit wurde Syrien unter den Assads ein pseudosozialistisches neokapitalistisches System mit engen Verbindungen zwischen Staat und privater Unternehmerschaft, zwischen Regime und Geschäftsleuten. Indem eine aufgeblähte Verwaltung mit strengen Aus- und Einfuhrbedingungen, hohen Zöllen, einer uferlosen Bürokratie und willkürlich geregelten Steuerabgaben die Privatwirtschaft drangsalierte, machte sie die Umgehung all dieser Hürden zur Grundlage jeder Geschäftsbeziehung zwischen Vertretern des Regimes und Unternehmern.

Die allermeisten Industriellen und Händler hielten sich an den Pakt, den Hafiz al-Assad mit ihnen geschlossen hatte: Er garantierte die Stabilität, die sie als Geschäftsleute zum Geldverdienen brauchten, dafür mischten sie sich politisch nicht ein. Dieses über Jahrzehnte etablierte Stillhalteabkommen erklärt, warum sich die syrische Oberschicht 2011 in ihrer Mehrheit nicht mit der Revolution solidarisierte (obwohl sie überwiegend aus Sunniten bestand und politisch einiges zu kritisieren hatte): Was zählte, waren persönliche Interessen, nicht politische oder religiöse Überzeugungen.

Doch wer genau ist die syrische Oberschicht? Der Politikwissenschaftler Volker Perthes unterteilte die wirtschaftliche Elite des

Landes bereits 1991 in vier Gruppen, die sich bis heute in der syrischen Gesellschaft finden – wenn auch in veränderter Ausprägung.[35] Erstens die traditionelle Bourgeoisie, die sich vor allem aus sunnitischen und christlichen Kaufleuten und Großgrundbesitzern in Damaskus, Aleppo, Homs und Hama zusammensetzte, alten Notabeln-Familien angehörte und bis zum Putsch der Baathisten auch politisch tonangebend gewesen war. Zweitens eine ab 1970 entstandene Klasse von Industriellen, die meist aus Handwerker- oder Händlerfamilien stammten und sich dank neuer Produktionsmöglichkeiten und Konsuminteressen sowie einer von Assad vorsichtig vorangetriebenen Marktöffnung hocharbeiteten. Drittens brachte der wachsende Staatsapparat eine sogenannte Staatselite hervor – Minister, Staatssekretäre, Parteifunktionäre, Manager von Staatsbetrieben, Offiziere und Führungspersonal in Polizei und Geheimdiensten. Diese verbesserten ihren sozialen Status, indem sie ihre Machtposition zur persönlichen Bereicherung nutzten. Sie vergaben Jobs, Lizenzen, Verträge der öffentlichen Hand, Baugenehmigungen und anderes gegen Geld oder Geschäftsanteile und kontrollierten so den Zugang des Privatsektors zu Staatseigentum, Im- und Export sowie Investitionen. Weniger höflich ausgedrückt seien diese Leute mit »Diebstahl, Bestechung und Provisionen« reich geworden, schreibt Perthes.[36] Die vierte Gruppe ist gewissermaßen das privatwirtschaftliche Pendant dieser Staatselite: die »Neuen Reichen«, die nur aufgrund persönlicher Kontakte zu einflussreichen Regimevertretern vermögend geworden sind, und zwar mit halblegalen oder illegalen Geschäften wie Schmuggel oder der Vermarktung von geschmuggelten Gütern, als Händler, Agenten ausländischer Firmen, Investoren im Dienstleistungs- und internationalen Finanzsektor und Mittelsmänner, für die keinerlei Regeln und Gesetze gelten. Sie sind auf hohe Profite aus und bilden in bestimmten Sektoren gern Monopole (Tourismus, Transport, Kommunikation, Immobilien).

Vor allem die letzten beiden Gruppen bilden die erwähnte Symbiose zwischen Regime und Geschäftsleuten, sie ermöglichten den traditionell unterprivilegierten Alawiten einen sozialen Aufstieg, allerdings nur jenen, die Teil des Regimes wurden oder mit dem Herrscherclan verwandt waren. Alle anderen verharrten in den ärmlichen und benachteiligten Verhältnissen, in denen sie schon seit Jahrhunderten gelebt hatten – besonders im Küstenhinterland. Von dort stammende junge Männer schließen sich im aktuellen Krieg vor allem aus wirtschaftlichen Gründen den Streitkräften und Milizen an, Daniel Gerlach bezeichnet sie deshalb als »Militärproletariat«, das für das Regime noch immer das »Humankapital« stelle.[37]

Angesichts dieser sozialen Ungleichheit innerhalb der syrischen Gesellschaft soll Hafiz al-Assad in den 1980er-Jahren alawitische Clanchefs aufgefordert haben, der sunnitischen und christlichen Bourgeoisie mit wirtschaftlichem Engagement Konkurrenz zu machen. Das beherzigte und schaffte allen voran eine Familie: die Makhlufs, aus der Hafiz' Ehefrau Anisa stammte. Familienoberhaupt Mohammed Makhluf legte den Grundstein eines weit verzweigten Wirtschaftsimperiums, indem er sowohl Staatsbetriebe als auch Privatfirmen managte, und wurde damit zum Vorreiter einer Entwicklung, die sowohl die Staatselite als auch die »Neuen Reichen« begünstigte.

In den 1980er-Jahren förderte Hafiz al-Assad die Zusammenarbeit zwischen Staat und Privatwirtschaft mir verschiedenen Dekreten – der Staat erhielt einen festen Anteil am Kapital einer Firma, dafür war diese von Steuerzahlungen, Landreformen, Arbeitsrecht sowie von Regulierungen beim Im- und Export und Einsatz von Devisen ausgenommen. Diese Partnerschaft führte zu einer Privatisierung öffentlicher Ressourcen im Sinne der Herrschaftssicherung des Assad-Clans. Denn es waren Verwandte wie Makhluf oder Geschäftsleute im unmittelbaren Umfeld der Präsidentenfamilie, die davon am meisten profitierten. Bashars wirtschaftliche Liberalisierung verstärkte diesen Trend – ab den 2000er-Jahren verschmolzen Herrschafts- und Vermögensstrukturen, Macht und Geld, und es entstand das, was manche als den »Assad-Makhluf-Komplex« bezeichnen.[38]

Prominentester Vertreter ist Rami Makhluf, Mohammed Makhlufs ältester Sohn und Bashars Cousin, der zu Beginn der 2000er-

Jahre mit Anfang 30 zum reichsten Mann Syriens aufstieg. Sein Geschäftsimperium umfasst Mobilfunkanbieter, eine private Fluglinie, Banken, Versicherungen, Luxushotels und Restaurants, Fernsehsender und Zeitungen, Privatschulen, Freihandelszonen und Duty-free-Shops sowie das Monopol zur Einfuhr von Tabak. Er gilt als Finanzverwalter des Herrscherclans und symbolisiert für die Syrer wie kein anderer die Vetternwirtschaft, Kleptokratie und Bereicherung des Regimes. Bei den Protesten im Frühjahr 2011 wurde er stellvertretend für die korrupte Elite des Landes immer wieder als »Dieb« beschimpft. Makhluf steht seit Mai 2011 auf der Sanktionsliste der Europäischen Union, im Juni 2011 soll er seine Geschäftstätigkeiten aufgegeben haben und nach Dubai gegangen sein, wohin er schon seit 2005 einen Teil seines Besitzes transferiert hatte.

Im Gegensatz zu den »Neuen Reichen« und der Staatselite basierte der Wohlstand der traditionellen Bourgeoisie auf gewachsenen Strukturen aus der Zeit vor 1963. Da sie durch die sozialistischen Reformen und den Aufstieg der Baathisten in den 1960er-Jahren politischen Einfluss und wirtschaftlichen Besitz verloren hatte, musste Assad ihren Unmut mit geschäftlichen Angeboten besänftigen. Im Vergleich zu anderen Ländern des Ostblocks wurde die Wirtschaft in Syrien deshalb nie vollständig verstaatlicht, sondern bot vor allem Händlern weiterhin gute Verdienstmöglichkeiten. Hafiz wusste, ohne die Zustimmung oder zumindest neutrale Haltung der traditionellen Geschäftselite konnte er nicht regieren. Nicht sie brauchte Assad, sondern Assad brauchte sie, um seine Macht zu stabilisieren. In der Hauptstadt gelang es ihm, die alteingesessenen sunnitischen und christlichen Unternehmer zu kooptieren, in anderen Städten – vor allem in Aleppo, aber auch in Hama und Homs – bewahrte sich die traditionelle Bourgeoisie eine gewisse Unabhängigkeit und Distanz. Der von den Muslimbrüdern angeführte Aufstand Ende der 1970er- und Anfang der 1980er-Jahre konnte deshalb einen Teil dieser sunnitischen Kaufleute mobilisieren und hatte seine Zentren in Aleppo und Hama.

Die vernichtende Niederschlagung und kollektive Bestrafung dieses Widerstandes war auch der Bourgeoisie eine Lehre. Wer sich Assad nicht unterwerfen wollte, ging damals ins Ausland und begründete in den USA und Europa eine akademisch geprägte Schicht von Auslandssyrern – die berühmten Ingenieure, Ärzte und Unternehmer, die auch in Deutschland das ursprünglich positive Bild der Syrer prägten. Alle anderen wurden Teil des Spiels, dessen Grundregel lautete: Geld verdient nur, wer die Herrschenden beteiligt.

Die zweite Gruppe der »Selfmadeunternehmer« entstand ab den 1970er-Jahren unter diesen Bedingungen und hielt sich deshalb an Assads Geschäftsmodell. Sie investierte vor allem in die Produktion von Konsumgütern, Nahrungsmitteln oder Gütern des täglichen Bedarfs (Textilien, Kleidung, Haushalts- und Hygieneartikel, Getränke, haltbare Lebensmittel, Spielzeug) und baute Handelsbeziehungen zu den sozialistischen Bruderstaaten der sowjetischen Einflusszone auf. Wenn Bürokratie und Korruption sie zu ersticken drohten, gingen manche zwischendurch in die Golfstaaten, in den Libanon oder nach Jordanien, um auf das nächste Präsidialdekret zu warten, das der syrischen Privatwirtschaft mehr Luft zum Atmen versprach. Spätestens ab den 2000er-Jahren kehrten die meisten zurück – angelockt von Bashars liberalem Kurs, der mit der Privatisierung des Finanzsektors, einem unbeschränkten Im- und Export, niedrigeren Zöllen und freiem Handel in der Region (etwa durch eine Freihandelszone mit der Türkei) einen Wirtschaftsboom auslöste, von dem all jene profitierten, die Kapital hatten, gut vernetzt und loyal waren.

Was mit »illoyalen« Unternehmern geschah, wusste Syriens Geschäftselite genau. Denn das Regime hatte an dem ehemaligen Industriellen und heutigen Oppositionellen Riad Seif ein Exempel statuiert. Dessen Geschichte steht wie keine andere für den Umgang des Regimes mit Wirtschaftsvertretern, die sich nicht an Assads rote Linien halten, indem sie zunächst in die Politik gehen und dann auch noch Kritik äußern. Seif, Sohn eines Zimmermanns und ehemaliger Straßenverkäufer, galt in Syrien als Prototyp des Selfmademans und ehrlichen Unternehmers. Mit dem Kauf einiger Nähmaschinen begann in den 1960er-Jahren sein Aufstieg zum erfolgreichsten Textilfabrikanten Syriens. 1989 beschäftigte er 1000 Arbeiter und Arbeiterinnen, denen er die landesweit höchsten Löhne zahlte, soziale Leistungen wie Kinderbetreuung und einen Busdienst anbot und die er am Gewinn beteiligte. Volker Perthes nennt Riad Seif in seinem 1991 erschienenen Aufsatz deshalb als herausragendes Beispiel für die zweite Gruppe der aus eigener Anstrengung aufgestiegenen Industriellen. Anfang der 1990er-Jahre produzierte Seif Sportkleidung für Adidas und erhielt die Konzession zur Vermarktung von Adidas-Produkten in Syrien.

Damals galt Seif auch dem Regime als Vorzeigeindustrieller, doch als er ab 1994 politisch aktiv wurde und als parteiloser Parlamentsabgeordneter zunehmend Kritik an Korruption und Klientelismus äußerte, setzte das Regime den Unternehmer unter Druck. 1996 starb Seifs Sohn unter ungeklärten Umständen, die Familie vermutet den syrischen Sicherheitsapparat dahinter. Der Unternehmer wurde der Steuerhinterziehung beschuldigt – ein stets wirksames Mittel, da das syrische Besteuerungssystem völlig intransparent und willkürlich funktioniert. Seif musste einen so hohen Betrag nachzahlen, dass ihm nur der Verkauf seines Unternehmens blieb und er faktisch pleite war.

Er konzentrierte sich fortan auf die Politik und hoffte im Sommer 2000, Bashar werde echte Reformen und mehr Freiheiten bringen. Seif wurde zu einer Führungsfigur des Damaszener Frühlings, in seinem Haus trafen sich Hunderte Intellektuelle zu politischen Diskussionen. Im Februar 2001 wurde sein Forum für den Nationalen Dialog verboten, aber Seif ließ sich nicht einschüchtern und überschritt eine weitere Linie: Er kritisierte die Lizenzvergabe im Mobilfunksektor und griff damit besagten Präsidentencousin Rami Makhluf an, der sich die erste syrische Lizenz (von insgesamt zwei) für sein Mobilfunkunternehmen SyriaTel gesichert hatte. Daraufhin wurde im September 2001 Seifs Immunität als Abgeordneter aufgehoben, er wurde verhaftet und musste für fünf Jahre ins Gefängnis.

Ich traf Riad Seif erstmals nach seiner Freilassung 2006. Wer zu ihm wollte, musste den Geheimdienstmitarbeitern vor dem Haus Rede und Antwort stehen. Ich erinnere mich, wie ich dem Herrn in Lederjacke meine Karte in die Hand drückte, verbunden mit der Frage nach seinem Namen und Dienstherrn. Fast zwei Jahre lang stand Seif rund um die Uhr unter Überwachung, er fühle sich noch immer wie ein Gefangener, sagte er mir bei einem Interview. Ende 2007 wurde Seif erneut verhaftet und im Oktober 2008 mit elf anderen Vertretern der Damaszener Erklärung, einer oppositionellen Plattform, zu zweieinhalb Jahren Haft verurteilt.[39] Auch bei den friedlichen Protesten ab Frühjahr 2011 machte Riad Seif mit, im Mai 2011 wurde er kurz verhaftet, im Oktober von syrischen Sicherheitskräften zusammengeschlagen. Diesmal zeigten die Warnungen des Regimes den gewünschten Effekt. Im Februar 2012 verließ Seif Syrien, seitdem lebt er in Berlin und engagiert sich in der Nationalen Koalition der syrischen Revolutions- und Oppositionskräfte, deren Präsident er von Mai 2017 bis März 2018 war.

Bei den meisten Unternehmern, die Syrien im Laufe der vergangenen Jahre den Rücken gekehrt haben, spielten nicht – wie bei Riad Seif – politische Erwägungen eine Rolle, sondern ausschließlich wirtschaftliche Gründe. Weite Teile der traditionellen Bourgeoisie, viele große und mittelgroße Industrielle haben Syrien verlassen, weil ihre Produktionsstätten und Maschinen zerstört sind, ihre Fabriken geplündert wurden (von regimenahen oder oppositionellen Milizen), sie keine Arbeiter finden, der Transport von Waren durch unzählige Checkpoints verunmöglicht wird und sie von diversen Milizenführern und Kriegsherren willkürlich zur Kasse gebeten werden. Je nach geografischer und sozialer Herkunft, persönlichen Beziehungen und finanziellen Möglichkeiten sind sie in die Türkei, in den Libanon, nach Ägypten, in die Golfstaaten oder in Richtung USA und Europa abgewandert. Dadurch wird in Syrien kaum noch produziert – das meiste Geld lässt sich in der Kriegsökonomie, beim Handel und im Immobiliensektor verdienen.

Geblieben sind die Staatselite und der Kern der Neuen Reichen, Letztere ergänzt um eine neue Gruppe: lokale Geschäftsleute, eher kleine und mittelgroße Unternehmer, die von der Kriegswirtschaft profitieren, indem sie sich das System der Checkpoints, Milizen und der Abriegelung von Gebieten zunutze gemacht haben. Sie transportieren und schmuggeln Güter, Rohstoffe und Menschen mithilfe von Kontakten zum Regime oder zu diversen Milizen überallhin. Öl und Gas, Getreide und Baumwolle bringen sie aus dem Osten des Landes in die Ballungszentren im Westen, Hilfsgüter der Vereinten Nationen werden an Lebensmittelhändler verkauft, Waffen an alle möglichen Kriegsparteien weitergeleitet, Zivilisten über die Grenzen heraus- und Drogen hineingeschmuggelt. Der Übergang von legalen zu illegalen Geschäften ist fließend. Manche finanzieren Milizen, andere sichern sich über ein Parlamentsmandat Kontakte in Damaskus oder haben Lücken gefüllt, die durch den Weggang etablierter Kaufleute entstanden sind.

So sind aus wirtschaftlichen Partnerschaften zwischen Privatwirtschaft und Regimevertretern, von denen beide Seiten profitierten, hierarchische Strukturen erwachsen, innerhalb derer das Regime die Abhängigkeit vieler kleiner Geschäftsleute für sich nutzt. Kurz gesagt: Aus gleichberechtigten Joint Ventures zwischen alteingesessenen Großindustriellen und den politischen Herrschern wurden ungleiche Deals, die das Regime diktiert.

Besonders deutlich wird diese Entwicklung in Aleppo, wie eine Studie der Friedrich-Ebert-Stiftung vom Oktober 2017 zeigt.[40] Die Stadt war vor dem Krieg das industrielle Zentrum des Landes, vielfältig verwoben mit dem gesamten Norden und dem Osten Syriens, der die Rohstoffe für die Produktion von Textilien und Konsumgütern sowie für die chemische und Pharmaindustrie lieferte. Die untereinander eng verbundene Oberschicht bestand aus selbstbewussten, mächtigen Unternehmerfamilien, die aus der wirtschaftlichen Öffnung zur Türkei sowie Bashars Neoliberalismus Gewinn geschlagen und eine effektive Arbeitsbeziehung mit Damaskus aufgebaut hatten. Als Arbeitgeber von Hunderten oder mehreren Tausend Beschäftigten hatten sie erheblichen politischen Einfluss im Norden, den das Regime sich zunutze machen wollte. Auf allen Ebenen kooperierten Aleppiner Geschäftsleute mit der Staatselite und den Neuen Reichen – allerdings auf Augenhöhe und stets auch zum eigenen Vorteil. Die reichsten Industriellen gründeten Joint Ventures mit hochrangigen Regimefiguren, der Mittelstand unterhielt Kontakte zu Sicherheitsbeamten in der Zollverwaltung, um die Ein- und Ausfuhr von Waren zu erleichtern. In vertraulichen Gesprächen sollen Aleppos Unternehmer gescherzt haben, ob ein Projekt bereits »rami-fiziert« sei, also ob Rami Makhluf daran beteiligt wurde.[41]

Der Krieg hat dieses Machtgleichgewicht grundlegend verändert. Alle großen Industriellenfamilien haben Aleppo verlassen, das etablierte Geschäftsmodell ist damit Vergangenheit. Das entstandene Vakuum haben lokale Geschäftsleute gefüllt, die mit der örtlichen Kriegsökonomie oder dank direkter Kontakte zu Regimevertretern aufgestiegen sind. Sie sind untereinander nicht vernetzt, sondern Einzelkämpfer, als Händler oder Mittelsmänner brauchen sie außerdem nur wenige Angestellte und Arbeiter – entsprechend gering ist ihr politisches Gewicht gegenüber dem Regime. Während die traditionelle Unternehmerschaft von Aleppo »einen wichtigen Bestandteil des Machtgeflechts des Regimes darstellte und gleichberechtigt mit ihm handelte«, heißt es in der FES-Studie, seien die neuen Figuren »isolierte Klienten« der Herrscher in Damaskus.[42] Der Wiederaufbau des massiv zerstörten Ostteils von Aleppo wird deshalb komplett aus der Hauptstadt gesteuert. Durch die Vergabe von großen Infrastruktur-, Industrie- und Immobilienprojekten an den Iran und Russland stellt das Regime sicher, dass nur assadtreue Unternehmer zum Zuge kommen. Aleppo wird zur zweiten gleichgeschalteten Millionenmetropole Syriens, seine Bewohner sind wirtschaftlich abhängig vom Regime, aber ohne politischen Einfluss in Damaskus.

Nicht nur in besonders zerstörten Städten wie Aleppo und Homs, sondern auch anderswo nutzt Assad den Wiederaufbau, um demografische Veränderungen zu zementieren. Gegner und Kritiker des Regimes wurden im Laufe der vergangenen Jahre gezielt vertrieben und können mithilfe neuer Gesetze und Dekrete faktisch enteignet werden. Ziel ist es, illegale Siedlungen – in denen Bewohner mit niedrigen Einkommen leben, die häufig regimekritisch eingestellt sind – abzureißen und mit modernen Wohnanlagen zu überbauen. Ehemalige Eigentümer werden dabei kaum berücksichtigt, sondern mit minimalen Entschädigungen gezwungen, wegzuziehen, sodass ein homogenes assadloyales Viertel entsteht. Im fünften Kapitel gehe ich genauer darauf ein.

Assads anhaltende Herrschaft in Syrien basiert also auf Strukturen und Strategien, die über Jahrzehnte errichtet und eingeübt wurden und sich als krisenfest und stabil erwiesen haben. Sie vereinnahmt staatliche Institutionen, unterteilt die Syrer in loyale Untertanen und Terroristen, hat die Gesellschaft durchdrungen und gleichgeschaltet, Propaganda und Manipulation perfektioniert, Konfessionen und Volksgruppen gegeneinander aufgehetzt und Klientelismus und Korruption propagiert. Nur wer dieses Wesen des syrischen Regimes kennt, kann realistisch über die Zukunft Syriens nachdenken und nach einer Lösung des Konfliktes suchen.

## 2. Die Syrer. Zerrüttung und Zerfall einer Gesellschaft

Jeder Syrer hat Gründe, die Dinge so zu sehen, wie er sie sieht. Je nachdem wo er sich aufhält, wie er den Krieg erlebt hat, wer ihm geholfen und wer ihm geschadet hat, was man ihm erzählt und versprochen hat. Diese Wahrnehmungen der Menschen müssen wir sammeln, verstehen und erklären, um eine Lösung für den Konflikt zu finden. Das Problem ist nur: Woher sollen wir wissen, was Syrer denken, wenn diese nicht frei ihre Meinung äußern können? Wie sollen wir herausfinden, was sie in ihren Köpfen und Herzen tragen, wenn sie in ständiger Angst leben?

In den Regimegebieten sagen die Menschen entweder nichts oder preisen Assad, weil alles andere lebensgefährlich ist. Besonders deutlich wurde dies bei der Vertreibung der Zivilisten aus Ost-Ghoutah im März 2018. Nachdem die ausgemergelten und verzweifelten Menschen fast fünf Jahre lang vom Regime ausgehungert und bombardiert worden waren, hielten manche bei ihrer Ankunft in Regierungsgebieten Assad-Porträts hoch – als Lebensversicherung. Andere warfen sich den syrischen Soldaten zu Füßen und dankten für die »Befreiung«. Ein Parlamentsabgeordneter verteilte Wasser an die Ankommenden unter der Bedingung, dass sie Assad lobten und laut als ihren Führer anerkannten. Wie gedemütigt mussten sich diese Syrer fühlen?

Auch in den Jahren zuvor mussten sie sich mit Kritik zurückhalten. Unter der Herrschaft islamistischer Milizen wurden ab Herbst

2013 in Ost-Ghoutah vor allem säkulare Aktivisten verfolgt. Im Dezember 2013 verschwanden vier Menschenrechtsaktivisten, darunter die prominente Rechtsanwältin Razan Zeitouneh. Vieles deutet darauf hin, dass sie von der jahrelang in Duma herrschenden Armee des Islam (Dschaisch al-Islam) entführt wurden. Demonstrationen lösten die neuen Machthaber gewaltsam auf oder schlugen sie nieder, politische Gegner, die die Machtausübung der Extremisten infrage stellten oder ihnen Konkurrenz machten, kerkerten sie in den von ihnen betriebenen Gefängnissen ein.

In den oppositionellen Gebieten hing das Ausmaß der Meinungsfreiheit vor allem davon ab, welche bewaffnete Gruppe vor Ort dominierte und wie deren Verhältnis zur lokalen Selbstverwaltung war. In Orten mit einer gut organisierten Zivilgesellschaft wie Kafranbul und Saraqeb in Idlib, Atarib in der Provinz Aleppo oder Teilen der Provinz Daraa im Süden gab es ein gewisses Maß an Mitbestimmung und freier Meinungsäußerung. Aber nirgendwo lebten die Syrer wirklich in Freiheit, Sicherheit und Würde – was sie sich 2011 gewünscht hatten, ging nicht in Erfüllung.

Auch in den Kurdengebieten im Nordosten Syriens und in Afrin herrschte mit der Partei der demokratischen Union (PYD) ein Einparteiensystem. Zwar fühlte es sich für viele Kurden zunächst selbstbestimmt und befreiend an, da ihre Sprache und Kultur offiziell anerkannt und gefördert werden, aber Fundamentalkritik an der Herrschaft der PYD wird nicht geduldet, politische Gegner werden verfolgt.

Nicht einmal in den Nachbarländern können sich Syrer ohne Weiteres ehrlich ausdrücken – Versuche offenen Meinungsaustauschs oder kritischer Diskussionen werden im Keim erstickt oder misstrauisch beäugt. Denn lokale Herrscher oder Regierungen befürchten eine Politisierung und Selbstorganisation der Geflüchteten, die sich auf das innenpolitische Gleichgewicht auswirken und ihre eigene Macht destabilisieren könnten – das gilt für den Libanon und Ägypten ebenso wie für den Irak, Jordanien und die Türkei. Im Libanon sind die Verbindungen zwischen Hisbollah und Assad-Regime so eng, dass syrische Geflüchtete um sich und ihre

Verwandten in der Heimat fürchten müssen, wenn sie die Macht Assads infrage stellen. In der Türkei übernehmen die Syrer am besten die Rhetorik von Präsident Recep Tayyip Erdoğan, um auf der sicheren Seite zu sein.

Diese negativen Erfahrungen nicht nur mit dem Regime, sondern auch mit potenziellen Alternativen haben dazu geführt, dass die Syrer kein Vertrauen in politische Prozesse aufgebaut, sondern im Gegenteil jeden Glauben daran verloren haben. Syrische Politiker, Intellektuelle und auch die kulturelle Elite des Landes haben in den Augen der Gesellschaft an Glaubwürdigkeit eingebüßt. Eine funktionierende Alternative zum Totalitarismus haben die Syrer in den vergangenen Jahren nicht kennengelernt, nur die beiden Versionen Assad-Regime und Islamischer Staat (IS) sowie verschiedene Abstufungen von Autoritarismus. Dadurch sind die Ablehnung von politischen Akteuren und ein generelles Misstrauen gegenüber Institutionen noch gewachsen – eine Bürde für jede zukünftige Neuordnung mit demokratischer Mitbestimmung und Bürgerbeteiligung.[1]

Wie also können wir syrische Befindlichkeiten untersuchen? Fest steht: Plakative Fragen helfen dabei nicht weiter. Ist ein Syrer für oder gegen Assad? Befürwortet er eine westliche Intervention gegen das Regime oder nicht? Findet er die Opposition gut oder schlecht? Sind Russland und Iran Unterstützer oder Besatzer? All diese Fragen greifen zu kurz. Sie bedienen unseren Wunsch nach Eindeutigkeit, wo es keine Eindeutigkeit gibt, unsere Tendenz zum Schwarz-Weiß-Denken inmitten von Grauzonen. Denn die meisten Syrer lassen sich gar nicht in einfache Pro- und Contra-Kategorien einteilen. Sie haben sich nicht eindeutig für eine Seite entschieden, sondern zählen zur großen Gruppe der »Grauen« – benannt nach ebenjenen Farbschattierungen zwischen einem Schwarz und Weiß.

Der ehemalige syrische Botschafter in London, Sami Khiyami, geht davon aus, dass nur 30 Prozent der Syrer entweder das Regime oder die Opposition aus voller Überzeugung unterstützen. Die verbliebenen 70 Prozent – die besagten »Grauen« – würden sich aufteilen in Syrer, die zwar gegen das Regime sind, aber die Opposition nicht mögen, und in Syrer, die gegen die Opposition sind, aber das Regime nicht mögen.[2] Interessant ist der Umgang sowohl des Regimes als auch der Opposition mit der Mehrheit der »Grauen«. Für Assad sind sie Manipulationsmasse, für seine Gegner Opportunisten. Ernst genommen wurden sie bislang nicht.

Unter den überzeugten Oppositionsanhängern vor allem Sunniten und unter den assadtreuen Syrern vor allem Alawiten und Mitglieder anderer Minderheiten zu vermuten, führt zu voreiligen und oberflächlichen Schlüssen, die an der Realität vorbeigehen. Wie im ersten Kapitel ausgeführt, herrschen in Syrien nicht Alawiten über Sunniten, sondern Assad-Loyalisten über eine ruhiggestellte Bevölkerungsmehrheit und eine kritische Minderheit. Außerdem schützt Assad nicht religiöse Minderheiten (Christen, Alawiten, Drusen), sondern benutzt sie zum eigenen Machterhalt und bringt sie dadurch erst recht in Gefahr.

Der inzwischen hohe Anteil von Alawiten unter den Profiteuren sowie im Geheimdienstapparat und in der Armee des Regimes hat, wie bereits dargelegt, damit zu tun, dass sich Syrer nicht als Individuen, sondern über ihre Gemeinschaft definieren. Der alawitische Herrscherclan der Assads hat über die Jahrzehnte viele Günstlinge hervorgebracht, dennoch gibt es eine große Zahl armer und unterdrückter Alawiten – eben jene, die nicht zum Umfeld des Assad-Makhlouf-Komplexes gehören und folglich nicht Teil des Machtapparates geworden sind.

Der familiäre Zusammenhalt und die Gemeinde als soziales Umfeld spielen eine große Rolle, schreibt der Nahostexperte Daniel Gerlach.[3] Über die Zugehörigkeit zu einer Gemeinschaft sind Syrer schnell zu mobilisieren, selbst wenn sie nicht religiös sind oder einer anderen Gesellschaftsgruppe gar nicht feindselig gegenüberstehen. Das macht die Konfession oder Volksgruppe zu einem lohnenden Macht- und Manipulationsinstrument.

Dabei erfolgte die Instrumentalisierung im Laufe des Konflikts auf zwei Ebenen. Einmal indirekt und unausgesprochen, indem Hass, Ressentiments und Misstrauen geschürt wurden. Und einmal direkt, indem sich religiöse und ethnische Gruppen zur Selbstverteidigung und zur Durchsetzung eigener Interessen bewaffnen durften oder sollten – Alawiten, Schiiten, Christen und Drusen gründeten eigene Milizen ebenso wie Kurden und Turkmenen. Diese Militarisierung machte aus Religionen und Volksgruppen politische Akteure, die konfessionelle oder ethnische Zugehörigkeit wurde im Laufe der vergangenen Jahre zu einer politischen.[4]

Noch deutlicher als die gesellschaftliche Zerrüttung entlang konfessioneller und ethnischer Linien ist jedoch der geografische Zerfall des Landes in verschiedene Lebenswelten. Um den vielfältigen und sehr unterschiedlichen Wahrnehmungen dieses Krieges gerecht zu werden, bietet sich deshalb ein Blick in diese Regionen an. Denn je ähnlicher die Alltagserfahrungen der Menschen in den vergangenen Jahren waren, desto verallgemeinerbarer sind auch ihre Sichtweisen auf den Konflikt. Wer an der Küste kaum direkte Kriegshandlungen erlebt hat oder in den kurdischen Gebieten im Nordosten relativ sicher war, sieht die Dinge anders als die Bewohner von Ost-Ghouta oder Ost-Aleppo, die über Jahre vom Regime bekämpft wurden. Wer in bestimmten oppositionellen Orten Freiheit und Selbstorganisation kennengelernt hat, hat andere Ansprüche und Forderungen als die Menschen, die vier Jahre unter der Herrschaft des IS gelitten haben und dann von den USA bombardiert wurden.

Statt mich auf die verschiedenen Gesellschaftsgruppen zu konzentrieren und dadurch die Positionen von Sunniten, Alawiten, Christen und Drusen, Arabern und Kurden unzulässig zu pauschalisieren, untersuche ich deshalb die Lebenswirklichkeit an bestimmten Orten in Syrien, die für die Wahrnehmung der dort lebenden Menschen entscheidend ist – egal ob diese arabische Christen oder sunnitische Kurden sind. Natürlich geht damit auch eine Analyse der konfessionellen und ethnischen Gruppen einher, weil in Sweida vor allem Drusen, in Lattakia viele Alawiten und in Qamishli überwiegend Kurden leben. Mein Ansatz ist jedoch kein soziologischer, sondern ein geografischer, weil er am besten abbildet, wie sich Syrien im Laufe der vergangenen Jahre in multiple Realitäten aufgelöst hat.

Keines der Gebiete, deren Alltag ich beschreibe, habe ich selbst während des Krieges besucht. Ich bin folglich auf das angewiesen, was Menschen von dort erzählen, was Journalisten darüber berichten und wie nach Deutschland geflohene Syrer den Alltag vor Ort beschreiben. Dabei gilt es, die jeweiligen Lebensbedingungen – also das Ausmaß an Meinungsfreiheit, Propaganda und Angst sowie die Machtverhältnisse – stets im Hinterkopf zu behalten, um Äußerungen entsprechend einordnen zu können.

Rückblickend lässt sich Syrien in vier Einflusszonen unterteilen, in denen Menschen höchst unterschiedliche Erfahrungen gemacht haben: die Regimegebiete, die Orte, die über einen längeren Zeitraum von oppositionellen Kräften kontrolliert waren, das ehemalige Herrschaftsgebiet des Islamischen Staates und die kurdisch geprägten Regionen. Viele Stadtteile und Ortschaften haben mehrere oder alle diese Einflüsse phasenweise durchlaufen – mit dem dazugehörigen Chaos. Raqqa war erst von einem oppositionellen lokalen Rat regiert und wurde dann zur Hauptstadt des IS, bevor die kurdisch geprägten Syrischen Demokratischen Kräfte (SDF) die Stadt befreiten. Atarib im Norden der Provinz Aleppo wurde von Aktivisten und Rebellen regiert, zwischendurch vom IS überrollt, später von der al-Qaida-nahen Nusra-Front bedroht und schließlich wieder oppositionell verwaltet. In Deir al-Zor, Hauptstadt der gleichnamigen Provinz, rückten 2012 Rebellen ein, sie wurden wiederum vom IS vertrieben. Bis 2017 beherrschten die Dschihadisten Teile der Stadt und belagerten das verbliebene Regimegebiet, seit November 2017 herrscht dort wieder Assad. Die Geschichten der Menschen vor Ort sind entsprechend komplex, ihre Schicksale nicht so einfach zu verallgemeinern. Ich bemühe mich deshalb, sie so differenziert wie möglich abzubilden, und erhebe nicht den Anspruch auf ein vollständiges Bild syrischer Wahrnehmungen.

# Herrschen und gewinnen, schweigen und wegducken

*Regionen des Regimes: Zentral-Damaskus, West-Aleppo, Sweida und die Küstenprovinzen Tartus und Lattakia*

Die Gebiete, in denen das Regime ohne Unterbrechung geherrscht hat, sind von einem perfekten Dualismus gekennzeichnet, der zwischen »drinnen« und »draußen« unterscheidet. Drinnen wohnen die echten Syrer, draußen die Terroristen. Drinnen simuliert das Regime Staatlichkeit und Stabilität, um die Menschen zusammenzuhalten und an sich zu binden, nach außen setzt es auf größtmögliche Brutalität, um Gegner in Angst zu versetzen. Tatsächlich fühlt sich das Leben unter Assad für viele Syrer privilegiert an. Für sie bleibt der Krieg des Regimes gegen seine Feinde abstrakt – selbst im Zentrum von Damaskus, wo die jahrelangen Luftangriffe auf Ost-Ghouta als dunkles Grollen zu hören und als Staubwolken zu sehen waren und immer mal wieder Raketen der Rebellen einschlugen. Diese innere Distanz ermöglichte es Assad, die Wahrnehmungen »seiner« Syrer mit Propaganda und Lügen zu beeinflussen. Wie gut das funktioniert, zeigte sich im Frühjahr 2018, als Bewohner von Damaskus die Bombardierung und Vertreibung der Zivilisten in Ost-Ghouta feierten. Zwischen diesen Syrern lagen nur wenige Kilometer – und doch trennten sie Welten. Nach jahrelanger Gehirnwäsche betrachteten viele Hauptstädter die Menschen in den östlichen Vororten scheinbar nicht mehr als Landsleute, sondern nur noch als vom Ausland bezahlte Verräter oder terroristische Gefahr. Aber wie echt sind solche spontanen Jubelfeiern in Assads Syrien? Wie viel Inszenierung steckt dahinter, wie viel vorauseilender Gehorsam?

Einerseits ist die Vorstellung davon, wie es den Menschen in den von Assad regierten Gebieten geht, einfach – denn sie haben nie eine andere Realität kennengelernt als die des Regimes, und der Alltag verläuft vielerorts erstaunlich routiniert. Natürlich haben sich auch in der Altstadt von Damaskus, in Tartus,

Homs, West-Aleppo und im Küstenhinterland viele Dinge geändert, aber das übergeordnete Narrativ war stets das gleiche, und die Spielregeln waren bekannt. Andererseits ist es in den Regimegebieten besonders schwer zu wissen, was die Syrer wirklich denken. Loben sie Assad, weil sie von seinem Regime profitieren? Weil sie froh sind, überhaupt ein Dach über dem Kopf und etwas zu essen zu haben in diesem ansonsten geschundenen Land? Wissen sie überhaupt, was andernorts passiert? Glauben sie, was das Regime ihnen erzählt? Oder haben sie einfach nur Angst? Und wenn ja, was fürchten sie mehr – die Geheimdienste Assads oder die Extremisten, die ihnen als einzige Alternative zum Regime erscheinen?

Fest steht: Die Menschen in den Assad-Gebieten haben bis heute am meisten zu verlieren – ein Zuhause, einen Job, eine einigermaßen funktionierende Krankenversorgung, die Möglichkeit, zur Schule zu gehen und zu studieren. Vieles davon garantieren die Vereinten Nationen, die seit Jahren hauptsächlich die Regionen des Regimes versorgen, weil Damaskus ihnen den Zugang zu den oppositionellen Gebieten verwehrt. Angesichts des Schicksals ihrer Landsleute in den übrigen Landesteilen erscheinen den Bewohnern von Damaskus, Lattakia, Tartus, Sweida und West-Aleppo die Einschränkungen und Unwägbarkeiten ihres Lebens erträglich: die vielen Checkpoints, die ständige Angst, die Gefahr von Terroranschlägen, die omnipräsente Propaganda des Regimes, die Stromausfälle, die gestiegenen Preise, die zum Teil schlechte Wasserversorgung, der wachsende Einfluss des Irans in vielen Bereichen, die Präsenz schiitischer Milizen, russischer Soldaten und libanesischer Hisbollah-Kämpfer, die Willkür lokaler syrischer Kriegsherren und das mafiöse Gebaren ihrer Schergen.

Hauptproblem ist für viele Familien der Militärdienst, zu dem Väter und Söhne eingezogen werden und dem sie mit allen Mitteln versuchen zu entgehen – auch durch Flucht ins Ausland. Freiwillig würden sich die allermeisten nicht zur Armee melden, weil sie nicht bereit sind, für dieses Regime ihr Leben zu opfern, auch wenn sie sich mit ihm arrangiert haben. Wenn junge Männer aus wirtschaftlichen Gründen oder aus Überzeugung für Assad kämpfen, dann eher als Mitglieder privater oder halbstaatlicher Milizen. Denn als solche können sie in der Nähe ihrer Familien bleiben und ihre Heimatregion verteidigen und werden nicht an eine ferne Front beordert, um einen Krieg zu führen, den sie nicht als den ihren betrachten.

Aus Gesprächen mit Syrern, deren Familien in den Assad-Gebieten leben, ergeben sich für mich drei Typen von Menschen und damit verbunden drei Wahrnehmungen dieses Krieges.

Da sind erstens Profiteure des Regimes – Geheimdienstvertreter, Militärs, Unternehmer, Politiker –, die das Narrativ des Regimes zu 100 Prozent übernommen haben. Alles, was davon abweicht, wird als Propaganda abgetan und geleugnet.

Die zweite Gruppe von Menschen übernimmt den öffentlichen Diskurs insofern, als sie Assad im Vergleich zu den Extremisten als das kleinere Übel betrachtet und keine überzeugende Alternative sieht. Die Angst hat ihr Unterbewusstsein fest im Griff. Sie hält sich möglichst aus allem heraus und ist mit dieser Devise bislang gut gefahren.

Zur dritten Gruppe gehören all jene, die das Regime innerlich ablehnen, aber aus verschiedenen Gründen unter seiner Herrschaft leben. Sie hoffen auf einen Sturz Assads, verbunden mit einem geordneten Übergang zu einem demokratischen rechtsstaatlichen System und sind in unterschiedlichem Maße bereit, sich dafür zu engagieren und Widerstand zu leisten.

In sämtlichen vom Regime kontrollierten Gebieten leben Syrer dieser drei Gruppen. Und in jeder dieser drei Gruppen finden sich Sunniten, Christen, Alawiten, Drusen, Ismaeliten und Schiiten. Schauen wir also – subjektiv und nicht repräsentativ – in die verschiedenen Regionen und hören wir einzelne Stimmen, die vom Alltag unter Assad berichten.

In Damaskus beklagen Vertreter des alteingesessenen sunnitischen Bürgertums, die Altstadt werde immer schiitischer. Nicht nur wegen der vielen Bilder von Assad mit seinen ausländischen Schutzpatronen – Hisbollah-Chef Hassan Nasrallah, Irans Ayatollah Khamenei sowie Russlands Präsident Putin. Auch die Zahl schiitischer Pilger aus dem Iran und dem Irak hat stark zugenommen, während Besucher aus dem Westen seit Jahren ausbleiben. »Zum Ashura-Fest dürfen sich schiitische Männer jetzt mitten in der Altstadt öffentlich geißeln«, empört sich ein Damaszener, das sei früher unvorstellbar gewesen. Mancher Laden im traditionellen *Suq* ist außerdem inzwischen in schiitischer Hand.

Junge Leute erzählen, wie sie auf ihrem Weg zur Universität oder zur Arbeit jeden Tag die Checkpoints des Regimes passieren müssen, wo sie von arroganten und selbstherrlichen Milizionären kontrolliert werden. »Diese Typen können mit uns machen, was sie wollen«, erzählt die 29-jährige Selma aus dem Süden der Hauptstadt. »Wir leben in einem Zustand der Rechtlosigkeit und des Chaos.«[5] Männer zwischen 18 und 42 Jahren versuchen, Checkpoints so gut wie möglich zu umgehen, weil sie Zwangsrekrutierung und Willkür fürchten. Aber es gibt in der großen Gruppe der Passiven und Indifferenten auch optimistische Stimmen. Manche Checkpoints seien abgebaut worden, es gebe wieder 24 Stunden Strom, und die Preise für manche Bedarfsgüter seien gesunken.

Ähnliche Meinungen hört man aus West-Aleppo. Dort hat es jedoch auf kleinerem Raum mehr gesellschaftlichen Wandel gegeben. Viele alteingesessene Aleppiner sind in die Türkei gegangen, aufgrund der jahrelangen Teilung der Stadt in einen oppositionellen Osten und einen vom Regime kontrollierten Westen haben sich die Menschen entfremdet und zum Teil freiwillig segregiert. Heute wird die Stadt von Kriegsgewinnlern und Assad-Loyalisten dominiert, die meist nicht zur traditionellen Einwohnerschaft der Stadt gehören.

Als Alteingesessener rede man untereinander und auf der Straße nur über das Wetter und andere unverfängliche Themen, sagt die Mutter von Freunden aus West-Aleppo – Sunnitin ohne

Kopftuch und gebildeter Mittelstand. Sie wünscht sich ein Ende der Unterdrückung und ein Leben ohne Angst, befürchtet aber, dass ohne Assad alles noch schlimmer werden könnte.

Diese Sorge treibt auch viele Christen um – in Aleppo und Damaskus, aber auch anderswo. Bei ihnen hängt die politische Einstellung stark davon ab, wie eng sie mit den lokalen Kirchenvertretern ihrer Gemeinde verbunden sind, die wie alle Religionsführer vom Regime vereinnahmt sind und dieses offiziell unterstützen. Wer dagegen seinen Glauben abgekoppelt von formalen Kirchenstrukturen und unabhängig von Patriarchen und Bischöfen lebt, fragt sich als frommer Christ durchaus, wie man ein derart menschenverachtendes Regime unterstützen kann. Und wer zwar aus einer christlichen Familie stammt, aber säkular denkt, unterstützte meist die Revolution und solidarisierte sich mit den Assad-Gegnern. Zu ihnen zählen vor allem im Westen lebende syrische Christen, die sich zum Teil in oppositionellen Gruppen organisiert haben oder regelmäßig regimekritisch äußern.

Viele Christen, die das Land in den vergangenen Jahren verlassen haben, sind aus Angst vor radikalen Islamisten gegangen – das betrifft vor allem die Provinz Homs und ehemalige IS-Gebiete, zum Teil auch Damaskus und Aleppo. Sie haben häufig Verwandte in Europa und als Händler oder Geschäftsleute entsprechende finanzielle Rücklagen, was eine Flucht erleichtert hat. Diejenigen Christen, die in Syrien geblieben sind, hatten entweder keine andere Wahl, sind eng mit dem Regime verbunden oder wollen aus religiöser Überzeugung die orientalischen Wurzeln des Christentums verteidigen und seine Präsenz im Nahen Osten erhalten.

Blicken wir in den Süden. Die Provinz Sweida gilt als Assad-Gebiet und hat sich dem Aufstand nie angeschlossen. Dennoch ist das Regime hier weniger präsent als anderswo. Das hat zwei Gründe. Erstens liegt die Region isoliert im Südosten des Landes und hat keinen besonderen strategischen Wert, zweitens wird sie von der konfessionellen Minderheit der Drusen dominiert, die ihr Schicksal bis zu einem gewissen Grad selbst in die Hand genommen hat. Während einige hochrangige drusische Geistliche das Assad-Regime ablehnen, verhält sich die politische Führung der Drusen möglichst neutral und pragmatisch. Oberstes Ziel ist es, die eigene Gemeinschaft und Sweida zu schützen.

Statt die jungen Männer der Provinz in Assads Armee verheizen zu lassen, beschlossen sie deshalb, ihre eigenen Milizen zu gründen. Diese sollten sich auf die Verteidigung der Provinz konzentrieren und nicht an weit entfernten Fronten für das Assad-Regime kämpfen. Die bekannteste dieser drusischen Einheiten, die sogenannten Männer der Würde, sind auch als Polizeikräfte im Einsatz. Sie werben für einen »dritten Weg«, indem sie Reformen fordern, ohne das Assad-Regime anzugreifen.[6]

Für die Drusen, eine späte Abspaltung im schiitischen Islam, hat dieser Fokus nach innen existenzielle Bedeutung. Denn ihr Glauben wird nur durch Eheschließung innerhalb der Gemeinschaft vererbt. Heiratet eine drusische Frau oder ein drusischer Mann außerhalb der eigenen Religion, gelten die Kinder nicht als Drusen. Die jungen Männer aus Sweida werden deshalb nicht nur als Kämpfer zum Schutz der eigenen Konfession gebraucht, sondern auch als Ehemänner und Väter.

Außerdem gehört die im 11. Jahrhundert in Kairo entstandene Glaubensgemeinschaft, die sich eigentlich *al-muwahhidun* (»Bekenner der Einheit Gottes«) nennt, formal weder dem sunnitischen noch dem schiitischen Islam an. Radikale Islamisten betrachten sie deshalb als Ungläubige, weswegen die Drusen in der Regel den Schutz der Staatsmacht suchen. Überall im Nahen Osten gelten sie den Herrschenden als loyale Minderheit, in Israel und Jordanien, im Libanon und in Syrien. Daneben entwickelten die Drusen im Laufe ihrer Geschichte als verfolgte Minderheit eine große Solidarität untereinander, auch über staatliche Grenzen hinweg. Die Assads konnten sich ihrer Unterstützung allerdings nie hundertprozentig sicher sein – im Gegensatz zu den Alawiten bewahrten sich die syrischen Drusen eine eigene Identität und eine gewisse Unabhängigkeit vom Regime.

Das Schutzversprechen Assads funktionierte in Sweida nur bedingt. Zwar bekennen sich die drusischen Milizen formal zum Regime, aber sie vertrauen ihm nicht wirklich. Denn sie wissen: Wenn es darauf ankommt, hat Assad andere Prioritäten als die Rettung von Sweida. Als dem Regime im Jahr 2015 der Verlust seiner Kerngebiete an der Küste drohte, überließ er den für ihn unwichtigeren Südosten weitgehend sich selbst. Soldaten und Sicherheitskräfte wurden aus Sweida abgezogen, obwohl der Provinz ein Vormarsch des IS drohte. Gleichzeitig lösten die Islamisierung und Radikalisierung der Aufständischen bei den Drusen Abneigung und Ängste aus. Die Zusammenarbeit vieler Rebellengruppen mit der Nusra-Front, die im Juni 2015 zwanzig Drusen in der Provinz Idlib umgebracht hatte, erschwerte eine Solidarisierung mit dem Aufstand gegen Assad zusätzlich. Viele Menschen in Sweida haben das Gefühl, niemandem vertrauen zu können und in diesem Konflikt auf sich allein gestellt zu sein.

Die Küstengebiete schließlich gelten als Hochburgen des Regimes, hier leben besonders viele Profiteure, deren persönliches Schicksal untrennbar mit dem Assads verbunden ist. Lama Ahmad stammt aus einer solchen Familie in Tartus. Ihr Vater war früher Informationsminister, ihre Schwester möchte Ministerin für Kultur werden, sie hat mehrere Onkel im Geheimdienst und war selbst Diplomatin. 2013 desertierte die Alawitin – erst verließen ihr Mann und die zwei Kinder das Land, dann sie.

»Die Mitglieder meiner Familie wollen die Realität nicht sehen, sie haben Angst, die Wahrheit herauszufinden«, sagt Lama Ahmad. Deshalb verlassen sie sich nur auf die staatlichen Medien. Ausländische Fernsehsender gelten unter Assad-Anhängern als syrienfeindliche Propaganda. Syrer wie ihre Verwandten wollten ihre Privilegien nicht verlieren und fürchteten die Rache ihrer Gegner, erklärt die ehemalige Diplomatin. Geflüchtete Sunniten betrachteten sie als Terroristen, meint Ahmad. »Sie sind froh, dass sie weg sind, und wollen auch nicht, dass sie wiederkommen.«

Über die sichtbare russische Präsenz freuen sie sich dagegen – Regime-Unterstützer betrachten Moskau als Retter und Schutzpatron. Entsprechend willkommen sind die russischen Militärs in den Küstenprovinzen Tartus und Lattakia, wo sie überwiegend stationiert sind. Im Hafen von Tartus hat Moskau seinen Marinestützpunkt weiter ausgebaut, 20 Kilometer südlich von Lattakia befindet sich Russlands Luftwaffenbasis Hmeimin. Russische Soldaten, Berater und Techniker sorgen in Lattakia für steigende Umsätze. Syrische Gastronomen nennen ihre Restaurants dort »Russland« oder »Café Mokau«, statt Arak wird Wodka ausgeschenkt, immer mehr Syrer lernen Russisch.

Doch auch an der Küste regt sich Kritik – nicht an Assads Herrschaft generell, aber an bestimmten Zuständen. Etwa wenn in Tartus ein luxuriöses Einkaufszentrum eingeweiht wird, in dem die Mehrheit der Bewohner angesichts der hohen Preise gar nicht einkaufen kann. Oder wenn teure Tourismusprojekte entstehen, während die Söhne der Region als Soldaten nur Kartoffeln und Brot zu essen haben und ihre medizinische Behandlung inklusive Prothesen selbst bezahlen müssen.[7] In der Provinzhauptstadt Tartus leben neben einer superreichen Regimeelite, die am Krieg verdient, auch viele Arme. 1,2 Millionen Binnenvertriebene sind hierher geflüchtet, die Bewohner kämpfen mit teuren Mieten, steigenden Preisen und Stromausfällen.

Fast jede Familie hier hat Tote zu beklagen, 100 000 sind es insgesamt in der Provinz Tartus, die zwei Millionen Einwohner hat. Hauswände und Mauern in der Hafenstadt sind gepflastert mit Fotos von Gefallenen – viele Frauen haben sowohl Ehemänner als auch Söhne verloren. Weil sich niemand mehr freiwillig zum Militärdienst meldete, führten syrische Sicherheitskräfte auf der Suche nach jungen Rekruten in den vergangenen Jahren Hausdurchsuchungen durch, Tausende junge Männer lebten versteckt im Untergrund, um sich der Zwangsrekrutierung zu entziehen. Pro-Assad-Milizen haben die Provinz fest im Griff und ein Klima der Angst geschaffen – früher waren es die Shabiha, heute sind es die Nationalen Verteidigungskräfte (NDF).[8]

Wie keine andere syrische Gesellschaftsgruppe sind die Alawiten mit der Herrschaft der Assads verbunden, ihre religiöse Identität hat sich im Laufe der Jahrzehnte in eine politische gewandelt. Im aktuellen Konflikt dienen sie dem Regime als menschliche Rekrutierungsmasse, keine Gemeinschaft hat im Verhältnis zu ihrem Bevölkerungsanteil mehr Opfer zu beklagen als die Alawiten. Mindestens 70 000 Männer sind für den Überlebenskampf Assads gestorben, oft als Kanonenfutter verheizt. Bei einer Gesamtzahl von zwei Millionen syrischen Alawiten ist das ein existenzieller Verlust. Insofern beschützt Assad die Alawiten nicht, er hält sie vielmehr in Geiselhaft, um seine eigene Macht zu sichern. Seit Jahrzehnten verhindert das Regime jegliche alawitische Selbstorganisation – selbst in religiöser Hinsicht. Im Gegensatz zu den Sunniten, Christen und Drusen haben die Alawiten in Syrien keine offiziellen konfessionellen Vertreter, nur lokale Sheichs, die oft vom Regime installierte frühere Militär- oder Geheimdienstmitarbeiter sind. Entsprechend reduzieren sich nicht nur äußere Zuschreibungen auf ihre Rolle als herrschende Minderheit und Assad-Apologeten, sondern ist auch die Selbstwahrnehmung der Alawiten von ihrem Abhängigkeitsverhältnis zum Regime dominiert.

Bei der Frage, wie viel Unterstützung das Regime noch hat, muss die politische Realität der vergangenen Jahrzehnte deshalb unbedingt miteinbezogen werden. Natürlich sollen die Syrer selbst entscheiden, wer sie regiert. Doch die Voraussetzungen für eine freie politische Entscheidungsfindung sind in Syrien seit der Machtübernahme durch die Baath-Partei 1963 nicht gegeben. Mehr als fünfzig Jahre Unfreiheit und Unterdrückung, staatliche Propaganda und Angst – das bedeutet angesichts der Bevölkerungsstruktur (fast 80 % der Syrer sind unter 35 Jahre alt[9]), dass die große Mehrheit der Syrer gar nichts anderes kennt. Wie schwierig unter diesen Voraussetzungen demokratische Prozesse, der Aufbau rechtsstaatlicher Strukturen und die Einbeziehung ziviler Kräfte sind, zeigt sich in den oppositionell verwalteten Gebieten.

# Auf der Flucht vor dem Tod

*Vorübergehend unter oppositioneller Kontrolle: Teile der Provinzen Homs, Hama und Aleppo, das Umland von Damaskus, Idlib und Daraa*

Syrer, die in den vergangenen Jahren in oppositionellen Regionen und Orten lebten, haben meist mehr durchgemacht als alle anderen. Zum einen, weil sie den Horror dieses Krieges in all seinen Facetten erlebt haben. Verhaftung und Folter, Fassbomben und Raketenangriffe, Abriegelung und Hunger, bleibende physische und psychische Verletzungen, Flucht und Vertreibung, wechselnde Kriegsherren, die Gehorsam einforderten. Zum anderen, weil sich ihre Lebensumstände oft veränderten und sie sich dadurch in einem permanenten Überlebensmodus befanden: Bombardiert durch das Regime, bedroht von lokalen Islamisten, vertrieben an einen fremden Ort, unterdrückt von ausländischen Dschihadisten, vom Regime unterworfen.

Diese Syrer haben ihre Kinder in Massengräber gelegt oder ihnen beim Verhungern zusehen müssen, sie haben in Schuttbergen, die einmal ihr Zuhause waren, nach Eltern und Geschwistern gegraben. Sie wurden zwei-, drei- oder viermal vertrieben, bis sie in einem windigen Zelt ohne Wasser und Strom landeten, abhängig von humanitärer Hilfe und damit ausländischen Interessen. Beraubt ihrer Menschenwürde, von der sie sich doch eigentlich mehr, nicht weniger gewünscht hatten, und ohne Hoffnung, jemals zu erfahren, was aus dem verschwundenen Vater geworden ist oder aus dem Sohn, der trotz Verhaftung und Folter nicht aufhören wollte zu demonstrieren, oder aus der Tochter, die vom IS verschleppt wurde.

Das Leid dieser Menschen übersteigt das menschlich Fassbare. Dabei sind sie zugleich diejenigen Syrer, die 2011 die Ketten der Diktatur gesprengt hatten, die vorübergehend frei waren, die begonnen hatten, sich zu organisieren und als Bürger zu fühlen, die motiviert und berauscht waren, voller Hoffnung und Tatendrang.

Genau das macht es so schmerzhaft. Denn diese Menschen sind besonders tief gefallen und extrem enttäuscht worden. Sie sind innerlich verbittert und voller Hass auf die Welt, die sie im Stich gelassen hat, haben aber keine Kraft mehr für Gefühle. Ihre Tränen sind schon lange versiegt, ihre Wut wirkt oft nur noch lähmend. Viele haben sich aufgegeben und in ihr Schicksal gefügt, andere kämpfen weiter – für sich, für eine gerechtere Gesellschaft und für ihre neu gewonnene Handlungsfreiheit, egal was das praktisch bedeutet und wie es für sie ausgeht.

Die Erfahrungen der Syrer sind so vielfältig wie die Geschichten der Orte, aus denen sie kommen. Selbst Bewohner der gleichen Stadt haben nicht unbedingt Gleiches erlebt. Die Bürger von Homs etwa können ein halbes Dutzend Versionen dieses Krieges erzählen. Aber alle handeln von wachsendem Hass, konfessioneller Hetze und Bedrohung durch den jeweils anderen. Wegen ihrer aktiven Rolle beim zivilen und bewaffneten Widerstand gilt Homs als »Hauptstadt der Revolution«. Aufgrund der zentralen geografischen Lage zwischen Damaskus, Aleppo und der Küste, der gemischten Bevölkerung und strategischen Bedeutung als drittgrößte Stadt des Landes sowie wichtiger Militär- und Industriestandort lässt sich dort zudem besonders gut nachvollziehen, wie das Regime Alawiten und Sunniten gegeneinander aufgehetzt, die Minderheiten zum eigenen Machterhalt missbraucht und die Stadt schließlich von Assad-Gegnern gesäubert und demografisch umgebaut hat.[10] In Homs erprobte das Regime ab 2012 erfolgreich seine Strategie des Abriegelns von oppositionellen Stadtvierteln, die so lange ausgehungert, bombardiert und von halbstaatlichen Milizen terrorisiert wurden, bis ihre Bewohner und lokale Rebellen aufgaben und ihrer eigenen Vertreibung zustimmten.

Die Gewalt hat sich hier frühzeitig entlang konfessioneller Linien entladen. Nach Mordanschlägen auf einen alawitischen General und seine Söhne sowie auf Shabiha-Mitglieder zeigte das Staatsfernsehen jeweils ihre verstümmelten Leichen, was im Juli 2011 einen Aufschrei der lokalen alawitischen Bevölkerung zu Folge hatte.

Diese randalierte, brannte sunnitische Läden nieder und tötete drei Menschen.[11] Mehrheitlich alawitische Stadtteile wurden zu Hochburgen der Shabiha-Milizen, die in Homs einige der grausamsten Massaker dieses Krieges begingen.[12]

Das gilt vor allem für Zahra, ein nahezu vollständig von Alawiten bewohntes Viertel östlich der Altstadt, das zeitweise von Assads Armee als Militärbasis genutzt wurde. Wer hier lebt, habe keine Wahl, sagten Bewohner 2012 einem inoffiziellen Reuters-Mitarbeiter. Als Alawit müsse man Assad unterstützen: »Die Sunniten werden unterdrückt, aber die Alawiten werden die Opfer sein.«[13] Viele sehen in jedem sunnitischen Mitbewohner einen potenziellen Terroristen und behandeln ihn als Feind.

Wer aus einem der zeitweise oppositionell kontrollierten, überwiegend sunnitischen Viertel stammt (Baba Amr, Jourat al-Shayah, Khalidiya, Bayada, Qusur, Ashira, Bab Sbaa, der Altstadt und anderen), hat andere Erfahrungen gemacht. Als Regimekritiker demonstrierte er wahrscheinlich monatelang friedlich, sang mit dem syrischen Torwart und Widerstandskämpfer Abdulbasit Al-Sarout Revolutionshymnen und hörte der alawitischen Schauspielerin und Regimegegnerin Fadwa Soleiman am Uhrenplatz zu, bevor er sich später einer Einheit der Freien Syrischen Armee anschloss. Ziemlich sicher hat dieser Homsi die jahrelange Abriegelung und gnadenlose Zerstörung seiner Nachbarschaft erlebt, womöglich auch eines der grauenvollen Massaker. Dann hat er aus Angst vor den Shabiha-Milizen sein Viertel verlassen, sodass diese sein Zuhause plündern konnten. Er ist vielleicht in andere Rebellengebiete der Provinz Homs geflohen oder Richtung Süden nach Deir Atiyah bei Damaskus. Dort hatten viele Homsis Schutz gesucht, bis das Regime den Ort im April 2013 angriff mit dem Hinweis, der Raketenbeschuss werde so lange fortgesetzt, bis die Vertriebenen die Stadt wieder verlassen hätten. Unzählige Bewohner von Homs haben im Laufe der letzten Jahre eine nicht enden wollende Fluchtgeschichte hinter sich.[14]

Andere Assad-Gegner wollten Homs zunächst nicht verlassen und haben sich mit ihren Familien jahrelang in Al Waer verschanzt, dem letzten oppositionellen und abgeriegelten Stadtteil. Als ihre Kinder zu verhungern drohten und jeder Widerstand zwecklos schien, ergaben auch sie sich in ihr Schicksal. Im Frühjahr 2017 kapitulierten die letzten oppositionellen Bewohner und Rebellen von Homs und ließen sich nach Jarablus im Norden der Provinz Aleppo deportieren. Dort leben sie bis heute unter widrigen Umständen und ohne jede Aussicht auf eine Rückkehr nach Homs, wo viele ihrer Wohnungen inzwischen beschlagnahmt und an Alawiten oder Schiiten verkauft wurden.[15]

Die Menschen weiter nördlich – in Rastan, Talbiseh und Umgebung – hielten noch ein Jahr länger durch. Zehntausende Syrer lebten in diesem von verschiedenen Rebellengruppen kontrollierten ländlichen Gebiet im Norden der Provinz Homs sechs Jahre lang eingeschlossen und umgeben vom Regime. Im Mai 2017 wurde die Enklave zu einer der vier »Deeskalationszonen« ernannt, die – siehe Ost-Ghouta und Idlib – besser »Eskalationszonen« hätten heißen sollen. Ausgerechnet Rastan, Assads einstige Rekrutierungsbasis sunnitischer Militärs und Heimatort von Mustafa Tlass, dem langjährigen Verteidigungsminister und treuen Weggefährten Hafiz al-Assads, entwickelte sich früh zu einem Zentrum des Aufstands. Im Spätsommer 2011 sammelten sich hier desertierte Soldaten, die die Freie Syrische Armee mitbegründeten und im Laufe der Zeit mehrere Brigaden bildeten. Im Frühjahr 2012 übernahmen sie die Kontrolle in Rastan, das mit 60 000 Einwohnern zu einem der ersten städtischen Zentren des Aufstandes wurde. Sechs Jahre später bombte sich Assad auch im nördlichen Homs zurück an die Macht, im Mai 2018 vermittelte Russland ein weiteres »Evakuierungsabkommen«, Zehntausende wurden nach Idlib vertrieben.

Dort wunderten sich manche der Binnenflüchtlinge aus lange abgeriegelten Gebieten über das Chaos, die Macht der Islamisten und den Einfluss des Auslands. Vor allem die Bewohner von Daraya waren anfangs geschockt über die Unterlegenheit lokaler Gruppen und die Internationalisierung des Aufstands im Norden, denn vor ihrer Vertreibung nach Idlib im Sommer 2016 hatten sie vier

Jahre lang einen Traum und zugleich Albtraum durchlebt. Der südwestliche Vorort von Damaskus verkörperte wie kein anderer die Hoffnungen der Revolution – und wurde am Ende zum Symbol für ihr Scheitern.

Früh hatte sich das etwa 100 000 Einwohner zählende Daraya zum Zentrum friedlicher Proteste entwickelt, ein junger Mann verteilte im Sommer 2011 mit Blumen geschmückte Wasserflaschen an Assads Soldaten, auf denen stand: »Wir sind nicht gegen euch, unser Feind ist der Diktator«. Mit dieser Aktion wurde der 26-jährige Ghiath Matar zur Ikone der Bewegung und als »Syriens kleiner Gandhi« bekannt. Anfang September 2011 – kurz vor der Geburt seines ersten Kindes – wurde Matar vom Regime verhaftet und zu Tode gefoltert. Westliche Botschafter nahmen damals an der Trauerfeier teil.

Im Gegensatz zu den meisten anderen oppositionellen Gebieten hatten in Daraya zivile Strukturen die Oberhand. Der Lokale Rat regelte nicht nur die alltäglichen Belange der Bewohner, sondern kontrollierte auch die etwa 3000 Rebellen der Freien Syrischen Armee, die den Vorort befreit hatten – und nicht umgekehrt. Die Kämpfer waren aus Sicht des Regimes eine Bedrohung für den nahe gelegenen Militärflughafen in Mezze – einer der Gründe, warum Assad Daraya um jeden Preis zurückerobern wollte. Ein weiterer Grund war der aktive und kreative zivile Widerstand dort. Seit Januar 2012 veröffentlichen Aktivisten aus Daraya die Wochenzeitung *Enab Baladi* (»Heimische Trauben«), einige von ihnen mussten inzwischen in die Türkei fliehen. Die Zeitung wird überwiegend von Frauen gemacht und erreicht jeden Sonntag mehrere Hunderttausend Leser, vor allem über die sozialen Netzwerke. Mitbegründerin Kholoud Waleed wurde 2016 für ihr mutiges Engagement mit dem Anna-Politkowskaja-Preis ausgezeichnet, drei ihrer Mitstreiter sind inzwischen tot, weitere verhaftet.[16]

Nur einmal erschien *Enab Baladi* nicht: Ende August 2012, als das Regime mit Soldaten und Shabiha-Milizen in den Ort einrückte. Diese gingen von Haus zu Haus und richteten zwischen 270 und 320 Bewohner hin.[17] Der Versuch des Regimes, das Massaker von Daraya »Terroristen« zuzuschreiben, erwies sich als besonders groteske Propaganda. Am 25. August 2012 lief eine Reporterin des assadtreuen Fernsehsenders al-Dunya TV in Begleitung von Soldaten durch Daraya und befragte zum Teil schwer verletzte Überlebende nach den verantwortlichen »Terroristen«, darunter ein unter Schock stehendes Kleinkind, das noch in den Armen seiner toten Mutter lag.

Kurz darauf startete das Regime massive Luftangriffe auf Daraya, zwei Monate später riegelte es den Ort komplett ab. Vier Jahre lang wurden seine Bewohner ausgehungert und fast täglich bombardiert. Ein eigener Bericht des Syrischen Netzwerks für Menschenrechte (SNHR) dokumentiert den Staatsterror in Daraya: 7864 Fassbomben, acht Angriffe mit Chemiewaffen, drei mit Streumunition, 56 lebenswichtige zivile Einrichtungen wurden getroffen. Am Ende ernährten sich die Bewohner von dem, was zwischen den Trümmern wuchs, und von »Gewürzsuppe« – Wasser, in dem sie Gewürze oder Blätter kochten. Neun Menschen starben an Unterernährung und fehlender medizinischer Versorgung, darunter drei Kinder.[18]

Jahrelang ließ das Regime in Daraya keine humanitäre Hilfe zu. Als die Vereinten Nationen endlich die Genehmigung für einen Konvoi erhielten, wurde dieser am 12. Mai 2016 von der Vierten Division, einer Eliteeinheit der Armee, am Checkpoint abgewiesen und musste umdrehen. Auf die wartenden Menschen wurde geschossen, ein Vater und sein Sohn starben. Einen Monat später, am 10. Juni 2016, erreichte die erste und einzige Hilfslieferung die Eingeschlossenen in Daraya. Nachdem die Lastwagen den Ort verlassen hatten, wurde dieser erneut bombardiert. UN-Vertreter dokumentierten und kritisierten beide Vorfälle. Doch Assad konnte ungestraft weitermachen.

Im August 2016 stimmten die letzten 8000 Bewohner ihrer Evakuierung zu. Rebellen, Aktivisten und ihre Familien wurden nach Idlib gebracht, Zivilisten kamen in eine nahe gelegene Notunterkunft. An keinem anderen Ort in Syrien verliefen der Bevölkerungsaustausch und die damit verbundene demografische

Neuordnung so radikal wie in Daraya. Sämtliche ursprünglichen Bewohner – überwiegend Sunniten – mussten gehen, stattdessen haben sich dort regimetreue Syrer niedergelassen. Außerdem wurden gezielt schiitische Familien aus dem Irak angesiedelt.[19]

All die aus politischen Gründen Vertriebenen sind dem Regime jedoch nur vorübergehend entkommen. In Idlib erwartet sie das gleiche Schicksal wie in ihren Heimatorten, denn Assad wird das größte verbliebene Rebellengebiet früher oder später zurückerobern wollen. Dann gibt es für diese Syrer keinen Ausweg mehr. Die Grenze zur Türkei ist dicht, was bleibt, ist eine Flucht in die Kurdengebiete oder Unterwerfung. Letzteres ist für viele lebensgefährlich, da sie als aktive Mitglieder des Widerstands – ob bewaffnet oder mit zivilen Mitteln – dem Regime bekannt sind und auf entsprechenden Listen der Geheimdienste stehen. Werden sie gefasst, drohen ihnen Verhaftung, Folter und Tod.

Bis dahin versuchen sie sich mit den lokalen Bedingungen in Idlib zu arrangieren, wo mit al-Qaida sympathisierende Kämpfer seit Jahren militärisch den Ton angeben und sich verschiedene islamistische Gruppen, FSA-Einheiten und Dschihadisten gegenseitig bekämpfen – zur Freude Assads. Die Provinz, deren Bewohner schon immer arm und konservativ waren, ist mit der Versorgung der mehr als einer Million Binnenflüchtlinge überfordert. Erst recht, seitdem sich ausländische Geldgeber in den vergangenen Jahren aus Idlib zurückgezogen haben aus Angst, indirekt al-Qaida zu finanzieren. Dabei sind drei von vier Bewohnern auf humanitäre Hilfe angewiesen. Wer also Nahrungsmittel und Medikamente verteilt, wer Strom und Wasser liefert, für Sicherheit sorgt und sich um die Menschen kümmert, kann diese für sich gewinnen.

Vielerorts existieren noch die aus der Revolution hervorgegangenen lokalen Räte, die im Laufe der Jahre professionelle Strukturen aufgebaut haben, auch wenn sie nicht immer effektiv und unabhängig regieren. Gelingt es diesen lokalen Regierungen, zuverlässig Dienstleistungen zu erbringen und enge Beziehungen zur Zivilgesellschaft zu pflegen, können sie den Einfluss der Dschihadisten am besten abwehren. Diese versuchen, mit eigenen Angeboten bestehende Lokale Räte und zivilgesellschaftliche Organisationen zu überwachen, einzuschüchtern, zu unterwandern und schließlich zu ersetzen.

Einige Orte, die vor der Revolution kaum jemand kannte, brachten es mit ihrem aktiven und originellen Widerstand zu landesweiter und zum Teil internationaler Bekanntheit. Kafranbul etwa wurde mit seinen bunten und englischsprachigen politischen Karikaturen bekannt, außerdem gründeten Aktivisten dort den Radiosender Radio Fresh FM. Im Januar 2016 stürmte die Nusra-Front die Station und konfiszierte Geräte mit der Begründung, das Senden von Musik sei »haram«. Die Macher von Radio Fresh FM arrangierten sich, um weitermachen zu können. Zwischen den Wortbeiträgen sendeten sie ab sofort Tierstimmen.[20]

Auch der Fotograf Khaled al-Issa, bekannt als »Auge der Wahrheit«, kam aus Kafranbul. Zusammen mit seinem Kollegen und Freund Hadi al-Abdullah recherchierten, berichteten und fotografierten sie jahrelang an den gefährlichsten Orten des Krieges. Im Juni 2016 starb der 24-jährige Khaled bei einem gezielten Anschlag auf die Wohnung der beiden Bürgerjournalisten in Aleppo. Hadi al-Abdullah überlebte schwer verletzt und wurde im selben Jahr von Reporter Ohne Grenzen als Journalist des Jahres ausgezeichnet. Kurz zuvor hatte Khaled seiner Mutter noch eine Nachricht geschickt: »Wenn mir etwas passiert, sei nicht traurig und vor allem, mach unbedingt weiter!«[21] Ghalia al-Rahal hatte 2013 das erste Frauenzentrum in Kafranbul gegründet und ist Herausgeberin der Zeitschrift *Mazaya* (»Vorteil«), deren Slogan »ich bin keine Last, ich bin eine Kraft« lautet. Mit nur 17 Jahren hatte sie ihren Sohn Khaled bekommen, im Zuge der Revolution wurde sie zu einem Rückgrat der syrischen Frauenbewegung, die auf dem Land durchaus islamisch auftritt und argumentiert. Mutter und Sohn bildeten eine ungewöhnliche Symbiose und gaben sich über Jahre die Kraft, angesichts der Feindseligkeiten, der grassierenden Gewalt und Verrohung der Gesellschaft weiterzumachen und den Glauben an Freiheit und Selbstbestimmung nicht zu verlieren. »Du warst mir näher als meine Seele, wir sind gemeinsam gewachsen«, schrieb Ghalia al-Rahal nach Khaleds Tod auf Facebook.[22]

Viele Orte in Syriens (ehemals) oppositionellen Gebieten verdienen, dass man ihre Geschichte erzählt, weil die Erfahrungen der Menschen dort beeindruckend und bezeichnend sind für die Entwicklung des Konfliktes. Dieses Buch bietet dafür zu wenig Platz. Ich musste mir deshalb einige Beispiele heraussuchen, die gut dokumentiert sind. Die Bewohner von Maarat al-Numan etwa demonstrierten 2016 mehr als 100 Tage lang gegen eine dschihadistische Miliz, im Februar 2017 gingen sie unter dem Motto »Kein Platz für al-Qaida in Syrien« auf die Straße.[23] In Atarib, einem frühen Zentrum der Proteste und wichtigen Verkehrsknotenpunkt zwischen Aleppo, dem Norden der Provinz Idlib und der Türkei, vertrieben Aktivisten und Rebellen zunächst das Regime, später den IS und wehrten mehrfach Versuche der Nusra-Front ab, die Stadt einzunehmen. Dies gelang nur, weil die Bewohner immer dann, wenn es darauf ankam, zusammenhielten, berichtet der syrische Soziologe Haid Haid, der am Londoner King's Kollege forscht und selbst aus Atarib stammt.[24]

Ihr mutiger Kampf gegen Extremisten und die Tatsache, dass sie seit 2012 von einem revolutionären Rat regiert werden, der auch eine alternative Gerichtsbarkeit und Polizei überwacht, machten die Einwohner von Atarib jedoch zu einer Gefahr für das Regime und folglich zu Zielen der syrischen und russischen Luftwaffe. Am 24. April 2014 feuerten syrische Flugzeuge Raketen auf den Markt von Atarib ab und töteten 31 Menschen, am 25. Juli 2016 starben am gleichen Ort acht Zivilisten durch Luftangriffe. Schließlich zerstörten russische Kampfjets am 13. November 2017 den Markt und die nahe gelegene Polizeistation fast vollständig, mindestens 69 Menschen kamen ums Leben – mitten in einer »Deeskalationszone«.[25]

Ein weiterer Ort, der in den vergangenen Jahren durch seinen Zusammenhalt beeindruckte, ist Qariatayn. Südöstlich von Homs gelegen, lebten dort Muslime und Christen seit Jahrhunderten gut zusammen. Die Proteste im Jahr 2011 waren überkonfessionell, und die verschiedenen Religionsgruppen schützten sich gegenseitig vor Angriffen von außen. Als die FSA Qariatayn kontrollierte und das Regime den Ort bombardierte, fanden im örtlichen Kloster Mar Elian auch Muslime Zuflucht. Im Mai 2015 stürmte der IS die Stadt, zerstörte das Kloster und verschleppte dessen Prior Pater Jacques Mourad sowie etwa 250 andere Christen. »Ich habe einen muslimischen Freund gefragt, ob er mich mit seinem Motorrad in Sicherheit bringt«, erzählte Pater Jacques der Organisation Kirche in Not. Sie konnten quer durch die Wüste fliehen und in den Tagen danach weitere Geiseln befreien – »immer mithilfe von muslimischen Freunden und Nachbarn«, betont der Priester im Interview.[26] Inzwischen ist Qariatayn wieder in den Händen des Regimes.

Die Syrer in oppositionellen Gebieten als passive und hilflose Opfer darzustellen, geht an der Realität vorbei. Schließlich ist der entscheidende Unterschied zwischen ihnen und ihren Landsleuten anderswo die Erfahrung von Selbstermächtigung und Selbstorganisation. Alle zwischenzeitlich befreiten Orte und Städte entwickelten lokale Verwaltungsstrukturen, um den Alltag am Laufen zu halten. Räte und Komitees wurden ernannt und zum Teil gewählt, den Anfang bildeten meist bekannte und respektierte Persönlichkeiten der Stadt – Älteste, Stammesführer, Händler, Fabrikbesitzer, Anwälte, Ärzte, Scheichs. Wie chaotisch dies zunächst ablief, erlebte *Spiegel*-Korrespondent Christoph Reuter im Herbst 2012 bei einem Besuch von Manbij, einer 150 000 Einwohner zählenden Stadt nordöstlich von Aleppo. Manbij war im Juli 2012 die erste befreite Großstadt des Landes gewesen und galt bis zu ihrer Einnahme durch den IS im Januar 2014 als Beispiel revolutionärer Selbstverwaltung und freier Meinungsäußerung. Ein Revolutionsrat mit verschiedenen Komitees (für Justiz, Polizei, Soziales, Energie und Gesundheit) regierte die Stadt, daneben gründeten sich eine freie Handelskammer, mehrere Zeitungen und ein Zentrum für Zivilgesellschaft, das im Laufe der eineinhalb Jahre Freiheit zwei Kulturfestivals organisierte.

Im September 2012 saßen im Serail, dem Zentrum der Macht, die Vorsitzenden der Komitees zusammen und diskutierten in praktischer wie moralischer Hinsicht Grundlegendes, schildert Christoph Reuter. Wer die Renten und die Stadtreinigung bezahlen soll, wie die Stromversorgung gesichert werden kann, wo Gefangene unterzubringen und wie sie zu behandeln sind, woher man neue Schulbücher beschaffen könnte, ob man das Brot noch an den Zentralbäckereien verteilen soll (nachdem anderswo bereits Warteschlangen vor den Bäckereien angegriffen wurden) und wohin man die Abertausende Dokumente des Serail bringen kann – Heiratsurkunden, Grundbücher und Gerichtsakten – um sie vor den Raketen des Regimes zu schützen. Denn während die Notablen der Stadt versuchten, nach vierzig Jahren Diktatur einen unabhängigen Stadtstadt zu verwalten und ein neues System aufzubauen, wurden sie vom alten weiterhin bombardiert. Täglich flog das Regime damals Luftangriffe gegen Manbij und andere Orte im Norden, um die Infrastruktur zu treffen und lahmzulegen – Trinkwasserleitungen, Getreidespeicher, Krankenhäuser, Behörden, Schulen. Was das Regime nicht halten konnte, versuchte es gezielt zu zerstören, schreibt Christoph Reuter.[27]

Diese Atmosphäre des Aufbruchs war es, die manche Syrer dazu bewegte, bewusst in die befreiten Gebiete zu gehen. Die Studentin Iman al-Tayr hat sich durch einen Tunnel von Damaskus nach Ost-Ghoutah schmuggeln lassen. Dort konnte sie zum ersten Mal mit anderen Aktivisten »Projekte und Aktivitäten organisieren, ohne dafür eine Erlaubnis von der Regierung erfragen oder erkaufen zu müssen«. Jeder habe unterschiedliche Talente, Fähigkeiten und Ideen gehabt, die vor der Revolution gelähmt und blockiert waren, erzählt sie. Iman wurde zur Bildungsaktivistin. Sie diskutierte mit Frauen über ihre Rechte, über Zwangsverheiratung, sexuelle Gewalt und psychische Probleme von Kindern, organisierte Kurse, mit denen Frauen sich weiterbilden konnten, um Arbeit zu finden und Geld zu verdienen, und erklärte Schülern Werte wie Demokratie und Freiheit.

Im März 2018 endete Imans Traum. Nach jahrelanger Belagerung und Bombardierung wurde sie mit Zehntausenden Bewohnern von Ost-Ghouta nach Idlib vertrieben, wo sie jetzt mit ihrem Mann und der einjährigen Tochter lebt, die aufgrund der schlechten Versorgung als Baby krank ist. Zwei ihrer Brüder sind durch Beschuss des Regimes gestorben, ihre Freunde und Eltern musste sie ein weiteres Mal verlassen. Trotzdem gibt sie nicht auf. »Meine Träume und Ziele sind nicht tot. Ich habe gerade erst mit ihrer Verwirklichung angefangen, und ich werde weiter dazu beitragen, dass sich die Gesellschaft zum Besseren verändert.«[28]

Ganz im Süden liegt die vierte »Deeskalationszone«, die aufgrund eines Waffenstillstandsabkommens zwischen Russland, den USA und Jordanien im Juli 2017 als einzige eine Verbesserung der Lage mit sich brachte. Der deutliche Rückgang der Luftangriffe führte dazu, dass ab August 2017 mehrere Tausend Syrer aus Jordanien in die oppositionellen Gebiete der Provinz Daraa zurückkehrten, um dem Elend der dortigen Lager zu entkommen. Auch Naima, eine 34-jährige Mutter von drei Kindern, ging nach drei Jahren in dem Wüstencamp Zaatari zurück und lebt jetzt in dem fast vollständig zerstörten südlichen Teil der Provinzhauptstadt Daraa. Dem Onlineportal Syria direct erzählt sie, wie hoffnungslos, leer und ohne Sinn ihr Alltag in Jordanien gewesen sei. »Unser Leben bestand nur darin, Wasser und Essen zu besorgen und die Hausarbeit zu machen«, sagt Naima. »Für die Kinder gab es keine Zukunft, sie hatten nicht mal Träume außerhalb des Camps.« Am Ende hätten die Kinder gedacht, Zaatari sei ihre Heimat – deshalb der Entschluss, mithilfe des UNHCR zurückzugehen. Zwar sei der Überlebenskampf im zerstörten Daraa auch nicht einfacher als in Jordanien, aber hier lebe sie wenigstens in ihrem eigenen Land.[29]

Anderswo in der Provinz begannen Rückkehrer, ihre Häuser und Wohnungen selbst zu reparieren – nicht nur Geflüchtete aus Jordanien, sondern auch Binnenvertriebene, die aus anderen Teilen der Provinz in ihre Dörfer zurückkamen. Im Herbst 2017 machte sich ein vorsichtiges Gefühl von Stabilität breit.[30]

Ab Juni 2018 standen die Zeichen im Süden wieder auf Krieg. Das Regime flog Luftangriffe, um die Provinzen Daraa und Quneitra komplett zurückzuerobern – mehr als sieben Jahre Selbstverwaltung und bürgerliches Engagement wurden zunichtegemacht. Denn in der Provinz Daraa waren die oppositionellen Strukturen im Vergleich zu Aleppo, Idlib und Zentralsyrien stets nachhaltiger, von lokalen Kräften geprägt und besser vernetzt. Das hatte verschiedene Gründe. In der Provinzhauptstadt Daraa begannen im März 2011 die Proteste gegen das Regime, sie gilt deshalb als »Wiege der Revolution«. Teile der Stadt und der Provinz wurden von lokalen Räten regiert, die aus der Bevölkerung stammten und eng zusammenarbeiteten. Behördenvertreter dienten als offizielle Ansprechpartner und gaben Journalisten gegenüber Auskunft.

Mit Ausnahme der Stadt Daraa war die Infrastruktur der Provinz über Jahre weitgehend intakt, weil sich Rebellen- und Regimegebiete gegenseitig brauchten. So liefert Daraa Wasser in die unter Regimekontrolle stehende Nachbarprovinz Sweida, während umgekehrt Sweida Daraa mit Strom versorgt.[31] Auch im Alltag gab es Kontakte zwischen beiden Seiten. Chronisch Kranke passierten regelmäßig Checkpoints für Behandlungen in Damaskus, Bewohner des zerstörten Süd-Daraa kauften Wasser aus dem regimekontrollierten Teil der Stadt, Schüler, die ihre Abschlüsse in oppositionell regierten Orten gemacht hatten, durften in Damaskus studieren, Bauern aus Quneitra verkauften ihre Ernte in Regimegebieten, auch wenn sie dafür zusätzliche Gebühren bezahlen mussten. Das Kräfteverhältnis zwischen Regime und Opposition erschien im Süden insgesamt ausgewogener als in den anderen Rebellengebieten.

Auch das Verhältnis zwischen zivilen, politischen und militärischen Strukturen war in Daraa besser, da die Provinz von FSA-Verbänden kontrolliert wurde, deren Kämpfer aus der Region stammten und dadurch mehr Rückhalt in der Bevölkerung hatten. Nicht selten engagierten sich Mitglieder einer Großfamilie in verschiedenen Bereichen – ein Onkel koordinierte den medizinischen Nachschub, ein Sohn kämpfte bei der örtlichen FSA-Gruppe, eine

Schwester unterrichtete in der Grundschule und der Vater war Vorsitzender des Komitees für lokale Verwaltung.

Im Februar 2014 schlossen sich mehr als 50 FSA-Einheiten zur Südfront zusammen, ihren Nachschub bekamen sie über das Military Operations Center (MOC) in Jordanien. Im MOC koordinierten die USA, Großbritannien, Frankreich sowie Jordanien, Qatar, Saudi-Arabien, die Vereinigten Arabischen Emirate und die Türkei ihre Militärhilfe für die Rebellen im Süden, die allerdings unzuverlässig, unregelmäßig und meist unter der Bedingung erfolgte, dass die Verbände der Südfront dschihadistische Gruppen bekämpften und nicht das Regime. Viele der FSA-Einheiten waren mit örtlich mächtigen Stämmen verbündet, was Loyalität und Berechenbarkeit schuf, denn deren Vertreter genossen den nötigen Respekt, um mäßigend wirken zu können, Gesprächskanäle zwischen allen Parteien offenzuhalten und im Falle von Konflikten zu vermitteln. So blieb ein Kampf aller gegen alle wie im Norden aus.

Auch die restriktive Grenzpolitik Jordaniens wirkte regulierend. Im Gegensatz zur Türkei kontrollierte der jordanische Geheimdienst (in Absprache mit seinen amerikanischen Partnern) genau, wer welche humanitären Güter wohin brachte, welche Aktivisten aus- und wieder einreisen durften, wie viele Geflüchtete die Grenze überquerten und welche Waffen an die Rebellen der Südfront geliefert wurden. Dadurch konnten anders als im Norden keine ausländischen Dschihadisten einsickern, und die Rebellenszene blieb nationaler, übersichtlicher und einfacher zu unterstützen.

Damit einher gingen Freiräume, in denen zivilgesellschaftliches Engagement gedeihen konnte. Viele nichtstaatliche Projekte im Süden – Schulen, psychosoziale Betreuung, landwirtschaftliche Förderung und Berufsbildung – arbeiteten auf hohem Niveau und in enger Absprache mit den lokalen Komitees. In der Kleinstadt Nawa entstand ein Bildungszentrum für autistische Kinder – das einzige dieser Art in Südsyrien. Dreimal die Woche unterrichtete die Kunsttherapeutin Baraa Arar dort. Sie hatte eineinhalb Jahre in Regimehaft verbracht, weil ihr damaliger Mann bei der FSA kämpfte. Zusammen mit ihrer sechs Monate alten Tochter wurde die 24-Jährige im April 2016 an einem Checkpoint nördlich von Daraa verhaftet. Nachdem ein Geheimdienstoffizier gedroht hatte, ihr Baby mit heißer Kohle zu verbrennen, schickte Baraa ihre Tochter zu Verwandten nach Daraa. Sie wurde tagelang an ihren Handgelenken aufgehängt, geschlagen, mit Elektroschocks gefoltert und immer wieder bedroht und erniedrigt. Überstanden hat sie die Qualen nur, weil sie malte – mit Nägeln und Holzkohle, auf Pappe und Wände. Manchmal zeichnete sie ihre Mutter. »Ich setzte mich hin, redete mit der Zeichnung und hatte das Gefühl, mit ihr zu sprechen«, erinnert sich Baraa im Interview mit dem Journalisten Ismael al-Jamous[32]. Außerdem dachte sie an die autistischen Kinder in Nawa und ob sich jemand um sie kümmern würde.

Nach ihrer Freilassung im Oktober 2017 – ein Verwandter hatte ein Bestechungsgeld gezahlt – kehrte sie in das Zentrum zurück. »Die Schüler rannten zu mir, umarmten und küssten mich«, erzählt Baraa, »sie hatten mich nicht vergessen.«[33]

Schicksale wie die von Baraa aus Nawa, Iman aus Ost-Ghoutah, Ghalia al-Rahal aus Kafranbul und den Millionen Bewohnern anderer oppositioneller Gebiete verdeutlichen, dass ein Leben unter Assad auf Dauer keine Lösung ist. Die Trauer über getötete Kinder, Eltern und Geschwister, die Ungewissheit angesichts von mehr als 100 000 Verschwundenen, die Zerstörung des Heimatortes und des eigenen Zuhauses und die vorübergehende oder endgültige Vertreibung machen es für diese Syrer extrem schwer bis unmöglich, sich mit der Herrschaft des Regimes zu arrangieren. Stillhalten, sich selbst verleugnen, den Kopf in den Sand stecken, die Wut runterschlucken, die Verbitterung innerlich einsperren sind Strategien, die mit der Zeit krank machen.

Außerdem haben vielerorts in Syrien politisches Bewusstsein und kritisches Denken Wurzeln geschlagen. Daraus ist zwar keine nationale Demokratiebewegung erwachsen, aber es sind Keimzellen des zivilen Engagements entstanden – vor allem auf dem Land und in den Vororten der großen Städte. All jene, die in den vergangenen Jahren eine Ahnung davon bekommen haben, wie sich ein Leben in Freiheit anfühlt und was man als Bürger eines Staates bewegen und erreichen kann, werden sich nicht wieder unterjochen lassen. Sie warten auf eine nächste Chance. Denn für Syrer, die begonnen haben, selbstständig zu denken, sich zu entfalten und ihre Träume zu verfolgen, gibt es in Assads Syrien keinen Platz. Sie können nicht zurück, nur vorwärts – die Frage ist: wohin?

## Erwachen aus der Schockstarre

*Ehemaliges IS-Kalifat: Raqqa, Teile der Provinzen Deir al-Zor, Hasaka und Aleppo*

Vielen Syrern im Osten des Landes erscheinen die letzten Jahre wie ein Albtraum. Sie haben unter der Herrschaft des sogenannten Islamischen Staates (IS) gelebt, der den Alltag bis ins Detail kontrollierte, die Menschen überwachte und schikanierte und mit grausamer Selbstherrlichkeit die eigene Macht zementierte. Das Gute ist, dass der Albtraum fast überall vorbei ist. Zwar halten sich im Grenzgebiet zum Irak noch manche IS-Anhänger versteckt, einige sind in der Provinz Idlib wieder aufgetaucht – bezeichnenderweise immer dort, wo das Regime gerade Gebiete von Rebellengruppen zurückerobern wollte –, und im Südwesten des Landes, im Yarmuk-Becken der Provinz Daraa, herrscht mit der Khaled-bin-al-Walid-Armee noch ein IS-Verbündeter über ein 200 Quadratkilometer großes Gebiet und mehrere Tausend Menschen. Aber ansonsten ist das »Kalifat« in Syrien Geschichte.

Das Schlechte ist, dass der Albtraum mehr als vier Jahre dauerte und Spuren hinterlassen hat. Äußerliche Spuren der Verwüstung wie in Raqqa, der ehemaligen Hauptstadt des IS, die nach den Luftschlägen der US-geführten Allianz in Trümmern liegt und wegen Tausender Sprengfallen in großen Teilen unbewohnbar ist. Und innerliche Spuren in der Psyche der Menschen. Wer regelmäßig öffentlichen Hinrichtungen beiwohnen musste und auf dem Weg zum Einkaufen an aufgespießten Köpfen vorbeikam, wer selbst ausgepeitscht wurde, weil er beim Rauchen erwischt worden war, Musik auf seinem Handy hatte oder in Begleitung einer Frau unterwegs war, deren Hosensaum unter dem schwarzen Mantel herausschaute, der hat so viel Angst, Panik und Erniedrigung erlebt, dass er dringend psychologische Hilfe bräuchte. Doch als ehemaliger Bewohner von Raqqa kann man schon froh sein, wenn man irgendwo ein festes Dach und keine Zeltplane über dem Kopf hat.

In seinem Buch *Die schwarze Macht. Der »Islamische Staat« und die Strategen des Terrors*[34] beschreibt *Spiegel*-Korrespondent Christoph Reuter, mit welchen Methoden die Dschihadisten in Syrien an die Macht kamen und herrschten: einer effektiven Mischung aus Geheimdienststrategien, akribischer Überwachung, gesellschaftlicher Unterwanderung, krankhaftem Kontrollwahn und hemmungsloser Gewalt. Religiöse Überzeugungen spielten dabei eine untergeordnete Rolle, erklärt Reuter, der Glaube diente vor allem der Mobilisierung.[35] Ab Frühsommer 2013 eroberte eine aus dem Irak stammende Kerntruppe des IS unter Führung von Abu Bakr al-Baghdadi Gebiete im Osten und Norden Syriens, in denen nach dem Sturz Assads Chaos herrschte. Unklare Machtverhältnisse, rivalisierende Rebellengruppen, unterfinanzierte Revolutionsräte und der Dauerbeschuss durch das Regime ermöglichten vielerorts den Siegeszug des IS.

Raqqa war ihr erster großer Erfolg. Nachdem das Regime im März 2013 erstaunlich schnell und widerstandslos von dort vertrieben worden war, entwickelte sich die erste befreite Provinzhauptstadt Syriens zunächst zum Freiluftlabor für Aktivisten und Rebellengruppen. Raid al-Abas war damals 18 Jahre alt. Mit Gleichgesinnten gründete er die Initiative Haqquna (»Für unsere Rechte«), die für demokratische Wahlen warb und die Methoden der Radikalen kritisierte. »Assads Geheimdienste hatten im Verborgenen getötet, jetzt richtete der IS die Leute auf offener Straße hin«, erinnert sich Raid, der seit 2015 in Deutschland lebt. Die Überwachung wurde subtiler. Früher seien die Spitzel des Regimes direkt zu ihnen nach Hause gekommen, um zu drohen und Bestechungsgelder zu kassieren, erzählt der junge Aktivist. Der IS habe dagegen Nachbarn, Verwandte und Freunde ausgefragt, um Kritiker aufzuspüren. Man habe niemandem mehr trauen können. Ende August 2013 wurde Raid mit drei anderen verhaftet. »Die IS-Leute waren immer maskiert, sodass wir nie wussten, mit wem wir es zu tun hatten«, berichtet er. Nach wenigen Tagen kam er frei, weil sich der Chef seines Stammes, der Afadla, für ihn eingesetzt hatte.

Rückblickend spricht Raid von dieser Zeit als der Phase der »Befreiung«, ein knappes halbes Jahr dauerte sie in Raqqa. Alles schien möglich, aber keiner hatte die vollständige Kontrolle über die Stadt, schreibt Christoph Reuter.[36] Diesen Zustand wusste der IS für sich zu nutzen. Nach Monaten der Einschüchterung, Entführungen, Selbstmordattentate auf Rebellenquartiere und der Aufstellung immer neuer Regeln übernahm der IS im Herbst 2013 die Macht in Raqqa. Wer sich nicht fügte, verschwand – in vielen Fällen spurlos. Nur manchmal tauchte die Leiche eines solchen Widerständlers als Warnung auf. Im Oktober schworen 14 Stammesoberhäupter, darunter auch jener der Afadla, den Treueeid auf den »Kalifen« Abu Bakr al-Baghdadi. Raid verließ gerade noch rechtzeitig die Stadt, bevor der IS sein Zuhause stürmte, um ihn mitzunehmen. Bis November waren sämtliche Vertreter des zivilen Widerstandes und des oppositionellen Stadtrates vertrieben – Anwälte, Intellektuelle, Journalisten, Lehrer, Ingenieure und Aktivisten.[37]

Ort für Ort – in Azaz, Jarablus, al-Dana, Atarib, Binish, al-Bab und Manbij – folgten die Strategen des IS dem gleichen Muster. Sie ließen die lokale Bevölkerung auskundschaften und unterwandern, mächtige und somit potenziell gefährliche Persönlichkeiten ausschalten. Als örtliche Statthalter, sogenannte Emire, setzten sie ausländische Dschihadisten ein – einfach gestrickte, durchschnittlich begabte, gehirngewaschene Fanatiker, deren wichtigste Eigenschaft ihre bedingungslose Loyalität zum IS war. Auch ehemalige Assad-Funktionäre und Geheimdienstmitarbeiter tauchten als IS-Emire wieder auf, etwa in den Provinzen Deir al-Zor und Hasaka, aber auch in Atarib, dem erwähnten Ort zwischen Aleppo und Idlib, der die Dschihadisten Anfang 2014 schon wieder verjagte. Der dortige Emir – ein ehemaliger Baath-Partei-Funktionär – forderte die Bewohner im Herbst 2013 auf, die IS-Fahne zu hissen. Als diese Bedenken wegen der Luftangriffe des Regimes äußerten, erwiderte er: »Wenn ihr die Fahne des Islamischen Staates hisst, wird euch Assads Luftwaffe überhaupt nicht mehr bombardieren!«[38] Tatsächlich wurden die Orte unter IS-Kontrolle in den ersten Jahren vom Regime verschont, Assad konzentrierte sich auf seinen Kampf gegen gemäßigte Rebellen und den zivilen Widerstand. Um dem Dauerbombardement der syrischen Luftwaffe zu entkommen, begab sich manch Binnenflüchtling sogar freiwillig in IS-Gebiete, schreibt Reuter, etwa in die Stadt al-Bab nördlich von Aleppo, die der IS ebenfalls im Herbst 2013 eroberte.[39]

Dort wurde die Luft zum Atmen immer dünner. Die Emire erließen ein Dekret nach dem anderen. Frauen mussten von den Finger- bis zu den Fußspitzen schwarz gekleidet sein und das Gesicht verschleiern, bei Männern mussten alle Haare die gleiche Länge haben, Läden hatten zu den Gebetszeiten zu schließen und Frauen durften das Haus nur noch in Begleitung eines männlichen Verwandten verlassen. Die Verbote wurden mit der Zeit zunehmend absurd. Nach dem Rauchen und dem Hören von Musik (auch bei Hochzeiten) wurden Fotos und Bilder von Frauen verboten, Comicfiguren auf T-Shirts, Ersatzreifen im Auto (fehlendes Gottvertrauen), Jeans und Jogginghosen, gefrorene Hühnchen, Trillerpfeifen beim Fußball (der Schiedsrichter sollte *Allahu akbar* rufen) und Zahnbürsten (der Prophet hatte sich mit *miswak*, kleinen Hölzchen, die Zähne geputzt). Angesichts der Tatsache, dass sich der IS selbst moderner Kommunikationstechnik wie Internet, Computer und Handys bedient, erscheinen solche Verfügungen völlig willkürlich und sinnentleert. Ab 2015 dienten sie vor allem dazu, die sinkenden Einnahmen des IS mithilfe von immer neuen Steuern, Gebühren, Bußgeldern und einer Form des Ablasshandels aufzubessern, erklärt Reuter. Außerdem lebten die ausländischen Kämpfer nicht selten ihre Allmachtsfantasien an den Bewohnern des »Kalifats« aus, indem sie diese bei geringsten Regelverstößen zurechtwiesen, schikanierten, abkassierten oder bestraften.[40]

Die Gesellschaft in den IS-Gebieten zerfiel in drei Gruppen: die (meist ausländischen) Anführer und offiziellen Vertreter des IS, syrische Mitläufer und Anhänger sowie eine schweigende Masse von Menschen, die den Kopf einzogen, sich zu Hause versteckten und den Kontakt zu den Dschihadisten möglichst vermieden. »Die Syrer akzeptierten den IS, wie sie vorher 40 Jahre lang das Regime akzeptiert hatten«, erklärt Aktivist Raid al-Abas, der sich inzwischen in Bremen engagiert. In Raqqa breitete sich Schweigen aus. Niemand wagte, den IS zu kritisieren oder Witze über die Dschihadisten zu machen, nicht mal in den eigenen vier Wänden. Denn die Menschen fürchteten sich nicht nur vor spitzelnden Nachbarn und Freunden, sondern auch vor ihren eigenen Kindern, die – bewusst oder unbewusst – Verbotenes ausplaudern könnten.

Vier Jahre IS-Herrschaft sind eine ganze Grundschulzeit. Kinder und Jugendliche lernten in der Schule nur noch Arabisch, Koranexegese, Rechnen (mit Abbildungen von Kalaschnikows statt Äpfeln) und die »Geschichte des Kalifats«. Aus Angst vor der Gehirnwäsche der Dschihadisten schickten manche Eltern ihre Kinder gar nicht zur Schule, denn dort wurde massiv für die Ausbildungslager des IS geworben. Manch kleiner Junge wünschte sich irgendwann nichts sehnlicher, als in ein solches Camp zu gehen. Dort wurden schon Zehn- bis Zwölfjährige an Waffen ausgebildet, auf Selbstmordmissionen vorbereitet und zu Spitzeln herangezogen. Sie sollten melden, was die eigenen Eltern sich erzählten, ob diese die neuen Herrscher kritisierten und zu Hause womöglich Verbotenes taten – etwa Spielshows im Fernsehen ansehen oder Wasserpfeife rauchen.

In der Provinz Deir al-Zor, die der IS von Sommer 2014 bis Herbst 2017 kontrollierte, eröffneten im Frühjahr 2018 wieder Dutzende Schulen, in denen die Kinder nun aufholen müssen, was sie in den vergangenen Jahren versäumt haben. Neben lesen, schreiben und rechnen müssten sie vor allem die »dunklen Gedanken« wieder loswerden, die sie unter dem IS entwickelt hätten, sagt Lehrer Abd al-Karim al-Madani, der im östlichen Teil von Deir al-Zor unterrichtet.[41] Die Provinz ist wegen ihrer strategischen Bedeutung zwischen dem Regime und den US-gestützten, kurdisch dominierten Syrischen Demokratischen Kräften (SDF) umkämpft. Deir al-Zor gilt mit seinen Getreide- und Baumwollfeldern und dem dort lagernden Erdöl als Kornkammer und Tankstelle Syriens. Außerdem verläuft hier die Hauptachse zwischen Syrien und Zentralirak, die der Iran für seinen durchgehenden Landweg von Teheran bis zum Mittelmeer nutzen will. Eine direkte Konfrontation zwischen dem Assad-Lager und den mit den USA verbündeten Kurden ist deshalb nur eine Frage der Zeit. Um Zusammenstöße zu vermeiden, einigten sich Russland und die USA 2017 auf den Euphrat als Markierung der Einflusszonen. Östlich des Flusses sind syrische und russische Truppen sowie iranische Milizen stationiert – am Westufer herrschen die Kurden mit Unterstützung der Amerikaner. Immer wieder kommt es zu militärischen Auseinandersetzungen.

Im diesem fragilen Umfeld sollen die Kinder nun wieder lernen – auch dass der Islam von Vergebung, Gerechtigkeit und Gleichheit handele und der IS eine Terrorgruppe sei, erklärt Lehrer al-Madani. Neulich habe ein Zehnjähriger ein Messer mitgebracht, um seinen Klassenkameraden zu zeigen, wie man einen Menschen schlachtet. Ein Zwölfjähriger habe sich über die gemischten Klassen beschwert, in denen Jungs und Mädchen gemeinsam unterrichtet werden. »Die Kinder waren der IS-Propaganda Tag und Nacht ausgesetzt«, sagt der Pädagoge.[42] Kein Wunder, dass sie die Regeln und das Selbstverständnis der Dschihadisten mit der Zeit verinnerlichten. Viele wollten so werden wie sie, berichtete die Aktivistengruppe Raqqa is being slaughtered silently (»Raqqa wird lautlos hingerichtet«). Hinrichtungen wurden nachgespielt, Vögel geköpft oder gekreuzigt, ein Esel ausgepeitscht, weil er »rauche«, wie die Kinder auf Nachfrage erklärten.[43] Die Artikel der Internetseite Raqqa is being slaughtered silently lieferten über Jahre seltene Einblicke in den Alltag im Kalifat. Ein gutes Dutzend Bürgerjournalisten berichtete heimlich aus Raqqa, einige flogen auf und wurden hingerichtet.[44]

Die Aufarbeitung von Unrecht betrifft die ehemaligen IS-Gebiete akuter als andere Orte in Syrien. Denn hier hat ein Machtwechsel schon stattgefunden. Bis Herbst 2017 hatten die SDF-Truppen mit Unterstützung der US-Luftwaffe den größten Teil des syrischen IS-»Kalifats« erobert und die Dschihadisten vertrieben. Was aber sollte mit jenen geschehen, die sich ihnen angeschlossen hatten und aus der Gegend stammen? Wie soll man mit syrischen Mitläufern verfahren? Bestrafen? Vergeben? Resozialisieren? 650 hochrangige IS-Vertreter, die von den SDF gefangen genommen wurden, sitzen in der kurdisch regierten Stadt Qamishli ganz im Nordosten Syriens in einem Hochsicherheitsgefängnis. Offiziell heißt es »Gefängnis-Akademie«, denn die Dschihadisten sollen dort umerzogen werden. Der 25-jährige Abdulrahman ist einer von ihnen – ehemaliger Soldat in Assads Armee, zu Beginn der Proteste desertiert, durch die Gewalt radikalisiert. »Wenn man all diese Toten sieht, wird man wie von selbst zum Salafisten«, sagt er in einer ARTE-Dokumentation vom Dezember 2017.[45] Unter dem IS stieg Abdulrahman zum Chef-Logistiker auf, in Raqqa organisierte er die Versorgung von 100 000 Bewohnern mit Wasser, Nahrungsmitteln und Baumaterial. Als IS-Führungskader konnte der junge Mann aus armen Verhältnissen seiner Familie zu gesellschaftlichem Ansehen und Wohlstand verhelfen. Heute hat Abdulrahman zwei Frauen und sieben Kinder, die ihn einmal die Woche im Gefängnis besuchen dürfen, sechseinhalb Jahre Haft muss er absitzen. Anfangs dachte er, die IS-Vertreter würden ein gutes islamisches System einführen, betont er. Aber dann hätten sie viele Fehler gemacht – die Brutalität, die Bomben, die Hinrichtungen. »Den ausländischen Kämpfern war ich nicht radikal genug«, erzählt Abdulrahman. Sie hätten die Menschen umgedreht, das sei ihm zu weit gegangen. »Er wollte aussteigen, nichts mehr mit ihnen zu tun haben«, versichert eine seiner Frauen, aber dafür war es zu spät. Zu 90 Prozent habe er wegen seiner Kinder mitgemacht, bekräftigt sie, weil er beim IS viel Geld verdienen konnte.

Unter einer kurdischen Gefängnisleiterin sollen die Dschihadisten in der »Gefängnis-Akademie« lernen, statt Abu Bakr al-Baghdadi den PKK-Führer Abdullah Öcalan zu verehren – Marxismus statt Kalifat. Ein ziemlich einzigartiges und ambitioniertes soziales Experiment, wie der ARTE-Film zeigt. Ob sich ehemalige Dschihadisten in linke Sozialisten verwandeln lassen und ob daraus eine nachhaltige Resozialisierung erwachsen kann, muss sich erst erweisen.

Selbst die Integration ehemaliger Mitläufer beim IS ist nicht einfach, weil sie für die Gräuel anderer in Haftung genommen werden. Erlittenes Unrecht und der Schmerz über getötete Angehörige erschweren eine gesellschaftliche Aussöhnung und schüren das Misstrauen untereinander. Leute, »an deren Händen kein Blut klebt«, werden von den SDF durchaus freigelassen – als Zeichen des guten Willens und Versuch, Spannungen in der Gesellschaft abzubauen, schreibt der Soziologe Haid Haid. Aber für echte Stabilität brauche es Strategien zur Reintegration früherer Kämpfer und Unterstützer des IS.[46]

Im ländlichen Raqqa wirkt manches Dorf verlassen, weil Bewohner, die den IS unterstützten, nach dessen Vertreibung geflohen sind. Jetzt trauen sie sich nicht zurück, berichtet der Journalist Jan-Niklas Kniewel.[47] Die Gesellschaft drohe weiter zu zerreißen, auch weil die Bedingungen, unter denen sich die lokale Jugend vor Jahren radikalisierte, nicht besser, sondern eher schlechter geworden sind. Zerstörte Infrastruktur und keine Zukunftsperspektive, Unrecht, Chaos, das Denken in Loyalitäten und viele offene Rechnungen bilden einen gefährlichen Nährboden für weitere Auseinandersetzungen, auch wenn manch örtlicher Scheich sich um Aussöhnung bemüht.

Die Gesellschaft im Osten Syriens ist von Stammesstrukturen geprägt, an ihnen vorbei lasse sich keine Politik machen, erklärt Reporter Kniewel. Die jeweiligen Machthaber hätten die verschiedenen Stämme der Region schon immer gegeneinander ausgespielt. Das Regime versorgte loyale Clans über Jahrzehnte mit lukrativen Posten, der IS unterwarf die Stämme mit einer Mischung aus wirtschaftlichen Anreizen und Gewalt. Wer sich widersetzte, wurde gnadenlos massakriert wie im Sommer 2014 die 700 Mitglieder der Sheitat, eines mächtigen Stammes in der Provinz Deir al-Zor.[48]

Doch die Risse verlaufen auch innerhalb von Familien, Stämmen und Dorfgemeinschaften. Etwa wenn Söhne gegen den Willen ihrer Väter in den Dschihad zogen, für den IS starben und ihre Eltern nun mit den Angehörigen der IS-Opfer zusammenleben müssen. »Die größte Gefahr ist, dass das Assad-Regime zurückkehrt und diese Konflikte instrumentalisiert«, sagt ein Stammesführer, dessen Sohn vom IS verschleppt und misshandelt wurde und der jetzt in seinem Dorf für Verständigung und Vergebung wirbt.[49] Die Zukunft der Region wird folglich davon abhängen, ob gesellschaftliche Selbstheilungsprozesse funktionieren oder nicht – je nachdem, ob sie gefördert oder behindert werden.

Aktuell bemüht sich vor allem die im Nordosten herrschende kurdische Partei der demokratischen Union (PYD) um Akzeptanz bei der Bevölkerung in den vom IS befreiten Gebieten. In Raqqa leben überwiegend Araber, die Skepsis gegenüber den neuen kurdischen Machthabern ist entsprechend groß. Deren offizielles Ziel ist ein demokratisches System, an dem alle Religionen und Ehnien beteiligt sein sollen. Im Zivilen Rat der Provinz Raqqa sitzen deswegen auch überwiegend Araber. Dennoch betrachten viele Bewohner den Rat als Machtinstrument der PYD, mit dem sie die Provinz in ihr eigenes Selbstverwaltungsprojekt im Nordosten integrieren will.

Als schlechtes oder – je nach Betrachtungsweise – gutes Beispiel diente die Stadt Manbij. Nachdem die SDF den IS im Sommer 2016 von dort vertrieben hatten, übernahm die PYD die Herrschaft. Von ihrem Versprechen, dem früheren Lokalen Rat das

Regieren zu überlassen, der vor der Eroberung durch den IS im März 2014 die befreite Großstadt immerhin eineinhalb Jahre selbst verwaltet hatte, wollte niemand mehr etwas wissen. Hinter jedem großen Schreibtisch – dort, wo früher die Assad-Porträts hingen – fanden sich Öcalan-Bilder.

Doch im Vergleich zum IS war alles, was ihm folgte, eine Erlösung. Manbij wurde zu einer Boomtown, ein wichtiger Umschlagplatz für den Handel zwischen der Türkei im Norden, dem Regime im Westen, den kurdischen Gebieten und dem Irak im Osten. Mit dem Kontrollwahn und dem alleinigen Herrschaftsanspruch der PYD hatten sich die meisten Bewohner arrangiert – bis die USA im Juni 2018 auf Drängen der Türkei einen Rückzug der Kurden erwirkte.

Dem Schweigen und der Angst unter dem IS sind vielerorts Gleichgültigkeit und Desillusion gefolgt. Die Menschen im Osten Syriens sind schlicht erschöpft. Nach vierzig Jahren Diktatur, sieben Jahren Krieg, vier-Jahren IS und ständigen Bombenangriffen aller möglichen Kriegsparteien wollen sie ihre Ruhe und sonst nichts. Zurück in ihre Häuser, ihr Vieh hüten, einen Laden wiedereröffnen, die Kinder zur Schule schicken, ungestört rauchen und Tee trinken. Der Aufbau eines solchen Alltags kostet jedoch enorme Kraft, denn die Provinz erhält kaum Hilfe von außen. Der Westen hat den IS weggebombt, damit den kurdischen YPG zum Sieg verholfen, und überlässt Raqqa nun sich selbst – und damit womöglich bald anderen: dem Regime, dem Iran, der Türkei und ihren syrischen Verbündeten oder den Extremisten, die zurückkehren und sich neu formieren könnten.

Keine syrische Stadt wurde so zerstört wie Raqqa, 80 Prozent sind laut UN unbewohnbar. Die Wasser- und Stromversorgung funktioniert nicht, auch Monate nach der Vertreibung des IS liegen noch verwesende Leichen unter dem Trümmern, jeden Tag sterben Menschen durch Minen und Sprengfallen. Mehr als 200 000 Bewohner haben die Stadt verlassen, die meisten harren in Flüchtlingslagern der weiteren Umgebung aus in der Hoffnung, bald zurückkehren zu können. Nur die ganz Verzweifelten seien schon wieder da, immerhin 75 000 Menschen, berichtet Jan-Niklas Kniewel im April 2018.[50] Sie packen nun selbst an, weil der Zivile Rat nicht vorankomme und alles zu lange dauere, sagen Anwohner. Der Zivilschutz besteht aus 37 Männern mit Schaufeln statt Baggern, sie bergen Leichen, von denen die Hälfte nicht zu identifizieren ist.

Und das Erbe des IS wirkt weiter tödlich. Ehrverbrechen haben in allen ehemaligen IS-Gebieten zugenommen, junge Mädchen, die von Dschihadisten entführt und vergewaltigt wurden, werden von ihren Familien ermordet.[51] Die Gesellschaft ist verroht – systematische Folter, Bomben und Raketen, ein Alltag voller Waffen, Willkür und Erniedrigung (unter Assad, manch radikaler Rebellengruppe und den Dschihadisten) haben zu einem dramatischen Anstieg häuslicher Gewalt geführt. Der Frust vieler Männer, die traumatisiert sind und physischen wie psychologischen Schaden genommen haben, entlädt sich zu Hause, wo Frauen und Kinder darunter leiden.[52]

Die verheerendsten Folgen hat in Raqqa das explosive Erbe des IS – Tausende zum Teil hochentwickelte Sprengfallen, die mit Zeitschaltuhren, Bewegungsmeldern oder Wärmesensoren in Lichtschaltern, Schränken, Kinderbüchern oder Puppen versteckt auf die Heimkehrer warten. In Verbindung mit der schlechten Gesundheitsversorgung werden daraus jeden Tag kaum erträgliche Schicksale – selbst für erfahrene Mediziner der Organisation Ärzte ohne Grenzen (MSF), die in Raqqa eine Notaufnahme zur Erstversorgung von Bombenopfern betreibt und die Krankenhäuser in Tal Abyad und Hasaka unterstützt.

Im Osten Syriens sind die Menschen aus einem Albtraum erwacht, um die Realität in ihrer ganzen Bitterkeit zu erkennen. Eine geschundene Gesellschaft von versehrten und traumatisierten Menschen wartet auf professionelle Hilfe in Form von Minenräumungsteams und Ärzten, Protesen und Rollstühlen, Physiotherapie und psychologischer Betreuung. Und fühlt sich wieder einmal von der Welt im Stich gelassen.

# Nicht frei, aber weniger unterdrückt

*Unter kurdischer Selbstverwaltung: Rojava –
die drei Kantone Cezire, Kobane, Afrin*

Von allen Syrern haben es die Bewohner der Provinz Hasaka im Nordosten des Landes wohl am besten getroffen. Sie sind das Assad-Regime (fast) losgeworden, ohne ständige Luftangriffe erleben zu müssen. Und sie sind von einer Übernahme durch Dschihadisten verschont geblieben. Sie können rauchen, trinken und Musik hören, wie sie wollen – nur eines dürfen auch sie nicht: frei ihre Meinung äußern. Denn in den Kurdengebieten Syriens wurde ein arabisches Einparteiensystem durch ein kurdisches ersetzt. Die Partei der Demokratischen Union (PYD) löste die Baath-Partei ab, der Totalitarismus blieb. Auch die Führung der PYD, die als syrischer Ableger der Arbeiterpartei Kurdistans (PKK) gilt, erhebt einen Anspruch auf Alleinherrschaft, politische Gegner werden eingeschüchtert und ausgeschaltet. Wer sich in Hasaka oder Qamishli, in al-Darbasiya, Amuda oder Rumailan kritisch äußert, bleibt deshalb lieber anonym.

»Gegen die Baath-Partei zu sein, war für uns Kurden einfacher«, meint Ferhad, der aus Qamishli stammt und in Damaskus Ingenieurwissenschaften studiert hat. »Denn da waren es Araber, die uns unterdrückten.« Jetzt eine kurdische Diktatur zu erleben, sei sehr frustrierend, sagt der 30-Jährige. Ferhad kam 2014 nach Deutschland, seine Eltern und Geschwister leben noch in Qamishli, der größten mehrheitlich von Kurden bewohnten Stadt in Syrien. Einer seiner Brüder, ebenfalls Akademiker, argumentiert genau andersherum. Unter Assad seien sie doppelt unterdrückt gewesen – kulturell und politisch. Jetzt seien sie nur noch politisch unterdrückt, sagt er, das sei schon mal ein Fortschritt. Der dritte Bruder widerspricht. »Unter dem Baath-Regime konnte man wenigstens vernünftig arbeiten, weil ein funktionierender Staat dahintersteckte«, sagt der Unternehmer. Die PYD führe sich auf wie eine Regierung, ohne überhaupt einen Staat zu haben, schimpft er. Drei Brüder, drei Meinungen.

Im Vergleich zu anderen Landesteilen ist der Alltag im Nordosten Syriens erträglich. Es gibt alles zu kaufen (wenn auch teurer als früher), Strom und Wasser fließen nur stundenweise, aber regelmäßig, die Sicherheitskräfte an den Checkpoints sind berechenbar, die Kinder gehen zur Schule, und die kurdische Verwaltung bietet Jobs, die zum Teil besser bezahlt sind als die Anstellung beim Regime. Wer als normaler Bürger von den Asayesh, der Geheimpolizei der PYD, verhaftet wird, verschwindet in der Regel nicht einfach und wird auch nicht zu Tode gefoltert oder ohne Gerichtsverfahren exekutiert. Insofern ist das Leben unter PYD-Herrschaft besser als unter Assad und dem IS, auch wenn sich in Sachen Parteistruktur, Personenkult und ideologischer Propaganda vieles ähnelt.

Offensichtlich ist die Vereinnahmung des öffentlichen Raumes durch die eigenen Insignien der Macht – Fahnen (in den kurdischen Farben grün, rot, gelb), Bilder, Slogans und Symbole. Statt Assad-Porträts hängen nun vielerorts Fotos von Abdullah Öcalan. Der PKK-Gründer, von Kurden respektvoll *Apo* (kurdisch »Onkel«) genannt, wird als Übervater verehrt, seine Anhänger heißen deshalb auch *Apociye*. Die Partei durchdringt mit eigenen Jugend- und Frauenorganisationen die Gesellschaft, integriert jedes zivile Engagement in die eigenen Strukturen, unabhängige Projekte werden nur vereinzelt geduldet und vollständig überwacht. Nach außen propagiert die PYD einen basisdemokratischen Konföderalismus, intern ist sie jedoch streng hierarchisch und autoritär organisiert. Mithilfe ihrer bewaffneten Volksverteidigungseinheiten (YPG) und den erwähnten Polizeikräften Asayesh kontrolliert die PYD heute fast ein Fünftel des syrischen Staatsgebietes. Sie selbst spricht von der Demokratischen Föderation Nordsyrien, die inzwischen auch große nichtkurdische Gebiete in den Provinzen Raqqa und Deir al-Zor umfasst.

Die entscheidenden Weichen für diese Entwicklung hatte das Regime gleich zu Beginn der Revolution gestellt. Assad wollte verhindern, dass sich die etwa zwei Millionen Kurden als größte ethnische Minderheit und die am stärksten politisierte Gruppe des Landes der Revolution anschließen, und suchte deshalb einen Weg, sie zu »neutralisieren«. Das Regime tat, was es am besten kann: vereinnahmen und spalten. Es erkaufte mit Gesten des guten Willens Loyalität, suchte sich mit der PYD einen pragmatischen Partner und dividierte nicht nur Kurden und Araber auseinander, sondern auch die Kurden untereinander, um sie nachhaltig zu schwächen.

Im April 2011 erließ Assad ein Dekret, das einem Teil der insgesamt 300 000 staatenlosen Kurden die (Wieder-)Einbürgerung ermöglichte – eine jahrelange Forderung kurdischer Oppositioneller und Menschenrechtler. Denn Damaskus hatte 1962 mit Hilfe einer Volkszählung in Hasaka mehr als 120 000 Kurden die Staatsbürgerschaft entzogen. Da deren Nachkommen ebenfalls als »Ausländer« galten, war die Zahl stetig gewachsen. Diese »Staatenlosen« durften keinen Grundbesitz (Land, Immobilie, Geschäft) erwerben, nicht beim Staat arbeiten, nicht wählen, kein Auto auf ihren Namen anmelden, nicht erben und vererben sowie legal keinen syrischen Staatsbürger heiraten. Nicht registrierte »Staatenlose«, sogenannte *maktumin,* erhielten darüber hinaus keine Schulabschlüsse und durften nicht studieren.[53]

Jahrzehntelang hatten die Kurden unter dem arabischen Nationalismus der Baath-Partei gelitten. Die kurdisch geprägten Gebiete entlang der Grenze zur Türkei wurden in den 1970er-Jahren zwangsarabisiert – das Regime ließ Dörfer umbenennen und siedelte gezielt arabische Beduinen an, um an der Außengrenzen im Norden einen sogenannten »arabischen Gürtel« zu schaffen. Die kurdische Sprache war offiziell verboten, kurdische Traditionen wie das Newroz-Fest wurden unterdrückt. Insofern waren die Kurden eigentlich »natürliche Feinde« des Assad-Regimes. Und als solche wurden sie auch behandelt.

Als es im Jahr 2004 bei einem Fußballspiel in Qamishli zu Ausschreitungen zwischen arabischen und (überwiegend) kurdischen Fans der beiden Mannschaften kam, erschossen die Sicherheitskräfte neun kurdische Demonstranten. Die Unruhen weiteten sich daraufhin auf andere Landesteile aus, mindestens 32 Kurden starben, Hunderte wurden verhaftet.[54] Obwohl sich damals arabische Menschenrechtsvertreter und Oppositionelle mit den Opfern solidarisierten, fühlten sich vor allem junge Kurden von ihren arabischen Landsleuten im Stich gelassen. Dieser Riss vertiefte sich in den Folgejahren. Das Regime verbreitete das Bild von den gewaltbereiten separatistischen Kurden, die Syrien spalten und schwächen wollten. Diese reagierten mit einer Pauschalisierung ihrer Gegner, auf die sie ihr Misstrauen, ihren Hass und ihren angestauten Frust projizierten. Viele unterschieden nicht mehr zwischen Regime, mächtigen Clanführern, Milizionären und einfachen Menschen, sondern machten pauschal »die Araber« für ihr Leid verantwortlich.

Der damit einhergehende wachsende Nationalismus auf beiden Seiten erklärt auch, warum sich die Kurden 2011 nicht geeint dem Aufstand anschlossen. Während sich anfangs junge Kurden in Qamishli, Amuda, Hasaka, Damaskus und Aleppo an den Protesten beteiligten, blieben die Politiker der verschiedenen, zahlenmäßig eher unbedeutenden kurdischen Parteien skeptisch. Ihnen waren die Bündnisse der syrischen Opposition zu arabisch, weswegen sie im Oktober 2011 mit dem Kurdischen Nationalrat (KNC) eine eigene Organisation gründeten. Angesichts ihrer Schwäche und internen Zerstrittenheit überwog jedoch zwei Jahre später der Pragmatismus. Im September 2013 trat der Kurdische Nationalrat mehrheitlich der Nationalen Koalition der syrischen Revolutions- und Oppositionskräfte (SNC) bei, dem größten Bündnis der syrischen Opposition. Da die SNC-Vertreter in der Türkei leben und arbeiten, stehen sie unter massivem Einfluss der türkischen Regierung. Das hat die Spannungen zwischen den syrischen Kurden weiter verstärkt. Viele betrachten die kurdischen Politiker innerhalb des SNC als Verräter, weil sie sich der Türkei andienen, die eine immer aggressivere antikurdische Politik betreibt – inklusive militärischer Angriffe auf die kurdischen Autonomiegebiete in Syrien.

Tatsache ist, dass syrische Oppositionelle mitunter genauso arabisch-nationalistisch auftreten wie das Regime. Und dass sie die Interessen und Forderungen der Kurden von Anfang an zu wenig berücksichtigt und es dadurch versäumt haben, diese zu Verbündeten zu machen. Warum sollte ein kurdischer Politiker mit Oppositionellen zusammenarbeiten, die nicht bereit sind, die »Syrisch-Arabische Republik« in »Syrische Republik« umzubenennen? Und warum sollte ein junger Kurde sich Rebellen anschließen, die zwar für Freiheit und Gerechtigkeit kämpfen, dabei aber die arabische Nation oder den Islam im Kopf haben und nicht die rechtliche Gleichstellung der Kurden als ursprüngliche Bewohner des Landes?

Die Reaktion war vorhersehbar. Nach anfänglicher Euphorie über die Revolution zogen sich die meisten Kurden innerlich zurück, betrachteten den Aufstand nicht als den ihren und wurden selbst immer nationalistischer. »Wenn überhaupt, kämpfe ich nur für Kurdistan« – so das Gefühl vieler junger Kurden ab 2012.

Die Saat des Regimes ging auf. Mit der PYD hatte Assad einen Partner gefunden, dem es nicht um einen Machtwechsel in Damaskus ging, sondern um die Beschwörung des kurdischen Befreiungskampfes. Die beiden schlossen einen inoffiziellen Deal. Im Laufe des Jahres 2012 zog sich das Regime aus den Kurdengebieten zurück und überließ diese dem Einfluss der PYD, die dort drei Kantone ausrief: Cezire mit der Hauptstadt Qamishli im Osten, Kobane in der Mitte und Afrin im Westen. Alle drei zusammen heißen Rojava (Westkurdistan), da sie das westliche Siedlungsgebiet des kurdischen Volkes umfassen. Dessen 25 bis 30 Millionen Mitglieder leben verteilt auf die vier Länder Türkei, Syrien, Irak und Iran. Im Gegenzug sorgte die PYD im Nordosten des Landes für »Ruhe« und verhinderte jeglichen Widerstand gegen Assad.

PYD-Funktionäre hatten mit dieser stillen Übereinkunft kein Problem, schließlich unterhielt ihre Mutterorganisation PKK seit Jahrzehnten enge Kontakte zum syrischen Regime. PKK-Gründer Abdullah Öcalan hatte fast 20 Jahre lang (von 1979 bis 1998) im Exil in Damaskus gelebt. Für die PYD stand deshalb von Anfang an die nationale kurdische Frage im Vordergrund, nicht der Sturz Assads. Das verschaffte dem Regime wiederum die Möglichkeit, sich auf die Verteidigung und Rückeroberung seiner Kerngebiete weiter westlich zu konzentrieren. Denn angesichts desertierender Soldaten und begrenzter militärischer Mittel wusste Assad spätestens

Ende 2011, dass er den Nordosten auf Dauer nicht selbst kontrollieren konnte.

Das Regime verringerte die eigene Präsenz auf ein strategisches Minimum. Daraus erwuchs eine mitunter seltsam anmutende Koexistenz von Baath-Funktionären und PYD-Kadern, von kurdischen Kämpfern und Assad-Soldaten – etwa in der halb arabischen, halb kurdischen Provinzhauptstadt Hasaka oder in Qamishli. Dort kontrolliert das Regime bis heute zwei zentrale Stadtviertel, einige Behörden, den Flughafen und ein Militärlager.

Faktisch zerfällt Qamishli entlang ethnischer und religiöser Linien in verschiedene Einflussgebiete, in denen bewaffnete Gruppen die jeweiligen Anwohner schützen. Den Zugang zur Stadt und das größte Gebiet sichern die YPG. Stadtteile, in denen Assad-Anhänger wohnen, werden von den halbstaatlichen Nationalen Verteidigungskräften (NDF) bewacht. Und christlich geprägte Viertel, in denen überwiegend Assyrer und Armenier leben, lassen sich von der christlichen Selbstverteidigungsmiliz Sutoro beschützen – vor allem vor Anschlägen des IS. Dieser hatte in Qamishli mehrfach Bomben gezündet, etwa im Dezember 2015 in drei von Christen frequentierten Restaurants und im Juli 2016, als ein mit Sprengstoff gefüllter LKW in der Nähe einer PYD-Justizbehörde und einer Polizeistation mehr als 75 Menschen in den Tod riss.

Immer wieder gab es in den vergangenen Jahren Auseinandersetzungen zwischen den NDF und den kurdischen Sicherheitskräften um Einflusszonen und Checkpoints, aber Angriffe auf Soldaten, Armeestützpunkte oder Geheimdiensteinrichtungen des Regimes blieben bislang sowohl in Qamishli als auch in Hasaka aus. Keine Seite hat ein Interesse daran, das fragile Gleichgewicht der Kräfte aufzukündigen, weil allen bewusst ist, welch dramatische Konsequenzen eine offene Konfrontation für alle Beteiligten hätte.

Die PYD hielt die Kurden folglich aus dem innersyrischen Machtkampf heraus – um sie stattdessen ins Zentrum des internationalen Konfliktes um Syrien zu rücken. Denn mit den USA als militärischem Verbündeten, Russland als politischem Partner, der Türkei als Erzfeind und den unentschlossenen Europäern mal mehr, mal weniger an ihrer Seite stellt die PYD das Interessengeflecht rund um Syrien vor eine Zerreißprobe.

Seit der medienwirksam geführten Schlacht um Kobane im Herbst 2014 galten die YPG als effektivste Kampftruppe gegen den IS. Damals hatten die kurdischen Kämpfer – darunter viele Frauen – über Monate die Einkesselung und Einnahme der Stadt durch den IS erfolgreich abgewehrt, nicht zuletzt mithilfe amerikanischer Luftangriffe. Die USA, die bis dahin vor allem Einheiten der Freien Syrischen Armee (FSA) unterstützt hatten, setzten daraufhin zunehmend auf die kurdischen YPG. Weil eine direkte Unterstützung wegen deren Verbindungen zur PKK problematisch war – die PKK ist sowohl in den USA als auch in Europa als Terrororganisation gelistet –, wurde im Dezember 2015 ein neues Militärbündnis erschaffen: die bereits erwähnten Syrischen Demokratischen Kräfte (SDF), die in den Provinzen Raqqa und Deir al-Zor den IS vertrieben. Sie werden zwar von den YPG dominiert, beinhalten aber auch arabische Rebellengruppen und Stammesmilizen sowie turkmenische und assyrische Einheiten. So sollte der Eindruck vermieden werden, der Westen bewaffne ausschließlich PKK-nahe Kurden, schließlich gelten die syrischen YPG dem NATO-Partner Türkei als ebenso terroristisch wie der IS. Mit wachsender Sorge beobachtete Ankara in den folgenden Jahren den Siegeszug der SDF, die gemeinsam mit der US-geführten internationalen Allianz den IS aus Syrien vertrieben und die Kontrolle über die befreiten Gebiete der PYD übergaben.

Deren kurdisches Selbstverwaltungsprojekt ist aus Sicht der türkischen Regierung ein Sicherheitsrisiko. Präsident Erdoğan bezeichnet Rojava als »Terrorstaat«, von dem aus die PKK die Türkei bedrohe. Mehrfach kündigte er an, den Norden Syriens von den »Terroristen« der PYD »befreien« zu wollen. Anfang 2018 unternahm Erdoğan den ersten Schritt in diese Richtung. Ein Bündnis aus türkischen Militärs und syrischen Rebellen eroberte zwischen Januar und März den Kanton Afrin, der als langjährige Hochburg der PKK/PYD galt und zu 98 Prozent von Kurden bewohnt war (von denen die meisten Sunniten und einige Jesiden sind). Im Gegensatz zu den beiden östlicheren Kantonen Kobane und Cezire, wo es eine bedeutende innerkurdische Opposition und gesellschaftliche Skepsis gegenüber den neuen Machthabern gibt, standen die Bewohner von Afrin ziemlich geschlossen hinter der lokalen Führung der PYD. Hunderte Zivilisten starben durch die türkische Invasion (»Operation Olivenzweig«), Zehntausende flohen Richtung Aleppo oder in andere Kurdengebiete. Laut UN wurden 137 000 Bewohner vertrieben.

Einiges deutet darauf hin, dass die Türkei die Demografie der Region nachhaltig verändern will – Afrin soll arabischer werden. Ehemalige Bewohner werden von Rebellen an einer Rückkehr in die türkisch kontrollierten Zonen gehindert, während dort gleichzeitig leer stehende Häuser syrischen Vertriebenen aus Ost-Ghouta angeboten und syrische Flüchtlinge aus der Türkei angesiedelt werden. Manche nehmen in ihrer Not das Angebot an. 50 000 Menschen seien aus anderen Landesteilen nach Afrin geflohen, schätzt der Ende April 2018 unter türkischer Besatzung gewählte lokale Übergangsrat. Ihre Unterbringung und Versorgung stellen die neue Verwaltung vor große Probleme. »Die Bewohner von Ost-Ghouta und die von Afrin sind beide wichtig, alle haben gelitten«, sagt Zahir Ali, ein Mitglied des Übergangsrates. Die Vertriebenen dürften nicht zu innergesellschaftlichen Problemen führen, betont er.[55] Doch der Bevölkerungsaustausch ist in vollem Gange. Während die einen aus ihrer Heimatregion fliehen, suchen andere genau dort Zuflucht – so schafft der Krieg jeden Tag neues Unrecht und unzählige offene Rechnungen, deren Begleichung das Land über Jahre destabilisieren wird.

Umso wichtiger sind Initiativen, die verschiedene Gesellschaftsgruppen zusammenbringen. In Amuda gründeten Aktivisten, die sich zu Beginn der Revolution in den Lokalen Koordinationskomitees (LCC) engagiert hatten, 2013 das Newroz-Zentrum. Dort diskutieren Mitglieder der unterschiedlichen ethnischen und religiösen Gruppen über bestimmte, meist sensible Themen, um Spannungen abzubauen, gegenseitiges Verständnis zu fördern und Kompromisse herbeizuführen. »Das Baath-Regime hat regiert, indem es die Bevölkerungsgruppen gegeneinander ausspielte«, sagt Abdelrahim, einer der Koordinatoren des Projektes. Jetzt versuchten er und seine Mitstreiter, möglichst einflussreiche Vertreter der jeweiligen Gemeinschaft an einen Tisch zu bringen, um Lösungen für drängende Probleme zu finden. »Das können auch Stammesälteste oder Kleriker sein, die dann in ihren Gemeinden wirken und der Instrumentalisierung alter Konflikte vorbeugen«, erklärt Abdelrahim.[56]

Ein schwieriges Dauerthema in Rojava ist die Schulbildung. Die PYD hat eigene Schulen eröffnet, in denen Kinder bis zur 9. Klasse auf Kurmanci, dem in Westkurdistan verbreiteten kurdischen Dialekt, unterrichtet werden. Arabisch wird dort nur noch als Fremdsprache wie Englisch gelehrt. Das Problem sei das schlechte Niveau des Unterrichts, sagt Ahmad, Mathematiklehrer und selbst Kurde. Denn nach Jahrzehnten, in denen Kurdisch verboten und Arabisch die einzige Bildungssprache war, gebe es keine entsprechend ausgebildeten Pädagogen. Im Juli 2016 eröffnete in Qamishli die Rojava-Universität – nach Afrin die zweite Hochschule in den Kurdengebieten Syriens – mit den vier Fakultäten Medizin, Ingenieurswissenschaften, Natur- und Geisteswissenschaften. Mit etwa 700 Studierenden und ohne internationale Anerkennung stehe das Projekt aber noch am Anfang, meint Ahmad. Außerdem fehle es an kurdischen Weiterbildungsangeboten – Oberstufen, Berufsschulen und Universitäten.

Ahmads Kinder besuchen deshalb nach wie vor die Schulen des Regimes, die nur noch in den Innenstädten von Qamishli und Hasaka existierten und völlig überfüllt seien, erzählt der Lehrer. Überall sonst kontrolliere die PYD das Bildungssystem. »Ohne Arabisch haben die Schüler zum jetzigen Zeitpunkt keine Zukunft«, betont der Kurde, dessen Neffen und Nichten in der Küstenstadt Lattakia studieren. Akademikerfamilien wie die von Ahmad sehen eine ganze Generation von kurdischen Kindern ohne gute Bildungschancen heranwachsen. Schuld daran sei die PYD, die nur ihre eigenen Interessen verfolge. Statt während einer Übergangszeit beide Sprachen gleichwertig zu unterrichten, bis Kurmanci sich besser etabliert habe, wollte die Partei die Schulen so schnell wie möglich zur Verbreitung des eigenen Weltbilds nutzen, sagt Ahmad. Die damit verbundene Reform der Lehrpläne macht nicht nur ihm als Kurden, sondern vor allem den arabischen Familien im Norden Sorge. »Anfangs versuchte die PYD, alle anderen Schulen zu schließen, damit die Kinder zu ihr kommen müssen«, erinnert sich der Kurde. Aber massive Proteste von Lehrern und Eltern hätten dies verhindert.

Die Frage ist wie lange noch. Die Vereinnahmung durch die PYD sei immer spürbarer, ihre Dominanz immer unausweichlicher, sagt NGO-Vertreter Abdelrahim. Zivile Organisationen wie das Newroz-Zentrum müssen sich inzwischen registrieren lassen, für jede Aktivität brauchen sie eine Genehmigung. Wer von den Behörden keine Zulassung erhält, arbeitet automatisch illegal und muss mit Repressalien oder Schließung rechnen.[57] Nachdem die PYD ihre politischen Gegner vor allem in Qamishli jahrelang verfolgt, verhaftet und gewaltsam bekämpft hat, spielen andere kurdische Parteien in Rojava kaum noch eine Rolle.

Das von PKK und PYD propagierte linke Gesellschaftsmodell ist in Syriens Kurdengebieten ideologisch unangefochten: lokale Selbstverwaltung, die Befreiung der Frau, Ökologie. Entscheidungen werden basisdemokratisch getroffen, in jeder Nachbarschaft gibt es Räte, die sich um die Belange der Anwohner kümmern – Straßen, Wasser- und Stromversorgung. Nichtkurdische Volksgruppen werden in politische Prozesse miteinbezogen, Frauen sind im Arbeitsalltag präsenter, jede Leitungsposition ist bei der PYD doppelt besetzt, mit einem Mann und einer Frau.

Bei europäischen Linken kommt das gut an, manch deutscher Politiker wirbt für Rojava als »demokratischem Modell für den ganzen Nahen Osten«. Sozialisten, Marxisten und linke Revolutionäre schwärmen von der Herrschaft des Volkes und der befreiten Frau, die mit der Waffe in der Hand und der Zigarette im Mundwinkel perfekt in das romantisierende Bild des gleichberechtigten revolutionären Befreiungskampfes à la Che Guevara passt. Doch kurdische Frauen sind – wie ihre männlichen Kameraden – nur so lange Heldinnen, wie sie der Partei dienen, ob an der Front, in der Behörde oder im Klassenzimmer.

Bei aller Fortschrittlichkeit nach außen ist und bleibt die PYD wie ihre Mutterpartei PKK eine totalitäre Organisation. Politisch, militärisch und sicherheitstechnisch seien PYD und PKK eng miteinander verwoben, schreibt die International Crisis Group (ICG).[58] Erfahrene PKK-Kader hielten wichtige Positionen in den von der PYD geführten zivilen Verwaltungen, bei den YPG und den Asayesh. Die meisten seien syrische Kurden, deren Loyalität zur internen PKK-Hierarchie ausgeprägter sei als ihre Verbindungen zur lokalen Gesellschaft, erklärt die ICG. Viele PKK-Führungskräfte agierten auch im Hintergrund, während die offiziellen Vertreter ohne direkte Kontakte zur Organisation nur als »Platzhalter« fungieren und der PKK in Syrien ein »lokales Gesicht« geben sollen.

Die Bewohner von Rojava haben das längst verstanden. Wer für die PYD arbeite, sei nicht unbedingt ein Anhänger, sagt Ahmads Freund Hossan, der ebenfalls anonym bleiben möchte. Seine Schwester arbeite in Rumailan als Lehrerin und verdiene mehr Geld als ihre Kollegen an den Regimeschulen in Qamishli, erzählt der junge Kurde. Ahmad, der Lehrer, lacht bitter: »Wer weiß, vielleicht bin ich nächstes Jahr auch bei der PYD angestellt?«

Die Zukunft im Nordosten Syriens ist ungewiss. Denn das PYD-Gebiet liegt inmitten schwieriger Nachbarn und Feinde. Die Türkei im Norden droht mit weiteren militärischen Angriffen. Im Osten grenzt die Autonome Region Kurdistan (im Nordirak) an. Sie wurde bis 2017 von Masud Barzani und seiner Demokratischen Partei Kurdistans (DPK) geführt, die der PKK kritisch gegenübersteht und den Ausgleich mit Erdoğan sucht. Im Süden könnten sich Überreste des IS in Form von dschihadistischen Splittergruppen einrichten, und im Westen herrscht Assad, der ein autonom regiertes Gebiet innerhalb der eigenen Staatsgrenzen auf Dauer nicht dulden wird.

Was der PYD bisher geholfen hat, ist ihr ausgeprägter Pragmatismus. Sie bemüht sich um gute Beziehungen mit jedem, der ihr zu militärischer Macht, politischem Einfluss und internationaler Anerkennung verhilft – ob die USA oder Russland, Assad oder die Europäer. Den Krieg gegen den IS führte sie mit den USA und lokalen arabischen Stämmen, mit Russland kooperiert sie politisch und gelegentlich auch militärisch, im Kampf gegen die Türkei in Afrin bat sie das Assad-Regime um Hilfe, und in diversen europäischen Ländern eröffnete sie Parteibüros, die ihre Legitimierung vorantreiben sollen.

Weder der Westen noch Russland sind allerdings zuverlässige Verbündete. Externe Mächte benutzen die Kurden seit jeher nur für eigene Interessen. Als die Europäer nach dem Ersten Weltkrieg die Überreste des Osmanischen Reichs aufteilten, versprachen sie den Kurden einen eigenen Staat. Doch 1923 war im Vertrag von Lausanne keine Rede mehr davon. Das Gefühl von Verrat zieht sich nicht nur durch die kurdische Geschichte, sondern prägt bis heute die kurdische Identität.

Ob Franzosen und andere Europäer bereit sind, im Falle eines Rückzugs der Amerikaner die Lücke zu füllen und sich nicht nur politisch, sondern auch militärisch hinter die PYD zu stellen, ist fraglich. Insofern wird diese sich weiterhin mit dem syrischen Regime arrangieren müssen. Sobald Assad sämtliche oppositionellen Gebiete zurückerobert hat, wird er den Druck auf Rojava erhöhen. Noch zahlt Damaskus in Hasaka und Qamishli die Gehälter von Staatsbediensteten. Und auch bei der Förderung der in den Provinzen Deir al-Zor und Hasaka liegenden Öl- und Gasvorkommen kooperieren PYD und Regime seit Jahren. Welchen Deal die beiden in Zukunft aushandeln werden – ob die PYD in den syrischen Zentralstaat integriert wird, ob sie sich zur Beruhigung ihrer Feinde unter neuem Namen reorganisiert oder ob Assad im Norden einem föderalen System zustimmt –, wird entscheidend vom Einfluss Russlands, des Irans und der Türkei abhängen.

Aus Sicht der syrischen Kurden sollte eine künftige staatliche Ordnung in Syrien fünf Forderungen erfüllen. Erstens wollen die Kurden in der Verfassung als konstitutive Volksgruppe und nicht als ethnische Minderheit anerkannt werden. Zweitens müsse Kurmanci in Gebieten mit kurdischem Bevölkerungsanteil zweite Amtssprache werden. Drittens sollten alle in Syrien lebenden Kurden die syrische Staatsangehörigkeit erhalten können. Viertens müssten arabisierte Ortsnamen wieder ihre ursprünglichen kurdischen Namen zurückerhalten. Und fünftens wollen die Kurden ihre kulturellen Fragen selbst regeln können, indem sie eigene Schulen betreiben, in denen auch kurdische Geschichte gelehrt wird, und das Newroz-Fest zum arbeitsfreien Feiertag erheben.

In diesen Punkten sind sich auch Ferhad und seine Brüder in Qamishli einig. Die Zeit für einen unabhängigen kurdischen Staat sei noch nicht reif, sagt der Ingenieur. Aber auf einem föderalen System mit demokratischer Selbstverwaltung oder einer Autonomie sollten die Kurden bestehen. »Allerdings nicht mit der PYD«, betont sein Bruder, der Akademiker. Und erntet dieses Mal keinen Widerspruch, sondern Zustimmung. »Viele hier hätten gerne ein Kurdistan oder eine Autonomie«, sagt der dritte Bruder, der Unternehmer, »aber nicht mit denen!« Denn die PYD vertrete vor allem ihre eigenen Interessen, nicht die der Kurden. Drei Brüder – und am Ende ein kleiner gemeinsamer Nenner.

# 3. Verraten und gekauft. Warum die Revolution in Syrien scheiterte

Viel ist zur syrischen Revolution geschrieben worden. Zu ihren Ursachen, ihrem Verlauf, zum zivilen Widerstand, den bewaffneten Gruppen, dem Einsatz von Gewalt und dem Einfluss des Auslands. Sie wurde als »unmögliche Revolution« bezeichnet, als »gestohlene«, »entführte« oder »unvollendete« Revolution.[1] Ich selbst habe die Ereignisse seit 2011 bereits in zwei Büchern nachgezeichnet – in *Brennpunkt Syrien. Einblicke in ein verschlossenes Land* und in *Verzerrte Sichtweisen. Syrer bei uns*. Um mich nicht zu wiederholen, mache ich es hier anders. Ich suche in der Rückschau nach den Faktoren und Ereignissträngen, die zu der heutigen Tragödie geführt haben. Dabei haben wir es nicht neuerdings, sondern seit sieben Jahren mit einer Katastrophe zu tun – einer menschlichen, einer sozialen, militärischen, politischen und diplomatischen. Tatsächlich wird die Lage in und um Syrien immer dann schlimmer, wenn man denkt, schlimmer gehe es nicht mehr. Das liegt daran, dass das Leid in Syrien einen Zwillingsbruder hat: die Ignoranz. Sie sind wie siamesische Zwillinge – untrennbar miteinander verbunden und stets gleichzeitig wachsend.

Welche Entwicklungen sind es also, die uns dahin gebracht haben, wo wir heute sind? Ich sehe drei innersyrische Dynamiken: erstens einen zivilen Widerstand, der auf Illusionen statt auf Strukturen baute und dessen Stärke zugleich seine Schwäche ist. Zweitens einen bewaffneten Aufstand, der aufgrund der Unterstützung, die er bekam – zu viel zum Verlieren, zu wenig zum Siegen – zur Manipulationsmasse degenerierte. Und drittens eine vom Ausland abhängige politische Opposition, die zwischen hehren Zielen, Pragmatismus und ideologischer Verbohrtheit laviert und immer unbedeutender wird. Bei allen drei Themen hat die internationale Staatengemeinschaft von Anfang an eine negative Rolle gespielt. Sie erwies sich als ahnungslos, uneins und zynisch. Statt eine diplomatische Einigung herbeizuführen, vertritt sie bis heute nur Partikularinteressen. Angesichts der militärischen Überlegenheit, der Skrupellosigkeit und der uneingeschränkten Unterstützung des Regimes durch Russland, Iran und die Hisbollah mit Waffen und Personal hatte die syrische Revolution ohne ausreichende militärische Hilfe oder eine Militärintervention von außen keine Chance. Sie scheiterte am Ungleichgewicht der Kräfte, das auch eine Verhandlungslösung verunmöglichte.

Alle Faktoren gemeinsam erklären, wie sich in Syrien aus friedlichen Massenprotesten ein bewaffneter Aufstand entwickelte, der sich radikalisierte, islamisierte, Dschihadisten anlockte, von ausländischen Mächten für eigene Interessen missbraucht und dadurch internationalisiert wurde und schließlich zu einem scheinbar unlösbaren Mehr-Fronten-Krieg heranwuchs.

## Berauscht und betrogen: der zivile Widerstand

»Sie sehen uns einfach nicht«, sagt der syrische Intellektuelle Yassin al-Haj Saleh über die Linken im Westen. Es gehe ihnen nicht um die Syrer, sondern um ihre »antiimperialistischen Tiraden«.[2] Um Geostrategie statt lokaler Akteure, um alte Reflexe statt neuer Erkenntnisse, um *regime-change* statt Revolution. Al-Haj Saleh gilt als der geistige Vater der syrischen Revolution und streitbarer Linker, ein langjähriger Oppositioneller, der 16 Jahre lang unter

Hafiz al-Assad für seine Mitgliedschaft in der Kommunistischen Partei Syriens inhaftiert war (das letzte Jahr im berüchtigten Gefängnis von Tadmur) und den Aufstand von Anfang an mitgetragen und unterstützt hat. Der 57-Jährige steht wie kaum ein anderer für die Grundideen der syrischen Revolution – individuelle Freiheit, emanzipatorisches Denken, die soziale Frage und eine gesellschaftliche Bewusstseinsbildung. Die Menschen in Syrien sollen frei von Unterdrückung leben, ohne Angst ihre Meinung sagen dürfen, ihr Leben selbst gestalten können und dabei die gleichen Chancen haben, ihre Rechte und Pflichten als Bürger entdecken – kurz: ihre Menschenwürde zurückgewinnen.

Dabei wendet sich al-Haj Saleh gegen jede Form von Diktatur – die des Assad-Regimes und die der Dschihadisten – und vertritt mit dieser Haltung die große Mehrheit der Syrer, die weder das eine noch das andere wollen. Er selbst spricht von Faschisten, denen in Anzug und Krawatte (*necktie fascist*) und denen mit den langen Bärten (*long-bearded fascist*), und weigert sich, die einen unter Berufung auf die anderen zu verharmlosen (wie es viele westliche Experten, Politiker und Intellektuelle tun, indem sie Assad als kleineres Übel bezeichnen). Al-Haj Saleh kritisiert zugleich Islamisten und islamophobe Rechte, kulturalistisch argumentierende Orientalisten und den linken Mainstream im Westen, macht sich weder mit den USA noch mit Russland gemein, nicht mit dem Iran, Saudi-Arabien oder der Türkei.

Damit ist der Intellektuelle – wie Tausende Aktivisten, die ähnlich denken und fühlen – ein natürlicher Verbündeter der linksliberalen bürgerlichen Gesellschaft im Westen. Und doch: Sie sieht und hört diese Syrer nicht. Denn in Zeiten von Fake News und Verschwörungstheorien, von Echoräumen im Internet und einer obsessiven Abneigung gegenüber »Mainstream-Medien« sehen auch gebildete Menschen in Europa nur Trump und Putin, Iraner und Saudis, Erdoğan und PKK, Merkel und Macron, IS und Hisbollah, NATO und CIA. Die »normalen Syrer – Geflüchtete, Frauen, Studierende, Intellektuelle, Menschenrechtsaktivisten, politische Gefangene – existieren für sie nicht«, beklagt al-Haj Saleh.[3]

Für mich erwächst daraus die Aufgabe, diese Syrer sichtbar zu machen. Nicht indem ich ihre Rolle oder ihren Einfluss überbewerte oder unkritisch ihre Positionen oder Organisationen promote, sondern indem ich auf ihre Existenz hinweise und ihren Stimmen Raum in meiner Berichterstattung gebe. Manche greifen mich deshalb an und werfen mir vor, selbst Aktivistin zu sein und mich mit den Zielen dieser Revolution gemeinzumachen. Tatsächlich hege ich Sympathien für Werte wie Freiheit, Würde und Menschenrechte, allerdings engagiere ich mich nicht selbst politisch, sondern berichte, kläre auf, ordne ein und kommentiere. In einem Konflikt wie dem syrischen auf ziviles Engagement hinzuweisen und den Schutz von Zivilisten zu fordern, halte ich angesichts der dort stattfindenden Menschheitsverbrechen für naheliegend und meine Pflicht als Expertin.

## *Endlich frei! Doch die Alten warnen*

Der friedliche Widerstand in Syrien hat verschiedene Phasen durchlaufen, die jeweils neue Aufgaben mit sich brachten. Die drei großen Themen waren (und sind) Demonstrationen und Protestaktionen, Selbstorganisation und Verwaltung sowie humanitäre Hilfe, Bildung und medizinische Versorgung. Mancherorts laufen alle drei Aspekte gleichzeitig, andernorts stehen Protestaktionen gegen Regime und Dschihadisten im Vordergrund, in manchen Gegenden sind die Aktivisten fast ausschließlich mit der Versorgung der Bevölkerung und dem eigenen Überleben beschäftigt.

Entstanden ist die Revolution in Syrien ab März 2011 spontan und dynamisch. Kein Oppositioneller, kein Intellektueller, kein Beobachter hat sie in diesem Ausmaß kommen sehen, kein ausländischer Geheimdienst hat sie inszeniert. Auslöser der ersten größeren Proteste in der südsyrischen Stadt Daraa waren die Verhaftung und Folter von Schulkindern, die assadkritische Sprüche an die Mauer ihrer Schule gemalt hatten. Am 18. März 2011 forderten Angehörige, Freunde, Nachbarn und aufgebrachte Bewohner von Daraa ihre Freilassung und die Absetzung des Gouverneurs – mehr nicht.

Die gewaltsame Reaktion des Regimes machte aus diesem lokalen Ereignis eine landesweite Revolution. Von Anfang an schossen Assads Sicherheitskräfte scharf auf Demonstranten, sie riegelten die Stadt ab und ließen Panzer einrücken. Syrer überall im Land solidarisierten sich mit den Opfern von Daraa, gingen auf die Straße und gerieten selbst unter Feuer. Die Proteste weiteten sich aus, jeder Beerdigungszug wurde zum nächsten Protestmarsch, für jeden erschossenen Demonstranten erschienen zehn neue. Die brutale Gewalt des Regimes schreckte die Syrer nicht länger ab, sondern motivierte sie erst recht, viele überwanden ihre Angst und fühlten sich beim Demonstrieren zum ersten Mal in ihrem Leben frei.

»Ich sah im Fernsehen, was in Daraa passierte, und hatte das Gefühl, etwas machen zu müssen«, sagt Khaled Rawas, der damals Ingenieurwissenschaften in Damaskus studierte. Bei einem Protest in der Omayadenmoschee von Damaskus beobachtete er, wie Geheimdienstmitarbeiter Demonstranten misshandelten und verhafteten. Als Khaled ohne nachzudenken versuchte, Fotos zu machen, kam einer von ihnen zu ihm und zerstörte sein Handy. »Die Methoden dieser Agenten haben mich wütend gemacht, diese brutale Willkür und Ignoranz«, erzählt der junge Syrer mir im Frühjahr 2017 in Berlin. »Ich dachte, das reicht, und habe eine Woche später selbst demonstriert.«

Khaleds Entwicklung zum Revolutionär ist typisch für viele junge Syrer. Sie waren eher unpolitisch, ertrugen aber die Ungerechtigkeit und Erniedrigung nicht länger und ließen sich dann mitreißen von den Ereignissen in Tunesien, Ägypten und Jemen, wo jahrzehntelange Herrscher innerhalb von Wochen oder Monaten abdankten. Warum sollten die Syrer ihr Regime nicht auch mit einer Revolution stürzen können? Warum sollte, was anderswo gelang, nicht auch in Syrien Erfolg haben?, fragten sich 2011 selbst Intellektuelle wie Yassin al-Haj Saleh, die es aufgrund ihrer Erfahrungen mit dem Regime besser hätten wissen müssen.[4]

Bis Sommer 2011 nahm die Bewegung Fahrt auf, immer mehr Orte schlossen sich dem Aufstand an. Ende Juli 2011 fanden in Hama und Deir al-Zor die größten Massenproteste in der Geschichte Syriens statt – Hunderttausende forderten den Sturz des Regimes und sangen »oh wie schön ist die Freiheit«. Damals demonstrierten die Menschen noch unter der offiziellen rot-weiß-schwarzen Flagge Syriens, die inzwischen als Regimefahne gilt und von Assads Gegnern abgelehnt wird (manche Assad-Fans versuchen deshalb im Nachhinein, ahnungslosen Ausländern diese Proteste als Unterstützungsmärsche für Assad zu verkaufen). Die Aktivisten waren trotz Verhaftungen, Folter und Scharfschützen scheinbar nicht zu stoppen. Sie organisierten Proteste, malten Plakate, diskutierten über das Motto der nächsten Freitagsdemonstration, filmten die Protestzüge und stellten die Videos ins Internet. Sie dachten sich künstlerische Aktionen im öffentlichen Raum aus, druckten Flugblätter, erfanden Lieder, schrieben Gedichte, zeichneten Karikaturen, tauchten unter, versteckten sich in Wohnungen heimlicher Unterstützer, schmuggelten Verbandszeug und Medikamente durch Checkpoints, verteilten nachts regimekritische Zeitungen – waren berauscht und frei, verzagt und wütend, voller Hoffnung und voller Zweifel.

Die Warnungen ihrer Väter und Onkel wischten sie beiseite. »Sie sagten, wir hätten keine Ahnung, mit wem wir es zu tun hätten«, erinnert sich Khaled, damals 22 Jahre alt. »Wir würden es nicht schaffen, denn sie hätten erlebt, was in den 1980er-Jahren passiert sei.« Aus heutiger Perspektive hatte diese ältere Generation recht. Bashar al-Assads Strategien zur Niederschlagung des Aufstands von 2011 gleichen den Methoden seines Vaters 30 Jahre zuvor. Doch die Massaker von damals, die Tausenden von Verhafteten und Verschwundenen waren in der Gesellschaft nie thematisiert, geschweige denn aufgearbeitet worden. Über den Aufstand der Muslimbrüder, über die Gefangenen von Tadmur und über die Zerstörung von Hama 1982 hatte sich ein Mantel des Schweigens gelegt. In Khaleds Generation wussten nur diejenigen ungefähr Bescheid, deren Verwandte damals verhaftet wurden, verschwunden waren oder die Gewalt des Regimes selbst miterlebt hatten.

Leute wie Abir Farhud, deren Onkel in den 1980er-Jahren verhaftet wurde und nie wieder aufgetaucht war. Stundenlang habe sie mit ihren Verwandten über die Revolution gestritten, erinnert sie sich, aber ihr Vater habe sie in ihrem Drang nach Freiheit zum Glück immer bestärkt. Die damals 24-Jährige hatte Kunst studiert und war seit 2006 zivilgesellschaftlich engagiert. Zu Beginn der Revolution organisierte sie mit einer Gruppe von Gleichgesinnten in Damaskus künstlerische Aktionen, die sie filmten und über das Internet verbreiteten. Sie ließen Tausende mit dem Wort »Freiheit« beschriftete Tischtennisbälle den Hügel vor Assads Stadtvilla hinunterhüpfen und versteckten Lautsprecher an öffentlichen Plätzen, über die sie dann Revolutionslieder abspielten.

Wenn Abir von den ersten Monaten der Revolution spricht, leuchten ihre Augen. Aber sie ist zu reflektiert, um sich irgendetwas schönzureden. »Unsere Hoffnung, unsere Ambitionen und unser Ehrgeiz ließen uns keine Zeit zum Nachdenken«, sagt sie. In all der Begeisterung hätten sie oft kopflos gehandelt. »Wir hätten uns besser organisieren müssen, planvoller und überlegter vorgehen müssen«, so Abir. Dann hätten sie Fehler vermeiden können, wären geeinter und effektiver gewesen und nicht so leicht zu Opfern des Regimes und später der Islamisten geworden. Khaled sieht es ähnlich. »Wir hätten den Älteren zuhören und aus ihren Erfahrungen lernen sollen«, meint er. Dann hätten sie die Methoden des Regimes gekannt und sich besser vorbereiten können.

So mussten sie das System aus Geheimdiensten, Shabiha-Milizen und Gefängnissen persönlich kennenlernen. Khaled war zweimal, Abir einmal inhaftiert – Folter und sexuelle Erniedrigung inklusive. Die beiden haben sich durch die Revolution kennengelernt, haben gemeinsam Demonstrationen geplant, Blutkonserven und Babynahrung durch Checkpoints geschmuggelt. Sie sind ein Paar geworden, haben nach ihrer Flucht in den Libanon geheiratet, sind nach Ägypten und in die Türkei weitergezogen, wo Abir schwanger wurde. Gerade noch rechtzeitig vor der Geburt ihrer Tochter durften sie nach Deutschland ausreisen, sonst wäre diese als Staatenlose ohne Papiere zur Welt gekommen. Eine Revolutionsliebe. Und nicht die einzige.

*Den Alltag organisieren – und an den eigenen Idealen zerbrechen*

Aktivisten wie Abir und Khaled zählt Yassin al-Haj Saleh zu der »modernen Komponente« der Revolution, die sich aus Vertretern der gebildeten Mittelklasse zusammensetzt. Daneben nennt er eine »traditionelle Komponente« – Menschen, die konservativ denken und in den verarmten Vororten und ländlichen Gebieten leben. Dabei bedeutet »modern«, »gebildet« und »Mittelklasse« keineswegs, dass diese Leute säkular oder areligiös sind – Abir trägt das typische weiße Kopftuch der Damaszener Musliminnen. Sie sind vielmehr diejenigen, die die Revolution anfangs inhaltlich geprägt haben, die politisch diskutiert, Slogans wie »Friedlich, friedlich!« oder »Das syrische Volk ist eines!« propagiert und über Strategien des unbewaffneten Widerstands wie Streiks und zivilen Ungehorsam nachgedacht haben – Letzteres ohne Erfolg.

Die konservativen, armen und weniger gebildeten Syrer sind aus Wut mitgelaufen. Wut über ihre eigene Perspektivlosigkeit, über ihren täglichen Überlebenskampf, über korrupte und arrogante Beamte, über die herrschende Elite, die sich auf ihre Kosten schamlos bereichert. Sie sind tendenziell leichter zu beeinflussen. Je nachdem, was sie persönlich erlebt haben und mit welchen Akteuren sie in Kontakt kamen, haben sich diese Menschen zum Teil radikalisiert – in persönlicher, politischer oder religiöser Hinsicht. Bei manchen ist aus einem traditionell unreflektierten sunnitischen Mainstream-Islam ein Hass auf Alawiten oder ein Misstrauen gegenüber Kurden erwachsen, die zu extremistischen, zum Teil dschihadistischen Positionen geführt haben – aufgrund der Propaganda des Regimes, der Polemik islamistischer Rebellen und der Verlogenheit des Westens.

Überzeugte Revolutionäre wie Abir und Khaled sind eher an ihren Idealen zerbrochen. Ihre Vorstellungen von Freiheit und Mitbestimmung gerieten im Laufe der Militarisierung und Radikalisierung des Aufstands in den Hintergrund. Also stellten sie ihre

Arbeit so gut es ging in den Dienst der Menschen. Abir begann, sich um Syrer zu kümmern, die vor der Gewalt des Regimes geflohen waren oder medizinische Hilfe benötigten. Statt Kunstaktionen zu planen, fuhr sie mit Kofferraumladungen voll Verbandszeug und Medikamenten in die Hochburgen des Widerstandes. »Im ersten Jahr wurden Frauen an den Checkpoints kaum kontrolliert, sondern meist durchgewunken«, erzählt sie. Deshalb sei der Transport von notwendigen oder verdächtigen Gütern vielerorts Aufgabe der Aktivistinnen gewesen.

Gleichzeitig entwickelte der zivile Widerstand Strukturen – in einem Land, das seit Jahrzehnten keine freie Debatte, kein politisches Engagement, keine gesellschaftliche Selbstorganisation gekannt hatte. Zunächst entstanden die Lokalen Koordinationskomitees (LCC), die die friedlichen Proteste organisierten, abstimmten und dokumentierten und dabei versuchten, sich miteinander zu vernetzen. Aus ihnen gingen vielerorts Lokale Räte hervor, die in den von Rebellen eroberten Gebieten eine Alternative zum Regime und seinen Institutionen bilden sollten. Sie setzten sich aus Vertretern verschiedener Gesellschaftsgruppen zusammen, aus Mitgliedern der revolutionären Basis, einflussreichen Familien, religiösen, gesellschaftlichen oder wirtschaftlichen Führungspersönlichkeiten, die gewählt oder ernannt wurden.

Die Lokalen Räte stehen für das zweite Element des zivilen Widerstandes: die Selbstverwaltung in den von Assad »befreiten« und von diversen Oppositions- und Rebellengruppen kontrollierten Regionen. Im Jahr 2015 gab es landesweit mehr als 800 Lokale Räte und acht übergeordnete, demokratisch gewählte Provinzräte (in Idlib, Aleppo, Lattakia, Hama, Homs, Damaskus-Land, Daraa und Quneitra). Mit ihren vielfältigen Unterabteilungen – von Strom- und Wasserversorgung über Justiz, Bildung und Gesundheit bis zur Müllentsorgung – hatten die Lokalen Räte zum Teil den Charakter einer alternativen staatlichen Ordnung angenommen. Um ihre Interessen gegenüber externen Akteuren effektiver vertreten zu können, schlossen sie sich zur Union der Lokalen Verwaltungsräte (LACU) zusammen.

Doch ohne die notwendige finanzielle Unterstützung blieben diese Verwaltungsstrukturen schwach. Westliche Geber förderten lieber einzelne Projekte oder Gruppen direkt, was Konkurrenz erzeugte und die Zusammenarbeit der Lokalen Räte untereinander erschwerte. Daran änderte auch das Ministerium für Lokalverwaltung nichts, ein Bestandteil der Syrischen Interimsregierung, die ab 2013 zunächst von Gaziantep in der Türkei aus arbeitete und ab 2016 ihre Präsenz auf syrischem Boden in dem türkisch kontrollierten Gebiet nördlich von Aleppo ausbaute. Das Ministerium bemühte sich, die Lokalen Räte an sich zu binden und als zentrale politische Instanz dieser Verwaltungsstrukturen wahrgenommen zu werden, hatte dafür aber kaum Geld zur Verfügung.

Die Lokalen Räte haben zu den Institutionen der syrischen Opposition ein ambivalentes Verhältnis. Einerseits brauchen sie ihre Vertreter, um an ausländische Gelder zu kommen, andererseits fühlen sie sich von ihnen nicht repräsentiert, wollen sich nicht von ihnen vereinnahmen lassen und pochen auf ihre Unabhängigkeit. Bei der Bevölkerung genießen die Lokalen Räte durchaus Ansehen, weil sie sich in Gebieten, die vom Regime angegriffen und belagert werden, um eine Grundversorgung und Basisdienstleistungen kümmern. Allerdings kämpfen auch sie mit Korruption, Vetternwirtschaft und fehlender Fachkompetenz. Sie müssen sich gegenüber den bewaffneten Aufständischen behaupten; vor allem islamistische Gruppen versuchen, lokale Verwaltungsstrukturen zu unterwandern und zu übernehmen, um sich den Rückhalt der Bevölkerung zu sichern.[5] Außerdem konkurrieren die Lokalen Räte teilweise mit zivilgesellschaftlichen Gruppen, die sich in den gleichen Bereichen engagieren, indem sie Verletzte medizinisch versorgen, Schulunterricht anbieten, Essen verteilen, Frauen beruflich weiterbilden, Bibliotheken einrichten, Medikamente besorgen oder Erste-Hilfe-Kurse abhalten.

Viele Aktivisten hatten irgendwann das Gefühl, nichts mehr für ihre Revolution tun zu können. Die Einzigen, die von Anfang an dabei waren und bis heute das Gleiche machen wie damals, sind

Bürgerjournalisten und Fotografen, Reporter und Rechercheure – Syriens Chronisten des Grauens. Sie dokumentieren in historischem Ausmaß den Verlauf des Krieges, liefern Monat für Monat Hunderte von Puzzleteilen, die Journalisten wie ich zu einem komplexen Gesamtbild zusammenfügen, indem sie jede Information und jedes Video in den entsprechenden Kontext setzen.

Die meisten anderen verließen – vom Assad-Regime verfolgt und von radikalen Islamisten bedroht – wenn möglich das Land. Abir kehrte nach ihrer Verhaftung und Flucht in den Libanon noch einmal nach Aleppo zurück in der Hoffnung, dort inhaltlich etwas bewegen zu können. Doch ihr Theaterworkshop für Kinder und Jugendliche missfiel den immer mächtiger werdenden Extremisten genauso wie das weiße Kopftuch und die Hosen, die sie trug. »Du konntest zivilgesellschaftlich nichts mehr machen«, sagt Abir. Mit dieser bitteren Erkenntnis habe sie ihre Heimat verlassen, seit 2015 lebt sie in Deutschland.

Was sie und Tausende anderer geflohener Aktivisten am meisten quält, ist ein Gefühl von doppeltem Verrat. »Niemand hat uns wirklich unterstützt«, betont Abir, »Geld gab es nur für Essen und Waffen.« Die Welt habe in Syrien humanitär geholfen und bewaffnete Gruppen finanziert. Die zivile Arbeit sei viel zu spät, halbherzig und ohne Verständnis für die Realität vor Ort gefördert worden. Auch von den Gesellschaften im Westen ist sie enttäuscht. Es habe kaum Solidarität gegeben, nicht mal von der Friedensbewegung oder den Linken, sagt sie. Keine Massenkundgebungen, keine Mahnwachen, keine Protestmärsche gegen die Verbrechen des Regimes.

Sie fühle sich verraten und sei nun selbst zur Verräterin geworden, meint Abir. Schließlich seien es Syrer wie sie gewesen, die vor Jahren den Aufstand gegen Assad begonnen hätten, nicht ahnend, welchen Preis sie alle daraufhin bezahlen würden. Und die inzwischen in Sicherheit lebten, während Hunderttausende weiter litten. Trotzdem hält sie an der Idee der Revolution fest – nur die Umsetzung sei falsch gewesen. Manchmal würden andere Syrer sie fragen, was sie denn mit dieser ganzen Sache gewollt hätten. »Was soll ich dazu sagen? Nach all dem, was Bashar den Syrern angetan hat, fragt mich jemand, warum ich gegen ihn auf die Straße gegangen bin?«

Junge Syrer wie Abir und Khaled repräsentieren nicht die Mehrheit der Menschen in Syrien. Aber sie sind Teil einer reflektierten Minderheit, die in der Gesellschaftsgeschichte immer dann zur kritischen Masse wird, wenn die Chancen für politischen Wandel und soziale Veränderungen gut stehen. Die syrische Zivilgesellschaft ist erwacht. Nach fast fünfzig Jahren Dämmerschlaf. Sie kämpft mit sich und ihren Unzulänglichkeiten, fühlt sich machtlos und im Stich gelassen, aber sie lernt und wächst – innerlich wie äußerlich. Und sie wird in Syrien wieder eine Rolle spielen, auch wenn das manchmal schwer vorstellbar ist.

## Manipuliert und missbraucht: der bewaffnete Aufstand

Regelmäßig stellen Beobachter, Blogger, Journalisten oder »kritische Bürger« die Friedlichkeit der syrischen Revolution infrage, indem sie darauf verweisen, dass von den Demonstranten schon in den ersten Monaten Gewalt ausging. Die Frage ist relevant, weil das syrische Regime von Anfang an behauptete, »bewaffnete Banden« und »ausländische Verschwörer« zu bekämpfen, die ihrerseits die staatliche Ordnung angriffen. So soll die hemmungslose Gewalt gegenüber regimekritischen Zivilisten in eine legitime Verteidigung des Vaterlandes umgedeutet werden. Wer mit Syrern spricht, die damals an verschiedenen Orten demonstriert haben, sich die Videos der Proteste anschaut und die Augenzeugenberichte in diversen Büchern und Chroniken der Revolution liest, kommt zu dem Schluss, dass der Charakter der Revolution grundsätzlich ein friedlicher war. Hunderttausende Demonstranten marschierten unbewaffnet und wurden dafür beschossen, verhaftet, gefoltert, ermordet.

Schon früh gab es jedoch Vandalismus – Angriffe auf öffentliche Einrichtungen und Symbole des Regimes, die bezeichnend sind für das bereits im ersten Kapitel beschriebene gestörte Verhältnis der Syrer zum Staat. Weil in Syrien das Regime den Staat ersetzt hat, richtete sich die Wut der Demonstranten auch auf Institutionen, die wir als schützenswert empfinden, die in Syrien jedoch nur Sinnbilder der Tyrannei sind: Gerichtsgebäude, Parteizentralen, Polizeistationen und Geschäftsstellen des Mobilfunkunternehmens Syriatel, das Bashars Cousin Rami Makhluf gehört. Sie stehen für Unrecht, politische Unterdrückung, Willkür und Bereicherung – also all jene Zustände, gegen die ein Teil der Syrer seit März 2011 aufbegehrt. An verschiedenen Orten rissen aufgebrachte junge Männer Plakate und Banner mit dem Porträt Bashar al-Assads von öffentlichen Gebäuden, stürzten Statuen seines Vaters und warfen Steine gegen Panzer oder Soldaten. Zu Beginn war diese Mischung aus Widerstand und Randale eine Art Mutprobe, schließlich konnten die Aktivisten jeden Moment von Assads Sicherheitskräften erwischt und verhaftet oder beschossen werden. Später wurde die Zerstörung von Assad-Bildern zur Routine, wann immer ein Ort unter die Kontrolle von Rebellen fiel und offizielle Gebäude von Regimesymbolen gesäubert wurden.

Die ersten Bewaffneten auf Seiten der Regimegegner waren jedoch Deserteure der syrischen Armee, die nicht auf Demonstranten schießen wollten und sich dem Aufstand anschlossen. Ende Juli 2011 verkündete der desertierte Luftwaffenoberst Riad al-Asaad die Gründung der Freien Syrischen Armee (FSA), deren erklärtes Ziel es war, die bestehende Ordnung mit militärischer Gewalt zu stürzen. Gleichzeitig beschlossen immer mehr Gegner des Regimes, sich gegen dessen Angriffe zur Wehr zu setzen. Viele waren selbst Opfer – sie hatten im Gefängnis Folter und Erniedrigung erlitten, den besten Freund im Kugelhagel sterben sehen oder die Verhaftung des Vaters oder Bruders miterlebt. Sie besorgten sich Waffen, um die Proteste in ihren Stadtteilen und Orten zu schützen und Rache zu nehmen. Da in Syrien alle volljährigen Männer einen Militärdienst absolvieren müssen, können die meisten mit Waffen umgehen. Die Militarisierung der Revolution folgte insofern genau wie die friedlichen Proteste einer großen Eigendynamik – ungesteuert, ungeplant und kaum koordiniert.

Daraus ergaben sich von Anfang an drei Herausforderungen: Wie konnte man effektiv, geeint und auf nationaler Ebene die Assad-Herrschaft bekämpfen? Wie sollten Rebellen, die auf Unterstützung von außen angewiesen waren, die Unabhängigkeit ihres Handelns bewahren? Und wie ließ sich angesichts der Barbarei ein moralisch beispielhaftes Verhalten der oppositionellen Kämpfer sicherstellen? Die bittere Wahrheit lautet: Allen drei Herausforderungen war der syrische Widerstand nicht gewachsen. Er war und blieb zersplittert, ließ sich von ausländischen Akteuren vereinnahmen und verriet seine moralischen Ansprüche. Der Fall der FSA ist dafür bezeichnend. Einige ihrer Mitglieder wandelten sich im Laufe der Jahre von Beschützern und Freiheitskämpfern zu gehirngewaschenen Extremisten. Ende 2011 wurden sie von Demonstranten bejubelt (»Gott segne die Freie Syrische Armee«), Anfang 2018 beteiligten sie sich als Söldner der Türkei am Angriff auf Afrin und schändeten die Leiche der kurdischen Kämpferin Amina Omar alias Barin Kobane. Den Körper einer getöteten Frau zu verstümmeln, wäre nicht mal den Barbaren des IS eingefallen, kommentierten viele Syrer daraufhin. Und: Sollte das alles sein, was vom Widerstand gegen Assad übrig geblieben sei, könne man sich als Syrer mit nichts mehr solidarisieren. Der Aufstand hatte einen weiteren Tiefpunkt erreicht. Wie konnte es so weit kommen?

Tatsächlich spielte das Ausland bei der militärischen Dynamik die entscheidende Rolle, denn sämtliche Kriegsparteien mischten sich in Syrien nur für eigene Interessen ein, nicht aber für den Schutz von Zivilisten. Rebellen bekamen Geld und Waffen, um das Regime herauszufordern und sich ihm gegenüber zu verteidigen (nicht um es zu stürzen), um den IS zu bekämpfen, die kurdischen Volksverteidigungseinheiten (YPG) zu vertreiben oder einen konservativen bis extremen sunnitischen Islam durchzusetzen. Für Dinge, die den Syrern geholfen hätten – die Befreiung von Gefangenen, die Einhaltung von Menschenrechten, der Schutz vor Luftangriffen, der Aufbau unbestechlicher Polizeikräfte oder die Errichtung einer rechtsstaatlichen Ordnung –, gab es jedoch kaum Unterstützung.

Von Anfang an herrschte bei der Bewaffnung der Assad-Gegner Chaos. Yassin al-Haj Saleh bezeichnet die militärische Komponente der Revolution als ein »Nebenprodukt« der gewaltsamen Konfrontation des Regimes mit den öffentlichen Protesten. Sie sei für niemanden »eine erste Wahl« und auch nicht das Ergebnis einer vorbereiteten Strategie des militärischen Handelns gewesen.[6] Der zivile Widerstand sprach sich zunächst sowohl gegen die Bewaffnung als auch gegen eine ausländische Militärintervention aus, Ende August 2011 veröffentlichten die Lokalen Koordinationskomitees eine entsprechende Stellungnahme.[7] Doch die Entwicklung war angesichts der Gewalteskalation des Regimes nicht mehr zu stoppen.

Nach den Massenprotesten in Hama und Deir al-Zor im Juli änderte Assad seine Strategie. Die Demonstranten wurden nicht mehr als Sicherheitsproblem betrachtet und behandelt, sondern militärisch bekämpft. Orte, in denen Proteste stattfanden, wurden abgeriegelt und mit Raketen und Granaten angegriffen. Shabiha-Milizionäre gingen von Haus zu Haus, nahmen willkürlich Bewohner fest, richteten junge Männer auf offener Straße hin, vergewaltigten Frauen, plünderten und zerstörten ganze Straßenzüge. Ihre Botschaft, die sie an Hauswänden hinterließen, lautete: »Assad für immer oder wir brennen das Land nieder«. In Baba Amr, einem Stadtteil von Homs, setzte Assad im Februar 2012 erstmals die Luftwaffe ein. Seitdem werden Bewohner oppositioneller Gebiete mit flächendeckender, willkürlicher und zum Teil gezielter Bombardierung ziviler Infrastruktur (Krankenhäuser, Schulen, Marktplätze, Bäckereien) kollektiv dafür bestraft, dass sie sich dem Regime widersetzten oder Aufständische direkt oder indirekt unterstützten. Al-Haj Saleh, der diese Strategie in Ost-Ghouta, den nordöstlichen Vororten von Damaskus, selbst erlebte, spricht von einer Politik der verbrannten Erde, von Terrorismus, Massenmord und der Zerstörung von Stadtvierteln und ganzer Ortschaften.[8]

*Getrennt gegen den gemeinsamen Feind und die Angst des Westens*

Viele Deserteure kehrten in ihre Heimatorte zurück, wo sie sich mit freiwilligen Kämpfern zu bewaffneten Einheiten zusammenschlossen. Sie bekannten sich zur FSA, hatten aber nicht viel davon. Denn ihre überwiegend leichten Waffen mussten sie sich selbst beschaffen. Manche davon hatten sie bereits mitgebracht, andere wurden von Checkpoints oder Lagern des Regimes erbeutet, von korrupten Offizieren der syrischen Armee gekauft oder auf dem Schwarzmarkt erstanden. Vieles stellten die Kämpfer in amateurhaften Werkstätten selbst her. Die FSA war nicht mehr als ein Label – ein Sammelbecken zufällig entstandener Brigaden ohne zentrale Hierarchie, Befehlskette und Finanzierung. Entsprechend abhängig waren die Rebellen von persönlichen Kontakten. Anfangs finanzierten lokale Geschäftsleute und Auslandssyrer, die aus dem jeweiligen Ort stammten, die Kämpfer. Anführer wurde, wer das meiste Geld beschaffen konnte – nicht der mit der größten militärischen Erfahrung. Dadurch regionalisierte sich der Aufstand weiter.

Islamistisch denkende Kämpfer oder Angehörige von früheren Mitgliedern der Muslimbrüder (die in den 1980er-Jahren getötet worden waren) erhielten Unterstützung von wohlhabenden Familien am Golf. Später kamen ein Teil der Waffen und das meiste Geld aus der Region, vor allem aus Saudi-Arabien und Qatar. Allerdings war auch hier der Nachschub stets unkoordiniert, schwankend an persönliche Verbindungen geknüpft, was Konkurrenz unter den Rebellen schürte und ihre Abhängigkeit von ausländischen Gebern verstärkte. Die Entwicklung von überregionalen und nationalen Strategien sowie mittel- bis langfristiges militärisches Planen waren unter diesen Voraussetzungen unmöglich. Hunderte Gruppen hatten zwar den gleichen Feind, bekämpften diesen aber nicht gemeinsam, sondern isoliert voneinander. Sie verfolgten lediglich kurzfristige Ziele in ihrem direkten Umfeld, indem sie auf Guerrillataktiken zurückgriffen. Sie errichteten Straßensperren und erklommen Hausdächer, um Proteste zu schützen, sie legten Sprengstofffallen an Landstraßen, griffen Armeepositionen, Waffendepots und Grenzposten an und belagerten Militärflugplätze. Im Laufe der Zeit nahmen die Rebellen immer mehr vor allem ländliche Gebiete ein, denn das Regime konzentrierte sich auf die strategisch wichtigen und bevölkerungsreichen Gebiete in und um Damaskus, Homs, Hama und Aleppo sowie das Küstengebiet. 2013 erklärten die oppositionellen Kräfte, 70 Prozent des syrischen Territoriums zu kontrollieren.

Für die Aktivisten war die Entwicklung zwiespältig. Sie wussten, dass Assad militärisch weit überlegen war, und wünschten sich einerseits Schutz, Unterstützung und mehr Druck auf das Regime. Andererseits lehnten sie eine ausländische Militärintervention ab und fürchteten, der bewaffnete Widerstand werde die Spirale der Gewalt nur weiterdrehen und dem Regime einen Vorwand für seinen militärischen Kampf liefern. »Syriens Revolutionäre haben nie formal und gemeinsam beschlossen, sich zu bewaffnen«, schreiben Robin Yassin-Kassab und Leila al-Shami, ganz im Gegenteil: »Eine Million individuelle Entscheidungen sind unter Beschuss getroffen worden.«[9] Der bewaffnete Widerstand war insofern eine unvermeidbare, natürliche und menschliche Reaktion auf die Brutalität des Regimes und die Folge einer wachsenden Erkenntnis: dass ziviler Widerstand allein nicht ausreichte, um das Regime zu besiegen.

Dabei ersetzte der bewaffnete Kampf nicht die friedlichen Proteste, sondern führte zunächst zu deren Ausweitung. Wo FSA-Rebellen das Regime vertrieben hatten, konnten die Menschen ohne Angst demonstrieren. In den Videos aus diesen Orten sieht man Aktivisten, die sich nicht das Gesicht verhüllen, sondern stolz ihre Plakate präsentieren, Revolutionslieder singen und dazu tanzen. Doch die Militarisierung veränderte die Revolution – aus einer führungslosen horizontalen Bewegung wurde eine »Kakophonie Tausender konkurrierender Führer, ein Gedränge von Hierarchien«, so Yassin-Kassab und al-Shami.[10]

Die Versorgung mit Geld und Waffen lief wie erwähnt über persönliche Kontakte, dem Oberkommando der FSA wurde grundsätzlich viel versprochen, aber wenig geliefert. Daran änderte auch die Gründung eines Obersten Militärrates, verschiedener militärischer Provinzräte und eines Verteidigungsministeriums innerhalb der Syrischen Interimsregierung nichts. Die erste offizielle Hilfsladung aus den USA erreichte die Rebellen am 31. April 2013, sie enthielt Essensrationen und medizinische Rettungspakete. General Salim Idris, der damalige Oberbefehlshaber der FSA, warb in den USA und in Europa jahrelang für mehr Unterstützung. Doch es kam immer weniger als erwartet. Aus Angst, Waffen könnten bei al-Qaida-nahen Gruppen landen, schickte der Westen zunächst überwiegend »nichtletale« Hilfe – Verbandsmaterial, Nahrung, Nachtsichtgeräte und Ähnliches. Statt die FSA von Anfang an zu einer alternativen nationalen Armee auszubauen und die vielen lokalen Brigaden durch eine zuverlässigen Versorgung mit Geld, Waffen und technischem Gerät an sie zu binden und unter ein zentrales Kommando zu stellen, überließ man den bewaffneten Widerstand sich selbst – und machte ihn damit zur Manipulationsmasse ausländischer Mächte.

Alle Finanziers – internationale wie regionale – verfolgten mit der Bewaffnung bestimmter Brigaden eigene Interessen. Die regionalen Sponsoren Saudi-Arabien, Qatar und Türkei förderten vorzugsweise islamistisch auftretende Gruppen wie Dschaisch al-Islam (die »Armee des Islam«) und Ahrar al-Sham (die »freien Männer der Levante«), um den sunnitischen Islam zur bestimmenden Kraft in Syrien zu machen. Deren (inzwischen getötete) Gründer und frühere Anführer – Zahran Alloush und Hassan Aboud – waren unter den Hunderten von Salafisten, die Assad bis Herbst 2011 aus dem Gefängnis von Saidnaya entließ in der Hoffnung, sie würden aus der breiten Protestbewegung einen Aufstand von Extremisten machen. Der Nachschub lief vor allem über die Türkei, die jahrelang als Umschlagplatz und Durchgangsstation für Waffen und ausländische Kämpfer diente. Später baute die Regierung in Ankara Rebellen der Provinzen Aleppo und Idlib zu eigenen Söldnertrupps gegen die kurdische YPG auf.

Die USA finanzierten möglichst gemäßigte Rebellen zwischen 2013 und 2017 mit einem eigenen CIA-Programm (*Timber Syca-*

*more*) im Umfang von mehr als einer Milliarde US-Dollar. Geld gab es also genug, allein die Umsetzung war das Problem. Die Unterstützung erfolgte zögerlich und punktuell. Aus Angst, amerikanische Waffen könnten bei der Nusra-Front, dem syrischen al-Qaida-Ableger, landen, kooperierte die CIA nur mit bestimmten Brigaden und lieferte kaum schwere Waffen. Dadurch waren FSA-Kämpfer auf die Zusammenarbeit mit besser ausgestatteten islamistischen Gruppen angewiesen. Denn für die Eroberung von Militärflughäfen oder Stützpunkten des Regimes brauchte es Boden-Boden-Raketen und panzerbrechende Waffen, der Abschuss von Hubschraubern (die mit dem Abwurf von Fassbomben ganze Wohngebiete verwüsteten) erforderte schultergestützte Flugabwehrraketen. Für größere Offensiven schlossen sich einzelne Brigaden deshalb mit der Nusra-Front zusammen – für den Westen ein Tabu, für die Rebellen eine militärische Notwendigkeit. Aus Sicht vieler Regimegegner waren die Mitglieder der Nusra-Front keine international operierenden Terroristen, sondern Syrer, die sich den Hardcore-Islamisten nur angeschlossen hatten, um das Regime zu stürzen und nicht, weil sie ihre Ideologie teilten. Tatsächlich konzentrierte sich die Nusra-Front im Gegensatz zum IS auf den innersyrischen Kampf gegen das Regime und führte keinen internationalen Dschihad gegen den Westen mit Anschlägen in Europa und den USA. Dennoch ist jede Gruppe mit Verbindungen zu al-Qaida aus westlicher Sicht als Terrororganisation einzustufen, selbst wenn sie – wie die Nusra-Front im Juli 2016 – ihren Namen ändert und sich offiziell von al-Qaida lossagt.

Ein Teufelskreis kam in Gang. FSA-Einheiten bekamen von den USA leichte Waffen, brauchten für militärische Erfolge die Nusra-Front, kooperierten vor Ort mit den Extremisten, wodurch amerikanische Waffen in deren Hände fielen, und verloren die Unterstützung der Amerikaner, die sich in ihrer Sorge bestätigt sahen und andere Brigaden suchten. Sich ausschließlich auf die Unterstützung aus dem Westen zu verlassen, war aus Sicht syrischer Kommandeure mühsam und nicht ausreichend, manche Einheiten warteten wochenlang auf Munition, manche hatten zwischendurch nicht mal genug zu essen. Für die Kämpfer vor Ort ging es oft um Leben oder Tod, ideologische oder organisatorische Feinheiten spielten deswegen eine untergeordnete Rolle. Islamistische oder dschihadistische Gruppen blieben der FSA stets überlegen. Das Chaos aus Hunderten von Rebellengruppen und Anführern war zugleich Ursache und Ergebnis der planlosen und halbherzigen Unterstützung des Auslands. Nikolaos van Dam macht den Westen für die Fortsetzung eines Kriegs verantwortlich, den zu gewinnen er zugleich verunmöglichte. »Länder, die die militärische Opposition ermutigten, das syrische Regime zu konfrontieren, ohne sie dafür ausreichend zu bewaffnen und ihre Militäraktionen genügend zu koordinieren, führten viele oppositionelle Militärs in die Todesfalle.«[11]

*Die Überlegenheit der Islamisten*

Die fehlende Koordination der Geber untereinander führte zu weiterer Zersplitterung des bewaffneten Widerstands, der sich grob in vier Kategorien unterteilen ließ: *Rebellen* (FSA und andere national ausgerichtete Brigaden), *syrische Islamisten* (Ahrar al-Sham, Dschaisch al-Islam und andere), *Dschihadisten* (Nusra-Front, IS) und *Kurden* (YPG und Asayesh). Im Jahr 2015 zählte Terrorismus- und Syrienexperte Charles Lister etwa 1500 verschiedene bewaffnete Gruppen auf Seiten der Assad-Gegner. Entsprechend schwierig war es, die militärische Dynamik dieses Konflikts zu erfassen. Gekämpft wurde an vielen verschiedenen Fronten gleichzeitig und in ständig wechselnden Allianzen.

Ab 2013 waren die Rebellen mit einem weiteren Feind konfrontiert – dem IS, der damals noch Islamischer Staat im Irak und in Syrien (ISIS) hieß. Dieser kam aus dem Irak, wo er infolge der US-Besatzung ab 2003 als al-Qaida im Irak entstanden war. 2006 hatte er sich in Islamischer Staat im Irak (ISI) umbenannt. Die Dschihadisten expandierten ab Anfang 2013 nach Syrien, wo sie nicht das Regime bekämpften, sondern die von Rebellen- und Islamistengruppen eroberten Gebiete im Osten unter ihre Kontrolle brachten. Raqqa, im März 2013 die erste »befreite« Provinzhauptstadt Syriens, verloren die Rebellen nur Monate später an ISIS. Dieser konnte sich bis Mitte 2014 ziemlich ungestört in Syrien ausbreiten, Rebellen vertreiben und Zivilisten terrorisieren. Im Juni 2014 eroberte ISIS die irakische Stadt Mossul, rief sein Kalifat aus und nannte sich ab sofort IS. Erst als Hunderttausende Christen aus Mossul flohen und sich Zehntausende Jesiden vor den Massaker des IS im Sinjar-Gebirge versteckten, reagierte die Welt. Im September 2014 startete die Internationale Koalition gegen den IS unter Führung der USA Luftangriffe im Irak und in Syrien. Sie brachten den Syrern noch mehr Bomben.

Im Osten kämpften die Aufständischen gegen den IS, im Nordwesten des Landes vertrieben sie Assads Truppen. In Zusammenarbeit mit Ahrar al-Sham und der Nusra-Front gelang es den Rebellen bis Sommer 2015, die Provinz Idlib einzunehmen und in Richtung Hama und Lattakia vorzurücken. Im Juli 2015 erklärte Assad, seine durch Fahnenflucht geschrumpfte Armee könne nicht alle Gebiete halten, man müsse deshalb manche Regionen aufgeben, um andere verteidigen zu können. Daraufhin beschloss Russlands Präsident Putin, direkt zu intervenieren, um seinen Verbündeten zu retten. Der massive Einsatz der modernen russischen Luftwaffe in sämtlichen von Rebellen gehaltenen Gebieten (nicht in jenen unter Kontrolle des IS, diese folgten erst später) brachte ab Oktober 2015 die Wende zugunsten des Regimes und läutete die Niederlage der Aufständischen ein. Denn während Russland aktiv den Überlebenskampf seines Schützlings Assad führte, konzentrierten sich die USA auf den Krieg gegen den IS. Das Regime hatte folglich die uneingeschränkte militärische Unterstützung einer Weltmacht für seine eigenen Ziele, die Rebellen dagegen bekamen nur beschränkte Hilfe, die zudem für den Kampf gegen die Dschihadisten gedacht war, nicht für ihren Aufstand gegen Assad.

Zwischen 2014 und 2017 lief diese Unterstützung vor allem über zwei militärische Operationszentren, eines in Jordanien (MOC) und eines in der Türkei (MOM), in denen die Sponsoren der Aufständischen vertreten waren – darunter die USA, Saudi-Arabien, Qatar, die Türkei, Jordanien, die Vereinigten Arabischen Emirate, Großbritannien und Frankreich. Doch eine effektive Zusammenarbeit blieb aus, die verschiedenen Staaten schickten ihre Militärhilfe weiterhin direkt an einzelne Gruppen im Land, zu deren Anführern sie ein Vertrauensverhältnis aufgebaut hatten. Absprachen gab es kaum, zum Teil waren FSA-Kommandeure mit widersprüchlichen Anweisungen ihrer Finanziers konfrontiert, die drohten, ihnen die Unterstützung zu entziehen, sollten sie ihnen nicht Folge leisten.[12] Im Süden war es etwas besser. Dort versorgte das MOC die Südfront, einen Zusammenschluss verschiedener Rebellengruppen in der Provinz Daraa, mit Geld, Waffen und Geheimdienstinformationen. Ziviler und bewaffneter Widerstand galten im Süden Syriens lange Zeit als besser strukturiert und koordiniert, weil die Grenze zu Jordanien abgeriegelt und undurchlässig war, sodass der gesamte Nachschub zentral und unter strengen Kontrollen erfolgte. Dadurch blieb ein Chaos wie an der türkisch-syrischen Grenze aus, wo Kommandeure, Waffenhändler, Geheimdienstvertreter und Schmuggler ihre eigenen Deals machten ohne Rücksicht darauf, wie sich diese Geschäfte auf die innersyrische Kriegsdynamik auswirkten.

Ein gutes Beispiel für eine solch unreflektierte und kontraproduktive Einmischung ist das »Train & Equip«-Programm des Pentagons im Umfang von 500 Millionen US-Dollar, das zwischen 2014 und 2016 kläglich scheiterte, weil es die Ausbildung und Bewaffnung von syrischen Kämpfern an die Bedingung knüpfte, ausschließlich den IS anzugreifen. Zurück in Syrien war diese Forderung nicht einlösbar, die Rebellen liefen zu anderen Brigaden über, wurden von der Nusra-Front entführt oder schlossen sich dieser freiwillig an. Mit ihrem ausschließlichen Fokus auf den IS hatten sie keinen Rückhalt in der Bevölkerung, die in den meisten Gebieten unter den Bomben Assads und Russlands litt. Sie galten als Vasallen des Westens, der den Staatsterror Assads ignorierte und sich nur um die Dschihadisten kümmerte nach dem Motto: »Assad tötet ja nur Syrer, aber der IS ist auch für uns eine Gefahr«. Am Ende waren es die islamistischen Gruppen, die das Regime am effektivsten bekämpften und dadurch die Menschen vor Ort für sich gewannen.

Dank internationaler Netzwerke und privater Sponsoren in den Golfstaaten hatten Syriens Islamisten stets mehr Geld zur Verfügung als die FSA. Sie konnten ihren Mitgliedern deshalb mehr Sold bezahlen, die Bewohner in den oppositionellen Gebieten besser versorgen und das Regime erfolgreicher konfrontieren als der nationale Widerstand. Islamistische Brigaden galten als diszipliniert und straff organisiert, während das Verhalten der FSA-Kämpfer von der Integrität und Autorität ihrer jeweiligen Kommandeure abhing. Mancherorts beschafften sich unterfinanzierte FSA-Einheiten mit Korruption, Entführungen oder Erpressung das Geld für ihre Waffen, islamistische Brigaden erschienen dagegen meist als ehrliche und unbestechliche Wohltäter.

Von Anfang an machten sich außerdem Kriminelle und Verbrecher das Chaos des Aufstands zunutze. Sie bewaffneten sich, um aus der unübersichtlichen Lage persönlichen Vorteil zu schlagen, und wurden mit Entführungen, Waffenschmuggel, dem Stehlen von Autos und Stromkabeln und dem Plündern von verlassenen Häusern und Fabriken reich. Manche firmierten ebenfalls unter dem Label FSA, hatten jedoch mit den Zielen der Revolution und dem Sturz des Regimes nicht viel am Hut.

Am Beispiel von Aleppo lässt sich diese Unterwanderung besonders gut nachzeichnen. Im Juli 2012 nahmen Rebellen aus dem Umland den tendenziell ärmeren und vom Regime vernachlässigten Ostteil der Stadt ein. Aktivisten aus den Mittelklasseviertein im Westen gingen in den »befreiten« Osten, wo sie Proteste organisierten und mit den lokalen FSA-Kämpfern zusammenlebten. In den Kampfpausen tanzte man Debke zusammen oder spielte Gitarre. »Es fühlte sich wirklich nach Freiheit an«, erinnert sich der Aleppiner Basel al-Junaidi.[13] Ab August ging den Rebellen die Munition aus, das Regime bombardierte den Ostteil, riegelte ihn weiter ab, viele Anwohner flohen. Alles wurde knapp – Nahrungsmittel,

Medizin, Waffen, Munition –, und die Rebellen verstrickten sich in Verteilungskämpfe. Ab Dezember 2012 kam es zu Plünderungen und Gangstertum. In Aleppos Industriegebieten wurden Fabriken zerlegt, Maschinen wurden in die Türkei gebracht und dort verkauft – »manchmal um die Kämpfer mit Essen zu versorgen, manchmal um Villen in der Türkei zu kaufen.«[14] Das rückte den Aufstand insgesamt in ein schlechtes Licht. Von diesem Zustand der Verzweiflung und Rechtlosigkeit profitierten islamistische Gruppen, die sich nicht auf Kosten anderer finanzieren mussten, sondern effektiv das Regime bekämpften und die leidende Bevölkerung versorgten. Sie kontrollierten bald weite Teile Ost-Aleppos.

*Kein Platz für Moral*

Der zivile Widerstand bemühte sich von Anfang an, die Rebellen von der Notwendigkeit ihres eigenen moralischen Handelns zu überzeugen. Entsprechend den Idealen der Revolution sollten keine Zivilisten angegriffen, kein Eigentum beschädigt und Gefangene korrekt behandelt werden. Unter Führung der prominenten Anwältin Razan Zaitouneh entwickelten die LCC einen Verhaltenskodex für die FSA. Anfang 2012 bekannten sich 60 Gruppen dazu, in den Monaten danach fanden dreitägige Trainings für Kämpfer statt. Im Sommer 2012 begann das von Zaitouneh mitgegründete Violations Documentation Centre (VDC), die Verbrechen aller Kriegsparteien zu dokumentieren – auch die der Rebellen.[15] Vor allem den Islamisten war dieses Engagement ein Dorn im Auge.

Zaitouneh, die vom Regime gesucht wurde und zwei Jahre in Damaskus im Untergrund gelebt hatte, etablierte ab Frühjahr 2013 mit einigen Mitstreitern (darunter Yassin al-Haj Saleh) ein Zentrum des zivilen Widerstandes im »befreiten« Ost-Ghouta. Wieder geriet sie unter Druck – dieses Mal von der erwähnten Armee des Islam unter Zahran Alloush, die das nordöstliche Umland von Damaskus zunehmend kontrollierte. Im Dezember 2013 wurden Razan Zaitouneh, ihr Ehemann Wael Hamada, Samira al-Khalil (die Ehefrau von Yassin al-Haj Saleh) und der Aktivist Nazem Hammadi aus ihrem Büro in Duma entführt. Seither fehlt jede Spur von ihnen. Vieles spricht dafür, dass die Armee des Islam hinter dem Verschwinden steckt, al-Haj Saleh machte Alloush dafür verantwortlich. Die Revolution hatte angefangen, ihre eigenen Kinder zu fressen.

Moral wurde zum Luxusgut, das sich in Syrien kaum jemand leisten konnte und das keiner der externen Akteure investieren wollte. Alle Versuche, einen Verhaltenskodex für die FSA zu etablieren, scheiterten an den Bedingungen des Krieges, dem mangelnden Bewusstsein einzelner Kommandeure, fehlender Disziplinierung durch eine effektive Hierarchie und der Ignoranz des Westens. In Aleppo töteten selbst die moderatesten Rebellen einzelne Gefangene, weil sie selbst nichts zu essen hatten und sie diese folglich nicht ernähren konnten. Sich als Amerikaner und Europäer darüber zu entrüsten, dass FSA-Kämpfer im Umgang mit Kriegsgefangenen die Genfer Konvention missachten, während das Regime diese aushungert, mit international geächteten Waffen angreift und Zehntausende Zivilisten in Foltergefängnissen systematisch quält und vernichtet, war aus Sicht der Revolutionäre vor Ort heuchlerisch.[16]

Das Verhalten des Westens führte zu mehr Extremismus. Den IS entschlossen zu bekämpfen und gleichzeitig den Staatsterrorismus Assads zu ignorieren verwechselte Ursache und Wirkung. Es trat genau das ein, wovor Intellektuelle und Syrien-Kenner seit 2012 gewarnt hatten: Die gemäßigten Kräfte wurden zwischen Regime und Dschihadisten aufgerieben. Mit russischer und iranischer Hilfe konnte Assad seine wirklich gefährlichen Gegner – den zivilen Widerstand und moderate Rebellen – vernichten. Die »befreiten« Gebiete, später zu »Deeskalationszonen« erklärt, wurden zu Todeszonen, in denen das Regime jeden Versuch, eine alternative Ordnung zu errichten, zerstörte. Den IS ließ es dagegen bis 2017 weitgehend gewähren, schließlich war das von diesem errichtete Kalifat das perfekte Schreckgespenst, mit dem Assad die Welt warnen und sich selbst als geringeres Übel inszenieren konnte. Viele Nahostexperten und Politiker fielen darauf herein und sahen in Syrien nichts außer Assad und Dschihadisten. Dass sie damit die Mehrheit der Syrer ignorierten, die weder das eine noch das andere wollen, war ihnen nicht einmal bewusst.

Seit Herbst 2017 gilt der IS in Syrien als geschlagen. Im Oktober eroberten die von den kurdischen YPG dominierten und von Washington unterstützten Syrian Democratic Forces (SDF) die IS-Hauptstadt Raqqa, die nach monatelangen Luftangriffen der Internationalen Koalition in Trümmern liegt. Der IS kontrolliert nur noch kleine Gebiete nahe der Grenze zum Irak, allerdings tauchen IS-Kämpfer auch in anderen Regionen immer wieder auf. Der Umgang mit gefangenen Führungspersonen, Mitgliedern und Sympathisanten des IS – eine gedankliche Umerziehung und soziale Rehabilitation – wird darüber entscheiden, ob die Organisation nachhaltig geschwächt ist oder ideologisch weiterlebt.

Die meisten anderen Rebellen kämpfen inzwischen um das eigene Überleben, vom Widerstand gegen Assad ist so gut wie nichts mehr übrig. Westliche Unterstützung gibt es nur noch für die SDF, alle übrigen Brigaden sind seit 2017 komplett von Regionalmächten abhängig, die syrische Kämpfer als Söldner für ihre eigenen Interessen missbrauchen. Bestes Beispiel dafür ist die Türkei, die FSA-Einheiten und islamistische Gruppen finanziert, bewaffnet und ausbildet mit dem Ziel, das Grenzgebiet unter dauerhaften türkischen Einfluss zu bringen. Mit der »Operation Euphrat-Schild« ist dies bereits im Sommer 2016 nördlich von Aleppo zwischen Azaz und Jarablus gelungen, im Januar 2018 folgte »Operation Olivenzweig«, mit der sich Erdoğan das Gebiet um Afrin sicherte.

Anderswo bekämpfen sich islamistische Brigaden gegenseitig, gehen gegen dschihadistisch dominierte Bündnisse wie Hayat Tahrir al-Sham (HTS) vor oder überlegen, wie sie den Kampf gegen das Regime in Zukunft aus dem Untergrund führen können. Der bewaffnete Widerstand wird seine letzten Gebiete in Idlib und Daraa an Assad verlieren, der nach dem Vorbild von Homs, Ost-Aleppo und Ost-Ghouta die dortigen Bewohner und Aufständischen in die Kapitulation bomben wird. Das Regime und seine Unterstützer Russland und Iran wissen, dass sie freie Hand haben. Sie setzen deshalb weiterhin Fassbomben (69 480 Fassbomben bis März 2018), Raketen, Chemiewaffen inklusive Chlorgas (212 Angriffe), Brandbomben (129 Abwürfe) und Streumunition (431 Einsätze) ein[17], hungern Menschen aus und greifen gezielt medizinische Einrichtungen und Märkte an, um den Zivilisten jede Lebensgrundlage zu entziehen. Am Ende steht die Unterwerfung, vom Regime gern als »Versöhnung« bezeichnet. Das Angebot, die Waffen abzugeben und dafür vom Regime amnestiert zu werden, erwies sich für viele Rebellen als Falle. Sie wurden verhaftet, zum Militärdienst gezwungen oder für Propagandazwecke genutzt.

Der Aufstand gegen Assad ist folglich gescheitert. Seine Herrschaft hat mithilfe Russlands, des Irans, Tausender schiitischer Milizionäre und der Hisbollah gesiegt. Und dennoch ist der Krieg nicht vorbei. Je nach persönlichen Umständen werden Kämpfer die Waffen niederlegen, ins Ausland fliehen oder in den Untergrund gehen. Viele Rebellen werden weiterkämpfen, weil sie für sich keine Alternative sehen, weil sie unter Assads Herrschaft keine Perspektive haben, Rache für erlittenes Leid nehmen oder geschehenes Unrecht sühnen wollen. Sie werden einen asymmetrischen Guerilla-Kampf führen mit Anschlägen, Hinterhalten, gezielten Operationen gegen Regimefiguren und Autobomben. Je radikaler die Gruppe, desto mehr zivile Opfer wird es geben. Assad wird seinen Sieg über die »Terroristen« und »ausländischen Verschwörer« erklären und erst mit der Zeit erkennen, dass sein Vernichtungskrieg keine Sicherheit, sondern neue Formen des Widerstandes und des Terrors hervorgebracht hat.

## Abhängig und uneinig: die politische Opposition

Nicht nur militärisch, auch politisch ist die Revolution vorerst gescheitert. Nach unzähligen Treffen der Opposition, nachdem Bündnisse umstrukturiert und Verhandlungsdelegationen neu gegründet wurden und nach mehr als zehn Gesprächsrunden in Genf erscheint eine politische Lösung des Konflikts unrealistischer denn je. Auch in diesem Punkt spielte das Ausland eine negative Rolle. Es trug jahrelang zur Uneinigkeit der syrischen Opposition bei, anstatt dabei zu helfen, diese zu überwinden. Russland, die USA, Qatar, Saudi-Arabien, die Türkei und Europa – jeder suchte sich seine »Lieblingsoppositionellen«: Figuren und Gruppierungen, die den eigenen Vorstellungen am meisten entsprachen. Diese wurden intern gestärkt, nach außen diplomatisch unterstützt, finanziert und instruiert – und wann immer es darauf ankam im Stich gelassen. Hinzu kamen Unzulänglichkeiten auf Seiten der Syrer: Machtkämpfe, Streitigkeiten untereinander, Postengeschacher, Intrigen, persönliche Eitelkeiten und rhetorische Ausfälle. So entstand das Bild einer machtlosen, fremdbestimmten, zerstrittenen und unfähigen syrischen Exil-Opposition, das vor allem Ausdruck großer Enttäuschung ist. Umso wichtiger erscheint es mir, das Scheitern der politischen Opposition zu analysieren, um daraus für die Zukunft zu lernen.

Die Kernfrage der syrischen Revolution war von Anfang an, wer sie politisch vertreten sollte. Da oppositionelle Arbeit innerhalb Syriens unmöglich war – in den Regimegebieten drohten Verhaftung und Folter, in den Gebieten der Rebellen Luftangriffe und Belagerung –, floh ein Großteil der etablierten Oppositionellen zwischen 2011 und 2013 ins Ausland. Jahrelang hatten sie Reformen von innen gefordert und jede ausländische Einmischung abgelehnt – und waren dafür verfolgt, überwacht, verhaftet, gefoltert und zum Teil jahrelang ins Gefängnis gesperrt worden: Politiker wie Riad Seif, Riad Turk, George Sabra und Suheir al-Atassi, Intellektuelle wie Michel Kilo und Yassin al-Haj Saleh, Rechtsanwälte und Menschenrechtsvorkämpfer wie Razan Zaitouneh, Anwar al-Bunni, Khalil Maatouk und Haitham al-Maleh sowie Aktivisten und Autoren wie Mazen Darwish, Ali al-Abdallah und Habib Saleh. Diese Inlandsopposition hatte unter Bashar mehrere Manifeste veröffentlicht, in denen sie politische Mitsprache, Rechtsstaatlichkeit, eine

Entmachtung der Geheimdienste und wirtschaftliche Chancengleichheit forderte und Pläne für den Umbau des Baath-Regimes in einen demokratischen und pluralistischen Rechtsstaat entwarf (das Manifest der 99 im Oktober 2000, das Manifest der 1000 wenige Monate später und die Damaszener Erklärung für Demokratischen Nationalen Wandel im Oktober 2005).

Als die Revolution ausbrach – für die meisten dieser Regimekritiker überraschend –, gingen manche von ihnen in den Untergrund, um die Protestbewegung zu unterstützen. Die meisten aber verließen das Land und versuchten, sich außerhalb Syriens politisch zu organisieren, um der Revolution eine Stimme im Ausland zu geben. Mehrere Treffen fanden statt, an denen auch Syrer teilnahmen, die seit Jahrzehnten im Exil lebten. Die Oppositionellen brauchten Zeit, um sich kennenzulernen, Misstrauen abzubauen, Meinungen und Argumente auszutauschen und sich über gemeinsame Ziele zu verständigen, denn all das war für Syrer jahrzehntelang unmöglich gewesen. Noch dazu erwies sich die Opposition als so divers wie die syrische Gesellschaft selbst: Säkulare Linke diskutierten erstmals mit Muslimbrüdern, arabische Nationalisten mit Kurden, junge Aktivisten mit Stammesvertretern, Liberale mit Kommunisten.

Erst sechs Monate nach Beginn der Proteste und drei Monate nach Gründung der Freien Syrischen Armee formierte sich im Herbst 2011 der Syrische Nationalrat, dem verschiedenste Regimekritiker angehörten und der entsprechend vielstimmig und uneinig auftrat. Sowohl die ausländischen Unterstützer der Opposition – jene Länder, die sich frühzeitig gegen Assad positioniert hatten – als auch die Menschen in Syrien betrachteten den Nationalrat mit großer Skepsis. Nach einem Jahr galt er als gescheitert.

Auch die internationale Unterstützergemeinschaft organisierte sich. Im Jahr 2012 schlossen sich mehr als 70 Staaten zur Gruppe der Freunde des syrischen Volkes zusammen, um den Assad-Gegnern zu helfen. Elf Staaten bildeten später den harten Kern: Frankreich, Großbritannien, Deutschland, Italien, die USA, Qatar, Saudi-Arabien, die Türkei, die Vereinigten Arabischen Emirate, Jordanien und Ägypten. Sie drängten darauf, ein glaubwürdigeres und repräsentativeres Oppositionsbündnis zu schaffen, das sich schließlich im November 2012 in Qatars Hauptstadt Doha gründete: die Nationale Koalition der syrischen Revolutions- und Oppositionskräfte (SOC). Diese sollte die Aktivisten im Land mit dem bewaffneten Widerstand und der politischen Opposition im Exil vereinen, um eine Alternative zum Assad-Regime aufzubauen. Wie groß die Hoffnung und die Entschlossenheit damals waren, zeigte sich an der schnellen diplomatischen Aufwertung der Koalition durch ihre Sponsoren. Innerhalb eines Monats hatten mehr als 100 Staaten das Oppositionsbündnis als »legitimen Vertreter des syrischen Volkes« anerkannt.

Rückblickend konnte die Nationale Koalition diesen Anspruch nicht erfüllen. Zwar besteht sie aus einer Generalversammlung, die regelmäßig einen neuen Präsidenten und Generalsekretär wählt, aber die Mitglieder der Generalversammlung scheinen eher nach ethnischer oder konfessioneller Zugehörigkeit, nach Parteien, Regionen, einflussreichen Familien oder nationalem Verdienst ausgewählt zu werden als nach fachlicher Kompetenz. Qatar und Saudi-Arabien ziehen hinter den Kulissen die Strippen, der Westen bemüht sich ebenfalls um Einfluss. Immer wieder haben prominente Oppositionelle die Koalition deswegen verlassen – etwa ihr erster Präsident, Moaz al-Khatib, im Jahr 2013 oder der Intellektuelle Michel Kilo Ende 2016.

Doch wie sollten die Syrer im Ausland eine glaubwürdige Vertretung der nach Freiheit, Gerechtigkeit und Mitbestimmung strebenden Mitbürger im Inland aufbauen? Da es keine Möglichkeit gibt, innerhalb oder außerhalb Syriens freie und repräsentative Wahlen abzuhalten, bemühte sich die Koalition, alle Gesellschaftsgruppen miteinzubeziehen, unabhängig davon, ob ein turkmenischer, assyrischer oder kurdischer Politiker die jeweilige Gesellschaftsgruppe tatsächlich repräsentiert. Bis heute kämpft die Nationale Koalition deshalb mit Fragen ihrer eigenen Legitimität: Wen vertritt sie? Wer führt sie? Welche Ziele verfolgt sie? Und wer entscheidet das auf welcher Grundlage?

*Rivalität und Zersplitterung*

Ähnlich wie der bewaffnete Widerstand war die Opposition mit drei Herausforderungen konfrontiert: Sie musste unabhängig, geeint und effektiv im Kampf gegen das Regime sein. Doch die Voraussetzungen dafür waren denkbar ungünstig. Da sich die Assad-Gegner erstens außerhalb Syriens organisieren mussten, waren sie von ausländischen Staaten abhängig, die sie entsprechend zu beeinflussen versuchten. Angesichts der eigenen Vielfalt und einer Unfähigkeit zur effektiven Zusammenarbeit (nach fast 50 Jahren Diktatur) war die Opposition zweitens zu sehr mit sich selbst beschäftigt und in teils unreflektierten Diskursen gefangen, sodass ihre Arbeit keinerlei Einfluss auf die Dynamik im Land hatte. Damit fehlte ihr drittens gegenüber dem Regime der entscheidende Hebel, um Druck auszuüben, Zugeständnisse zu erzwingen und echte Verhandlungen zu beginnen. Die Unterstützung des Auslands bestand vor allem aus Rhetorik und der Finanzierung von Konferenzen, die bewaffneten Gruppen folgten ihren eigenen Strategien, und die Zivilgesellschaft wartete vergeblich auf Schutz und fühlte sich von der Opposition im Stich gelassen.

So blieb die eigene Gesprächsbereitschaft das einzige Druckmittel syrischer Oppositioneller. Wer zu welcher Konferenz fahren würde, wer von wem eingeladen war und welches Signal man damit aussendete, war Dauerthema sämtlicher Gesprächsformate. Um ein vorübergehendes Ende der Bombardierung oder humanitäre Lieferungen durchzusetzen, konnten die Assad-Gegner nur drohen, nicht nach Genf zu kommen oder vorzeitig aus Wien abzureisen. Entsprechend schwach und unfähig wirkte die Opposition auf die Mehrheit der Syrer.

Das beste Beispiel für die halbherzige Unterstützung der Opposition durch die Gruppe der Freunde des syrischen Volkes ist die syrische Interimsregierung. Sie wurde 2013 von der Nationalen Koalition gegründet, um in den von der Opposition kontrollierten Gebieten – damals fast ein Drittel des Landes – staatliche Dienstleistungen anzubieten und eine überzeugende Alternative zum Assad-Regime und zu militanten Islamisten aufzubauen. Über verschiedene Ministerien, deren Angestellte im türkischen Gaziantep und innerhalb Syriens arbeiteten, kümmerte sich die Interimsregierung um die Gesundheitsversorgung, die Wiederherstellung von Stromnetzen und Wasserleitungen, Bildungsangebote und die Bereitstellung von Nahrungsmitteln in »befreiten« Regionen. Dort konkurrierte sie zunehmend mit islamistischen Gruppen, die ihrerseits Dienstleistungen anboten.

Wie die Opposition insgesamt kämpfte auch die Interimsregierung mit internen Querelen, vor allem bei der Vergabe und dem Einsatz von Mitteln und der personellen Besetzung von Ämtern. Daneben war sie dauerhaft unterfinanziert. Die zu Beginn von Qatar zur Verfügung gestellten 50 Millionen US-Dollar waren 2015 aufgebraucht, auch weitere sechs Millionen US-Dollar der USA konnten an ihrem schleichenden finanziellen Kollaps nichts ändern. Ab 2015 konnten Gehälter nur noch unregelmäßig bezahlt werden, seit Mitte 2017 gar nicht mehr. Die Mitarbeit in der Interimsregierung ist seitdem ehrenamtlich. Dabei nehmen ihre Vertreter vor Ort ein erhebliches Risiko auf sich, denn sie werden sowohl vom Regime als auch von dschihadistischen Gruppen bekämpft. Der Minister für lokale Verwaltung starb im September 2016 bei einem Anschlag durch einen Selbstmordattentäter in der südsyrischen Stadt Inkhil.

Gescheitert ist die Interimsregierung vor allem daran, dass westliche Akteure nicht bereit waren, militärisch abzusichern, was sie politisch investieren wollten. Regionen und Orte, in denen sie sich um den Aufbau von Strukturen bemühte, wurden Schritt für Schritt von Dschihadisten eingenommen und regelmäßig vom Regime bombardiert. Um dies zu verhindern, hätte es eine Flugverbotszone über den Oppositionsgebieten und eine substanzielle Unterstützung derjenigen Rebellen gebraucht, die die Interimsregierung anerkannten. Beides wurde jahrelang gefordert – vergeblich.

Die Gruppe der Freunde des syrischen Volkes beschränkte sich darauf, eine politische Lösung, einen Abtritt des Regimes und eine

Neugestaltung der politischen Ordnung zu beschwören, ohne das Nötige dafür zu tun. Ausgerechnet die Interimsregierung, die als Modell für eine zukünftige rechtsstaatliche und den Bürgern verpflichtete Regierung gedacht war, ließ sie im Stich. Krankenhäuser wurden gebaut und vom Regime zerbombt, Strommasten, Solaranlagen, Krankenwagen und Schulen zerstört. Statt ihre Arbeit und ihre Angestellten in Syrien vor dem Regime zu schützen und gegenüber den Dschihadisten zu stärken, konzentrierten sich Amerikaner und Europäer auf den eigenen Anti-Terror-Kampf: die Luftschläge gegen den IS. Seit dessen Vorrücken im Jahr 2014 stand aus westlicher Sicht die militärische Bekämpfung des Kalifats im Vordergrund und nicht mehr der Aufbau repräsentativer und effektiver oppositioneller Strukturen.

Neben der breit aufgestellten Nationalen Koalition und der halblebigen Interimsregierung entwickelten sich zwei kleinere Plattformen – die Moskau-Gruppe und die Kairo-Gruppe. Während die Nationale Koalition eine Zusammenarbeit mit Assad in einer Übergangsphase ausschließt und einen echten Neuanfang anstrebt, lehnen beide diesen Kurs als zu radikal und deshalb wenig erfolgversprechend ab. Die Moskau-Gruppe wird vom kommunistischen Politiker Qadri Jamil angeführt. Sie steht (wie der Name schon sagt) Russland nahe und lehnt jegliche Einmischung des Westens ab. Forderungen nach einem Rückzug Assads zum jetzigen Zeitpunkt betrachtet sie als kontraproduktiv, weil sie eine Verhandlungslösung von vornherein verunmöglichen. Die Kairo-Gruppe mit dem bekannten Schauspieler Jamal Suleiman an der Spitze kritisiert die Militarisierung und Islamisierung der Revolution und setzt auf eine ausschließlich politische Lösung, um das unterdrückerische Regime durch einen demokratischen Staat zu ersetzen.

Fast alle prominenten Regimegegner engagieren sich auf die eine oder andere Weise in der Exil-Opposition, nur eine kleine Gruppe von Kritikern war nach Ausbruch der Revolution in Syrien geblieben und hatte sich ebenfalls organisiert. Ihnen ging es nicht in erster Linie um den Sturz Assads, sondern um eine innersyrische Verhandlungslösung mit dem Regime. Sie lehnten jede militärische Einmischung von außen ab und wurden deshalb zunächst geduldet. Zu ihnen zählten das im September 2011 gegründete Nationale Koordinierungskomitee für demokratischen Wandel (NCC), ein Zusammenschluss von linken, nationalistischen und kurdischen Parteien, und die 2012 entstandene Bewegung Building the Syrian State (BSS) unter der Führung des alawitischen Dissidenten Louay Hussein, beide mit Sitz in Damaskus. Ihre Vertreter und Mitglieder wurden vom Regime als Beweis für die Duldung oppositioneller Aktivitäten benutzt und dabei regelmäßig schikaniert, eingeschüchtert und verhaftet.

Viele Assad-Gegner bezeichneten die Inlandsinitiativen als Pseudoopposition, die sich vom Regime instrumentalisieren lasse. Diese entgegneten, das Regime von außen zu kritisieren sei bequem, und man müsse sich die Bedingungen klarmachen, unter denen sie in Syrien arbeiteten.[18] Mit den Aktivitäten von Building the Syrian State war 2015 zunächst Schluss. Aus Angst vor weiteren Repressalien setzte sich BBS-Präsident Louay Hussein heimlich ins Ausland ab, Mitglieder seiner Bewegung fühlten sich verraten und gegenüber dem Regime im Stich gelassen. Das Beispiel zeigt, dass selbst gemäßigte Kritik aus Sicht des Regimes unerwünscht ist. Wer sich als Oppositioneller nicht von den Herrschaftsstrukturen vereinnahmen lässt – indem er Minister für nationale Versöhnung oder »unabhängiger« Parlamentsabgeordneter wird – gilt als Feind.

*Bemüht um Einigkeit*

Mit der Zeit gelang es der Opposition, die Reihen zu schließen. Angesichts der Gewalteskalation in ihrer Heimat überwanden die meisten Regimegegner ihre Differenzen. Sie mussten geeint auftreten, sonst hatten sie keine Chance. Besonders deutlich wurde dies ab Oktober 2015, als Russland direkt militärisch intervenierte, um Assad an der Macht zu halten. Im Dezember 2015 trafen sich 116 Syrer in der saudischen Hauptstadt Riad, um eine gemeinsame

Vision für eine politische Lösung des Konflikts zu entwickeln. Neben der Nationalen Koalition nahmen auch die beiden Inlandsorganisationen Nationales Koordinierungskomitee für demokratischen Wandel und Building the Syrian State sowie die Kairo-Gruppe teil, außerdem die wichtigsten bewaffneten Gruppen (Freie Syrische Armee, Ahrar al-Sham und Dschaisch al-Islam) sowie unabhängige Personen. Nur Verteter der Moskau-Gruppe und der Partei der Demokratischen Union (PYD) – der einzigen kurdischen Partei mit einer militärischen Präsenz im Land – waren nicht dabei.

In ihrem Abschlussdokument bekannten sich die Oppositionellen zur territorialen Einheit Syriens, zum zivilen Charakter des syrischen Staates, zu einer Dezentralisierung der Verwaltungsstrukturen, zu demokratischen Mechanismen und zu einem pluralistischen System, in dem alle Syrer – Frauen und Männer – unabhängig von ihrer Religion, Konfession und Ethnie repräsentiert sein sollten und das auf den Prinzipien der Menschenrechte, auf Transparenz, Rechenschaftspflicht und Rechtsstaatlichkeit basierte. Die Teilnehmer verpflichteten sich, staatliche Institutionen zu erhalten unter der Bedingung, dass die Einrichtungen der Staatssicherheit und des Militärs restrukturiert würden. Vor dem Beginn von Verhandlungen sollten die UN das Regime zu »Gesten des guten Willens« verpflichten – es sollte unter anderem politische Gefangene freilassen, oppositionelle Gebiete nicht länger belagern, humanitäre Hilfskonvois genehmigen und den Beschuss von Wohngebieten mit Fassbomben stoppen. Am Ende gründeten die Oppositionellen ein Hohes Verhandlungskomitee (HNC), das aus 34 Mitgliedern bestand und ein Team für Gespräche mit dem Regime zusammenstellen sollte.

Nicht nur die Opposition raufte sich zusammen – auch die internationale Gemeinschaft. Jahrelang hatten die beiden Lager der Assad-Unterstützer und Assad-Gegner nicht kooperiert, sondern sich gegenseitig beschuldigt, den Weltsicherheitsrat blockiert und in dem Konflikt eigene Interessen verfolgt. Verschiedene Initiativen der UN-Sondergesandten Kofi Annan (Februar bis August

2012), Lakhdar Brahimi (2012 bis 2014) und Staffan de Mistura (seit 2014) scheiterten am fehlenden Willen aller Beteiligten. Erst im Herbst 2015 – als Russland Assad mit militärischen Mitteln rettete und nachdem die US-geführte internationale Koalition bereits seit einem Jahr den IS bekämpfte – gelang mit der Gründung der Internationalen Syrien-Unterstützergruppe oder auch Syrien-Kontaktgruppe (ISSG) eine erneute diplomatische Initiative. Sie umfasst mehr als 20 Staaten und Organisationen und wird von Russland und den USA geleitet.

Zuvor hatten Verbündete und Feinde des syrischen Regimes nur einmal, im Juni 2012, effektiv zusammengearbeitet. Damals verfassten die fünf Vetomächte, die Arabische Liga, die Türkei und die EU gemeinsam die Genfer Erklärung, die zwar ohne syrische Beteiligung zustande kam, aber einen von Syrern gestalteten politischen Prozess vorsah und bis heute als Grundlage einer Verhandlungslösung gilt. Sie erwähnte erstmals eine Übergangsregierung mit voller Exekutivgewalt, die im gegenseitigen Konsens aus Mitgliedern von Regierung und Opposition zusammengestellt werden sollte. Über die Rolle Assads sagt sie nichts.

An diese Genfer Erklärung knüpfte die ISSG im Herbst 2015 in Wien an. Sie einigte sich auf einen Fahrplan für Verhandlungen zwischen dem Regime und der Opposition und bereitete den Boden für die UN-Resolution 2254, die der Weltsicherheitsrat am 18. Dezember 2015 einstimmig verabschiedete. Ein Durchbruch, so schien es damals. Ein weiteres Stück Papier, wissen wir heute. Die Resolution forderte ein sofortiges Ende der Angriffe auf Zivilisten und zivile Einrichtungen, den ungehinderten Zugang für humanitäre Hilfsorganisationen zu allen Gebieten und allen bedürftigen Menschen und die Freilassung von willkürlich verhafteten Personen. Zur Durchsetzung einer landesweiten Waffenruhe war ein internationaler Mechanismus geplant, ISSG-Mitgliedsstaaten sollten entsprechenden Druck auf ihre Verbündeten in Syrien ausüben. Für Januar 2016 sah der Sicherheitsratsbeschluss direkte Verhandlungen zwischen Regime und Opposition unter UN-Vermittlung vor. Innerhalb von sechs Monaten sollte eine »glaubwürdige und inklusive« Regierung gebildet und ein Zeitplan für eine neue Verfassung festgelegt werden, damit innerhalb von 18 Monaten freie und faire Wahlen unter UN-Beobachtung stattfinden könnten.

Anfang 2016 hatte der UN-Sondergesandte also scheinbar gute Voraussetzungen für eine Wiederaufnahme der Gespräche in Genf: eine UN-Resolution als Grundlage, eine internationale Gemeinschaft, die sich dazu bekannte, ein Regime, das sein Überleben Russlands Luftwaffe verdankte und entsprechend auf Druck reagieren würde, und eine weitgehend geeinte Opposition mit einer Verhandlungsdelegation, die fast alle Regimegegner repräsentierte. Zu den ab Februar stattfindenden intrasyrischen Gesprächen lud de Mistura weitere Gesellschaftsgruppen – Frauenorganisationen, zivilgesellschaftliche Gruppen, Vertreter der Moskau-Gruppe, der Kairo Gruppe und der PYD – als Berater nach Genf, um ein möglichst breites Spektrum der syrischen Opposition miteinzubeziehen. Die Syrer sollten über die Themen Regierung, neue Verfassung und Wahlen reden, das Regime setzte als vierten Schwerpunkt noch Anti-Terror-Kampf und Sicherheit durch. Doch zu direkten Gesprächen kam es nie, weil die Situation in Syrien weiter eskalierte und sich Regime und Opposition gegenseitig als Terroristen bezeichneten.

Zwei internationale Einsatzgruppen (Task Forces) jeweils unter gemeinsamer Führung von Moskau und Washington wurden zusammengestellt – eine zur Durchsetzung der Waffenruhe, eine für den ungehinderten Zugang humanitärer Hilfe. Ohne nachhaltigen Erfolg. Am Ende scheiterte auch diese Initiative. Ein kurzfristiger Rückgang der Gewalt, ein paar Hilfskonvois, indirekte Gespräche zwischen de Misturas Team und den Delegationen des Regimes und des HNC, Drohungen, Vorwürfe, das war alles. Der Krieg ging nicht nur weiter wie bisher, er eskalierte.

Hauptgrund dafür war die Hintertür des »Anti-Terror-Kampfes«, welche die UN-Resolution 2254 weiter offen hielt. Der Text erlaubte ausdrücklich die Fortsetzung des Kampfes gegen Terrorgruppen wie den IS und die Nusra-Front und »mit ihnen verbündete Gruppen«, ihre Rückzugsgebiete waren von der Waffenruhe ausgenommen und sollten »ausgelöscht« werden. Das war der Freibrief, den das Regime brauchte, um sämtliche oppositionellen Regionen weiter anzugreifen, abzuriegeln, zu bombardieren und so seinen Vernichtungskrieg gegen Zivilisten fortzusetzen. Denn im Gegensatz zum IS, dessen Herrschaftsgebiet klare Grenzen hatte, war die Nusra-Front vielerorts mit dem bewaffneten Widerstand verwoben, eine Präsenz oder Verbindung zur Nusra-Front ließ sich fast überall finden, und sei sie noch so klein.

Mit Russland und Iran an seiner Seite würde Assad nicht ruhen, bis er seine »Terroristen«, also alle seine Gegner, vertrieben, unterworfen oder vernichtet hatte. Die UN-Resolution 2254 sollte Zivilisten schützen und versorgen, bewirkte jedoch das Gegenteil. Das Regime hatte dank des Beschlusses und der Handlungsunfähigkeit der Welt freie Hand für das apokalyptische Drehbuch, dem es in Homs, Ost-Aleppo, Ost-Ghouta, Daraa und Idlib folgte.

*Gefangen in alten Ideologien, gescheitert am Verhandlungstisch*

Eine ernst gemeinte diplomatische Kraftanstrengung hat es seit damals nicht mehr gegeben. Nach der Rückeroberung von Ost-Aleppo durch das Regime im Dezember 2016 ergriff Moskau die Initiative in der Hoffnung, den Rebellen und der Opposition nach dem schweren Verlust von Aleppo eine Lösung diktieren zu können. Im Januar 2017 starteten die drei am stärksten involvierten Kriegsparteien Russland, Iran und Türkei ihr eigenes Format in der kasachischen Hauptstadt Astana, wo es um eine militärische Deeskalation in Vorbereitung von weiteren Gesprächen in Genf ging. Schließlich hatten die letzten Jahre gezeigt, dass man erst verhandeln kann, wenn keine Bomben und Raketen mehr einschlagen. Die Treffen in Astana sollten den Genfer Prozess insofern nicht ersetzen, sondern ergänzen, was der UN-Sondergesandte de Mistura grundsätzlich begrüßte.

In Astana wurden aus Waffenruhen Deeskalationszonen, die den Namen nicht verdienten, weil Russland und Iran sich an Assads »Anti-Terror-Kampf« beteiligten, statt ihn zur Mäßigung zu bringen. Und weil die Türkei Anfang 2018 im Norden eine weitere Front gegen die Kurden aufmachte und damit Hunderttausende Menschen in bis dahin relativ ruhigen Gebieten in den Krieg hineinzog, statt in den Provinzen Idlib und Aleppo für einen Rückgang der Gewalt zu sorgen. Alle drei Staaten versagten in ihrer Rolle als Garantiemächte für Deeskalation, weil sie zugleich Interventionsmächte sind, die ihre eigenen Interessen militärisch verfolgen.

Die Opposition verlor weiter an Rückhalt und Legitimität. Angesichts der Radikalisierung des bewaffneten Widerstandes, der Verhärtung der Fronten zwischen Arabern und Kurden und des wachsenden konfessionellen Hasses innerhalb der syrischen Gesellschaft veränderte sich auch das Selbstverständnis der Regimegegner. Sie wurden nicht nur in den Köpfen, sondern auch auf dem Papier arabischer und islamischer. Im September 2016 legte das Hohe Verhandlungskomitee einen detaillierten Vorschlag für einen politischen Übergang vor. Diese »Exekutiven Rahmenbedingungen für eine politische Lösung in Übereinstimmung mit der Genfer Erklärung von 2012« beschäftigen sich sehr konkret mit allen relevanten Themen. Das politische System soll auf Demokratie, Pluralismus und Bürgerrechten bauen und die Gleichberechtigung aller Syrer garantieren, unabhängig von Hautfarbe, Geschlecht, Sprache, ethnischer Herkunft, Meinung, Religion oder Ideologie. Konkrete Vorschläge zur Rückkehr von Geflüchteten und Vertriebenen, zu Aussöhnungsprogrammen und Wiederaufbau sind ebenso enthalten wie die Themen Übergangsjustiz, Gewaltenteilung und politische Unabhängigkeit des Militärs. Ausländische Einmischung wird in jeder Form abgelehnt, und sämtliche ausländischen Kämpfer, Milizionäre, Söldner oder paramilitärischen Einheiten sollen Syrien verlassen. Letzteres beträfe sowohl Regimegegner als auch Assad-Anhänger – tschetschenische Dschihadisten und tunesische Salafisten müssten ebenso gehen wie afghanische Söldner, iranische Kommandeure, russische Soldaten, irakische Milizionäre und Hisbollah-Mitglieder.

Allerdings betont das Dokument den »arabisch-islamischen Charakter« Syriens, was aus Sicht der religiösen Minderheiten und der Kurden ein Rückschritt im Vergleich zu früheren Erklärungen ist. Im Abschlusstext von Riad vom Dezember 2015 hatte die Opposition keine Religion oder Ethnie besonders hervorgehoben, sondern von einem pluralistischen System gesprochen, in dem alle syrischen Gruppen gleichermaßen repräsentiert sein würden. In den »Exekutiven Rahmenbedingungen für eine politische Lösung« wird Syrien als »integraler Bestandteil der arabischen Welt« bezeichnet, die arabisch-islamische Kultur wird als »fruchtbare Quelle der intellektuellen Produktion und der sozialen Beziehungen aller Syrer« genannt. Das Thema der Kurden soll als »nationales syrisches Thema« behandelt werden, den Kurden werden ihre ethnischen, kulturellen und sprachlichen Rechte zugesichert. Die Verwaltung soll dezentralisiert werden, ohne die Einheit des Landes zu gefährden, was als Absage an eine föderale Ordnung verstanden werden kann.[19]

Begründet wird diese arabisch-islamische Identität damit, dass die Mehrheit der Syrer Araber und Muslime sind. Dabei übersehen die Verfasser zwei Tatsachen: Erstens ist der Islam nicht nur arabisch geprägt, sondern wurde und wird von vielen anderen Volksgruppen und Kulturen beeinflusst – der berühmte Mediziner Ibn Sina (Avicenna) war Perser, Saladin, der Held im Kampf gegen die Kreuzritter, war Kurde, und die meisten Muslime der Welt sind Asiaten. Zweitens ist die arabische Kultur nicht nur vom Islam geprägt. Araber waren zunächst Heiden, Juden und Christen, und im Nahen Osten leben auch nach der Ausbreitung des Islams viele andere Religionsgruppen, die die arabische Kultur entsprechend beeinflussen. Der Text zeigt insofern, wie gefangen die Opposition bis heute in den Ideologien der vergangenen Jahrzehnte ist – dem arabischen Nationalismus und Islamismus. Statt eine syrische Identität in den Vordergrund zu stellen, die sämtliche Ethnien und Konfessionen des Landes umfasst, wird die arabische und islamische Identität hervorgehoben und damit eine Vorrangstellung von Arabern und Muslimen gegenüber anderen Syrern postuliert. Diese Haltung erschwert eine Einigung mit den Kurden und das Herstellen von Vertrauen bei den nichtmuslimischen Bevölkerungsteilen erheblich.

In Sachen Pluralismus hat die Opposition nichts dazugelernt, sondern verharrt in der oberflächlichen und verlogenen Rhetorik des Regimes, wonach alle Syrer brüderlich zusammenleben, sodass man über konfessionelle Spannungen und ethnische Befindlichkeiten besser gar nicht spricht. Damit reproduziert sie alte Reflexe und schürt verdeckte Ressentiments, die das Regime für sich zu nutzen weiß.[20] Denn die zweifellos beeindruckende Selbstverständlichkeit des Zusammenlebens verschiedener Gesellschaftsgruppen wurde unter den Assads Teil einer Strategie zum Machterhalt.

Die einzig sinnvolle Gegenstrategie besteht in einer radikal ehrlichen Beschäftigung mit sämtlichen unterschwelligen Vorurteilen und tief sitzenden Ängsten sowie einer umfassenden und offenen Gesellschaftsdebatte darüber, wie Araber und Kurden, Sunniten, Christen, Alawiten, Drusen, Ismaeliten und Schiiten zusammenleben wollen. Können die Syrer ihren Nationalismus überwinden und ihr Land Syrische Republik nennen statt Arabische Republik Syrien? Kann eine Frau Präsidentin werden? Auch wenn sie Christin oder Kurdin ist? Könnte Kurdisch neben Arabisch zur zweiten Amtssprache werden? Und Religion zur Privatsache erklärt werden, die vom Staat zu schützen ist – egal um welchen Glauben es sich handelt? Oder muss (wie bisher) der Präsident Muslim und die Scharia Grundlage der Gesetzgebung sein?

Zugegeben – in der aktuellen Situation sind das Fragen mit großer Sprengkraft, die heftige Reaktionen auslösen würden. Und warum sollte die syrische Gesellschaft in diesem Punkt weiter sein als die deutsche, die mit einer kopftuchtragenden Ministerin oder einem muslimischen Kanzler erhebliche Probleme hätte? Obwohl die Deutschen seit Jahrzehnten unter einer Verfassung leben, die keinen Unterschied zwischen den Religionen und Ethnien macht. Nirgendwo im Grundgesetz ist von einer »christlich-germanisch« geprägten Bundesrepublik die Rede – doch in den Köpfen vieler Bürger und mancher Politiker scheint sie sehr lebendig. Dennoch sind diese Fragen für Syriens Opposition essenziell. Schließlich geht es um den Aufbau eines alternativen politischen Systems, das – wie alle Regimegegner übereinstimmend festgehalten haben – demokratisch, rechtsstaatlich und pluralistisch sein soll.

Leider haben Syriens Oppositionelle von Anfang an versäumt, das Denk- und Sprachverbot des Regimes aufzubrechen und dem offiziellen Diskurs (»wir sind Araber und haben uns alle lieb«) sowie der inoffiziellen Propaganda (»Achtung, die Sunniten wollen euch alle umbringen«) eine offensive Identitätssuche entgegenzusetzen. Statt sich direkt und konkret an die Alawiten in den Regimegebieten zu wenden, um sie aus Assads Geiselhaft zu befreien, wurde auf einzelne alawitische Oppositionsvertreter verwiesen. Statt Kirchenvertreter außerhalb Syriens miteinzubeziehen, um Patriarchen und Bischöfe im Land in ihrer Funktion als Sprachrohre des Regimes zu entlasten, und gläubigen Christen das Gefühl zu geben, auch nach einem Ende des Assad-Regimes eine Zukunft in Syrien zu haben, wurden Ämter mit christlichen Oppositionellen besetzt, die sich als säkular verstehen.

Unfähig, eine eigene Vision für eine syrische Identität zu entwickeln, klammerten sich die meisten Oppositionellen an das, was sie kannten: den arabischen Nationalismus als einigendes Band. Eine Umbenennung des Landes in eine Syrische Republik ist für diese Politiker unvorstellbar, Kurden werden zum Teil als »Schuhputzer«, »Separatisten«, »Ungläubige« oder »Terroristen« bezeichnet. Viele syrische Kurden fühlen sich deshalb vor den Kopf gestoßen, sie verloren früh jede Hoffnung auf die nationalistisch auftretende Exil-Opposition und entwickelten selbst einen zunehmend radikalen kurdischen Nationalismus. Statt die gesellschaftlichen Fronten zu schließen und die verschiedenen Gruppen zu einen, bewirkte die Opposition das Gegenteil. Sie spaltete und säte Hass – wie das Regime.

Selbst das breite Bündnis des Hohen Verhandlungskomitees konnte die Ideale und Protagonisten der Revolution nicht glaubhaft vertreten oder verteidigen. Seine Mitglieder ließen sich beeinflussen, übernahmen den Diskurs ihrer Unterstützer (im Falle der Nationalen Koalition die Anti-PYD-Propaganda der Türkei), waren bei Verhandlungen angesichts der militärischen Übermacht des Regimes stets in der Defensive und stellten unrealistische Forderungen.

Tatsächlich war eine diplomatische Lösung des Konfliktes von Anfang an aussichtslos, da die Positionen der beiden Kontrahenten unvereinbar sind und für eine Einigung der Druck von außen fehlte. Das Assad-Regime war fest entschlossen, an der Macht zu bleiben, koste es, was es wolle. Es hatte keinerlei Interesse an einem politischen Übergang, der mit Machtverlust einherging, weil dies über kurz oder lang sein Ende bedeutet hätte. Nach übereinstimmenden Aussagen verschiedener Unterhändler zeigte die von Syriens UN-Botschafter Bashar al-Dschafari angeführte Delegation zu keinem Zeitpunkt Bereitschaft zum Kompromiss. Sie verweigerte jedes Gespräch über eine Übergangsregierung, die Rolle Assads, eine neue Verfassung oder international überwachte Wahlen. Die Abordnung fuhr nach Genf, weil Russland es so wollte. Dadurch konnte das Regime jahrelang Gesprächsbereitschaft vortäuschen und Zeit für einen militärischen Sieg gewinnen.

Die Opposition strebte dagegen einen Regierungswechsel an – politisch ausgehandelt, schrittweise vollzogen, aber umfassend. Mit einer Übergangsregierung und dem Ziel, ein neues demokratisches System aufzubauen. Sie wusste, dass eine Reform des bestehenden Regimes unmöglich war, da jede Lockerung oder Öffnung einen Riss im totalitären System verursachen und das Gesamtkonstrukt zum Einsturz bringen würde. Deshalb erwecken Assads »Reformen« immer nur den Anschein von Veränderungen, ohne an den Grundfesten seiner Macht zu rühren. Genau um diese Grundfesten aber geht es bei einem glaubwürdigen Transformationsprozess. Eine Zusammenarbeit mit »Regimevertretern, an deren Händen Blut klebte«, lehnte die Opposition von vornherein ab. Daneben forderte sie, die Verantwortlichen für Kriegsverbrechen vor Gericht zu stellen. Das war zwar moralisch nachvollziehbar, machte aber jede Verhandlungslösung unmöglich. Warum sollte Assads Herrscherclique ihre eigene Entmachtung, ihre Überstellung nach Den Haag oder ihr Todesurteil unterschreiben? Es ging um alles oder nichts. Und am Ende stand die Opposition vor dem Nichts.

Oberflächlich betrachtet gibt es keinen Grund mehr, in Genf zu verhandeln. Worüber sollte man reden? Über eine Verfassungskommission, die schreiben wird, was Assad und Putin wünschen? Wahlen, die so lange eine Farce bleiben, wie das Regime sie von Anfang bis Ende organisiert? Humanitäre Hilfe, die Damaskus in beschämendem Ausmaß politisieren kann? Und doch macht de Mistura weiter. Er lädt nach Genf, um klarzustellen, dass die UN in Sachen Syrien den Hut aufhaben, um Gespräche am Leben zu halten, um der Opposition die Möglichkeit zu geben, überhaupt gehört zu werden, und um die internationalen Akteure zu zwingen, sich in Sachen Syrien zusammenzusetzen. Vor allem aber soll die Welt Syrien nicht vergessen. Das ist bislang tatsächlich das einzige Verdienst der regelmäßigen Treffen – die Medien berichten, die Menschen nehmen Notiz.

Ansonsten erwies sich die Diplomatie im Syrienkonflikt als Totalausfall. Unzählige Gesprächsrunden und Konferenzen – ob in Genf, Wien oder Astana – haben nichts bewirkt. Weder konnten sie die Gewalt dauerhaft reduzieren noch die humanitäre Versorgung von belagerten Zivilisten durchsetzen – von einer politischen Lösung ganz zu schweigen. Während die internationale Gemeinschaft jahrelang die Illusion einer Verhandlungslösung beschwor und mit allen Mitteln am Leben hielt, wurde der Krieg am Boden militärisch entschieden.

# 4. Spielfeld Syrien.
# Wie ausländische Interessen den Konflikt befeuern und Frieden verhindern

Im Zusammenhang mit Syrien wird oft das Bild vom Schachbrett bemüht. Es soll veranschaulichen, dass externe Mächte ihr strategisches Spiel auf syrischem Boden austragen und die Syrer wie Schachfiguren hin- und herrücken. Ein klassischer Stellvertreterkrieg, so scheint es. Doch das Bild passt nicht mehr. Denn weder stehen sich zwei klare Blöcke – Schwarz und Weiß – gegenüber, noch geht es den externen Spielern darum, der einen oder anderen Seite zum Sieg zu verhelfen. Vielmehr wollen sie sich einen Platz auf dem Brett sichern, um eigene Interessen durchzusetzen. Syrien ist deshalb eher ein Spielfeld – es ist nicht das Ziel, sondern nur der Ort zur Verfolgung anderer Prioritäten. Klingt kompliziert? Ist es auch. Aber wer den Dschungel ausländischer Interessen in Syrien nicht durchdringt, kann den Konflikt nicht lösen. Schaffen wir also Ordnung – zunächst in unseren Köpfen.

Statt die verschiedenen Interventionsmächte in die Kategorien Pro- oder Anti-Assad einzuteilen, beurteile ich sie nach der Konsistenz ihrer Strategie und der Entschlossenheit ihrer Durchsetzung. Verfolgten sie von Anfang an eine klare Linie und konnten sie dadurch ihre Ziele erreichen? Oder widersprachen sich

Worte und Taten regelmäßig, sodass aus ihrer Strategielosigkeit mit der Zeit eine Handlungsunfähigkeit erwuchs? Interessanterweise landen die ursprünglichen Assad-Gegner – Europa, USA, Saudi-Arabien und Qatar – und die langjährigen Assad-Unterstützer – Russland und Iran – dadurch trotzdem in den gleichen Schubladen. Das bedeutet, das syrische Regime hatte von Anfang an ausländische Mächte an seiner Seite, die genau wussten, was sie in Syrien wollten, und bereit waren, alles dafür zu tun. Wohingegen all jene, die Assad rhetorisch den Rücken kehrten, weder einen Plan noch die Bereitschaft hatten, eine syrische Alternative zum Regime aufzubauen, und sich deshalb nur punktuell und widersprüchlich für eigene Interessen engagierten. In einer dritten Gruppe sind all jene Staaten aufgeführt, die im Umgang mit der Krise eine große Flexibilität aufweisen, weil sie (ob mit oder ohne eigenes Zutun) unmittelbar davon betroffen sind und sich vor allem um Schadensbegrenzung bemühen. Dies trifft vor allem auf die Nachbarländer Syriens zu – die Türkei, den Irak, Jordanien und den Libanon.

## Wer weiß, was er will, tut, was ihm nutzt

*Russland, die Weltmacht*

Ohne Russland keine Lösung in Syrien. Auf diesen Satz können sich alle einigen. Die Regierung in Moskau ist international der entscheidende Akteur des Konflikts, weil sie diplomatisch, politisch und militärisch den Ton angibt. Und das nicht erst seit ihrer direkten Militärintervention ab Oktober 2015, mit der sie dem bedrängten Assad das Überleben sicherte und die Wende in dem Krieg einleitete. Schon zuvor war Russland Syriens wichtigster Waffenlieferant, zuverlässige Schutzmacht im Weltsicherheitsrat und langjähriger Bündnispartner – schließlich stand das formal sozialistische Baath-Regime in Damaskus über Jahrzehnte der Sowjetunion nahe.

Nach deren Zerfall war Moskaus Macht zusehends zerbröckelt. Die ehemaligen Sowjetrepubliken konnte es nicht dauerhaft an sich binden, im Nordkaukasus brachen regionale Konflikte aus, Zentralasien wandte sich wirtschaftlich China zu. Gleichzeitig kam die NATO mit ihrer Osterweiterung dem russischen Staatsgebiet gefährlich nah. Nachdem auch die arabische Welt im Laufe der 2000er-Jahre fast komplett unter amerikanischen Einfluss geraten war (mit Ägypten, Saudi-Arabien, Jordanien, dem Irak und dem Libanon), galt Syrien als Russlands letzter Brückenkopf in Nahost – inklusive des einzigen Marinestützpunktes außerhalb des postsowjetischen Raumes. Damaskus zu halten war folglich wichtig, um im Mittelmeerraum präsent zu bleiben. Der letzte Tropfen, der das Fass aus russischer Sicht zum Überlaufen brachte, fiel in Libyen. Im März 2011 ermöglichte Moskau mit seiner Enthaltung im UN-Sicherheitsrat eine NATO-Intervention in Libyen, die das Gaddafi-Regime kurz darauf wegbombte, obwohl sie laut Mandat nur Zivilisten hätte schützen sollen.

Das Maß war voll – und Wladimir Putin fest entschlossen. Nie mehr sollte der Weltsicherheitsrat über den Fortbestand unliebsamer Autokraten entscheiden können, nie mehr seinen Segen geben, wenn der Westen einen »Regimewechsel« von außen herbeiführen wollte. In Syrien würde es anders laufen, dort würde Russland entscheiden und damit zu alter Größe zurückfinden.

Putin wusste deshalb von Anfang an, was zu tun war. Er ließ Assad Krieg führen, wie er wollte, stattete ihn mit den notwendigen Waffen aus, schickte ihm Militärberater und verhinderte im Weltsicherheitsrat die Verabschiedung von kritischen Resolutionen. Nach dem Giftgasangriff auf die Vororte von Damaskus im August 2013 gelang dem Kremlchef ein diplomatischer Coup. Er verpflichtete das Regime zur Abgabe und Vernichtung seiner Chemiewaffenbestände durch die Organisation für das Verbot chemischer Waffen (OPCW) und lieferte US-Präsident Barack Obama damit den höchst willkommenen Vorwand, um Damaskus (trotz überschrittener roter Linie) nicht angreifen zu müssen. Statt international für die Vergasung von mehr als 1400 Zivilisten bestraft zu werden, wurde das Assad-Regime zum Partner, die Inspektoren der OPCW erhielten kurz darauf den Friedensnobelpreis.

Doch die Rückendeckung aus Moskau reichte nicht. Das syrische Regime geriet zunehmend in die Defensive, im Sommer 2015 drohten die Aufständischen in Assads Kernland an der Küste vorzudringen. Ein Jahr zuvor hatte Obama Russland im Zusammenhang mit der Ukraine-Krise zur »Regionalmacht« degradiert – aus Sicht des Kreml eine Erniedrigung, die nach einer Antwort verlangte. Jetzt war für Putin der Moment gekommen, um den Westen daran zu erinnern, mit wem er es zu tun hatte: einer Weltmacht. Er schickte Kampfjets, Jagdbomber und Kampfhubschrauber nach Syrien, außerdem Flugabwehrsysteme, Panzer, Marineinfanterie und Sondereinsatzkräfte. Insgesamt wurden mindestens 2000 Soldaten nach Syrien verlegt, hinzu kommt eine unbekannte Zahl von Söldnern der Gruppe Wagner, eines kremlnahen privaten Sicherheitsunternehmens, das als paramilitärische Organisation russische Militäreinsätze unterstützt und auch auf der Krim im Einsatz war.

Offiziell ging es um die Bekämpfung islamistischer Terroristen, in Wirklichkeit bombardierte die russische Luftwaffe sämtliche von Rebellen kontrollierte Gebiete ohne Rücksicht auf deren Bewohner. Außerdem nahm sie zivile Einrichtungen ins Visier. Nach der Statistik des Syrischen Netzwerks für Menschenrechte (SNHR) hat Russland bis Mai 2018 insgesamt 167 Krankenhäuser, 169 Schulen und 55 Marktplätze gezielt angegriffen. Immer wieder setzte es Streumunition (223 Angriffe), Brandbomben (122 Einsätze) und bunkerbrechende Waffen ein, die in ziviler Umgebung international geächtet sind.[1] Ziel war es, möglichst viele Gebiete für Assad zurückzuerobern, um dessen Macht zu stabilisieren. Das Regime hatte wieder die Oberhand.

Durch das russische Eingreifen kam auch diplomatisch Bewegung in den verfahrenen Konflikt. Als Assads Retter könnte Moskau diesen nun zu allerlei Zugeständnissen bewegen und den für eine politische Lösung notwendigen Druck aufbauen, so die Hoffnung. Manch Beobachter bezeichnete die Intervention deshalb als »konstruktiv«, was angesichts von 6133 durch Russland getöteten

Zivilisten (bis Mai 2018) für viele Syrer höhnisch klingt.[2] Doch immerhin setzten sich Unterstützer und Gegner des Regimes erstmals seit Jahren ernsthaft zusammen und einigten sich im Dezember 2015 auf die UN-Resolution 2254. Washington und Moskau leiteten gemeinsam zwei Einsatzgruppen, um die Gewalt einzudämmen und die Menschen humanitär zu versorgen. Doch gestärkt durch Russlands moderne Waffentechnik setzte das Regime weiterhin auf einen militärischen Sieg – und Moskau machte mit. Aus der Politik auf Augenhöhe wurde eine russische Dominanz. Mit dem Ende der Amtszeit von US-Präsident Obama und dessen Außenminister John Kerry verabschiedeten sich die USA aus der Syrien-Diplomatie. Anfang 2017 startete Moskau zusammen mit dem Iran und der Türkei den Astana-Prozess, bei dem Amerikaner und Europäer nur noch Zaungäste waren.

Putin hatte erreicht, was er wollte. Russland war als Weltmacht auf die internationale Bühne zurückgekehrt, hatte die USA als regionale Ordnungsmacht im Nahen Osten beerbt und sich eine militärische Dauerpräsenz im Mittelmeerraum gesichert. Nebenbei waren durch das Ausprobieren neuer Waffensysteme in Syrien auch noch deren Verkaufszahlen gestiegen.

»Der Weg zum Frieden in Syrien führt über Moskau«, schrieb ich im September 2016.[3] Allerdings ist dieser erst zur Hälfte beschritten. Denn die besondere Rolle Putins besteht nicht darin, Bashar al-Assad an der Macht zu halten, sondern ganz im Gegenteil: ihn zum Rückzug zu bewegen. Russland ist unter den Unterstützern des Regimes der einzige, der auf Assad verzichten kann, und hätte sowohl die politische als auch die militärische Macht, einen solchen Führungswechsel herbeizuführen. Die entscheidenden Fragen sind deshalb: Warum hat Moskau dies noch nicht getan? Und würden ein Abgang Assads und ein Machtwechsel à la Putin Syrien befrieden?

Womöglich laufen Vorbereitungen für einen solchen Schritt bereits hinter den Kulissen. Russland weiß, dass Syrien ohne massive finanzielle Hilfe aus dem Westen und von den Ländern am Golf nicht auf die Beine kommen wird und dass diese dafür auf einem politischen Übergang bestehen. Putin weiß auch, dass Präsident Assad für Millionen Syrer die Hauptschuld am jahrelangen Blutvergießen trägt, dass er symbolisch für Folter, Massenmord und Vertreibung steht und deshalb auf Dauer untragbar ist. Mit Assad an der Macht wird es keine gesellschaftliche Aussöhnung und keine nachhaltige Stabilität geben, er ist somit zum größten Hindernis für Frieden geworden. Und den will Russland auch – nach den eigenen Vorstellungen, versteht sich. Die kostenintensive Einmischung der vergangenen Jahre muss sich schließlich gelohnt haben.

Russland ist deshalb damit beschäftigt, diplomatisch zu besiegeln, was es militärisch investiert hat. Moskau möchte in Syrien einen autoritären Staat mit zentral gelenkten Institutionen und einer Führung, die sich Russland verpflichtet fühlt. Gern würde es auch Vertreter der Opposition darin eingliedern, um eine breitere gesellschaftliche Basis zu erhalten, doch die meisten Assad-Gegner stehen dieser russischen Vision skeptisch gegenüber. Das eigene militärische Engagement will der Kreml auf ein Minimum reduzieren, denn verunglückende Hubschrauber, abstürzende Kampfjets und getötete Soldaten machen schlechte Stimmung zu Hause. Für viele Russen ist die Syrien-Intervention ohnehin weit weg und wenig nachvollziehbar. Im Gegensatz zur Krim, wo es aus russischer Sicht um die Wahrung einer historischen russischen Identität geht, stehen in Syrien Interessen im Vordergrund, die sich dem durchschnittlichen Bürger kaum erschließen. Mittelfristig will Putin Syrien deshalb aus der Ferne lenken. Dafür genügen ihm zwei Militärbasen – der Marinehafen in Tartus und der Luftwaffenstützpunkt in Hmeimin – die Kontrolle über die syrische Erdöl- und Erdgasförderung und die erwähnte moskautreue Führung in Damaskus. Er könnte Assad zu einem gesichtswahrenden Abgang verhelfen und einen Nachfolger nach seinem Geschmack installieren, wahrscheinlich einen hochrangigen Militär oder einen einflussreichen Vertreter des Sicherheitsapparates.

Ein Name, der in diesem Zusammenhang oft auftaucht, ist Suhail Hassan. Der alawitische Oberst mit dem Kampfnamen *al-nimr* (der Tiger) machte Karriere bei der Luftwaffe und befehligt seit 2013 die Tiger Forces, die bekannteste halbstaatliche Spezialeinheit des Regimes. Hassan gilt als brutal und kompetent und arbeitet eng mit der russischen Luftwaffe zusammen, die den Tiger Forces schon mehrfach den Weg freibombte. Er erhielt diverse russische Auszeichnungen und wurde in Hmeimin von Putin persönlich empfangen. Sollte Hassan zu mächtig und eine Gefahr für Assad werden, könnte dieser ihn jedoch ausschalten, fürchten Anhänger. Bislang scheint Russland eine schützende Hand über den populären General zu halten.

Für die Syrer wäre mit diesem Personalwechsel nichts gewonnen, denn an der staatlichen Willkür, der Macht der Geheimdienste und den klientelistischen Strukturen des Regimes würde sich unter Hassan nichts ändern. Der Westen sollte sich auf einen solchen schmutzigen, weil oberflächlichen Deal – Abgang Assads für Milliardenhilfe beim Wiederaufbau – deshalb nicht einlassen, sondern auf einem glaubwürdigen Neubeginn inklusive einer Umstrukturierung des Sicherheitsapparates bestehen.

Noch ist die Zeit für einen gesteuerten Machtwechsel aus russischer Sicht nicht reif. Das Land soll zunächst mit Waffengewalt »stabilisiert«, sprich unter vollständige Kontrolle des Regimes gebracht werden, um dann die Bedingungen für einen Frieden diktieren zu können. Diese Bedingungen werden als politische Angebote verpackt sein, um sie der geschlagenen Opposition und dem Westen schmackhaft zu machen: die Ausarbeitung einer neuen Verfassung, die Abhaltung freier und demokratischer Wahlen, ein entsprechender Führungswechsel an der Spitze des Staates.

Allerdings gibt es einige Hürden auf diesem Weg. Erstens die amerikanische Militärpräsenz im Osten des Landes, die Russland gern beendet sähe. Zweitens der sich abzeichnende Konflikt zwischen Israel und Iran, der für Putin eine Zwickmühle darstellt – denn einerseits ist der Iran als zweiter wichtiger Assad-Unterstützer Moskaus Bündnispartner, andererseits will der Kreml sein gutes Verhältnis zu Israel nicht riskieren. Bisher lässt Putin die israelische Regierung gewähren, die mit gezielten Luftschlägen regelmäßig Waffenlieferungen an die Hisbollah, iranisch befehligte Milizen und Stellungen der Revolutionsgarden angreift. Doch sollte daraus ein offener Krieg erwachsen, müsste Russland sich deutlicher positionieren. Drittens wird der eigene Einfluss auf das Regime umso geringer, je fester Assad im Sattel sitzt. Schon in der Vergangenheit hat sich gezeigt, dass Damaskus nicht einfach Befehle aus Moskau empfängt – etwa wenn die Bombardierung von Deeskalationszonen weiterging, obwohl Moskau gerade eine entsprechende Waffenruhe ausgehandelt hatte. Oder wenn Putin eine politische Lösung beschwor, an der das Regime überhaupt kein Interesse zeigte und folglich auch nicht mitarbeitete. Assad ist keine Marionette in den Händen Moskaus – dafür ist der Einfluss des Irans zu wichtig. Und genau der entwickelt sich für Putin zur vierten und größten Hürde.

Je offensichtlicher die iranische Dominanz in Syrien wird, desto schwieriger gestaltet sich eine politische Lösung, wie Putin sie anstrebt. Denn die USA unter Donald Trump haben den Iran als neuen alten Feind auserkoren und sind fest entschlossen, dessen Expansionsbestrebungen im Nahen Osten zurückzudrängen. Die Europäer halten zwar formal am Atomabkommen mit Teheran fest, können die Eskalation zwischen dem Iran einerseits und den USA sowie Israel andererseits aber kaum aufhalten. Für eine internationale Lösung des Syrien-Konflikts, bei der auch der Westen mitzieht, müsste Russland folglich nicht nur Assad zum Rücktritt, sondern auch Teheran zum Rückzug bewegen. Nichts deutet darauf hin, dass die iranische Führung sich darauf einlässt. Putins genialer Drei-Stufen-Plan – erstens Assad stabilisieren und abhängig machen, ihn zweitens als Angebot an den Westen opfern, um drittens über eine Nachkriegsordnung zu bestimmen, die von allen finanziert wird, aber vor allem Russland nützt – droht am Iran zu scheitern. Dann hätte Moskau in Syrien seinen globalen Rivalen, den Westen, besiegt, um am Ende den Zweikampf mit einer verbündeten Regionalmacht zu verlieren.

*Der Iran auf Expansionskurs*

Von allen Beteiligten hatte der Iran in Syrien am meisten zu verlieren. Seit Jahrzehnten sind Damaskus und Teheran Verbündete. Nicht aus religiösen Gründen, wie manche Experten vermuten, weil die Assads als Alawiten formal den Schiiten zuzurechnen sind, sondern aus machtpolitischen und geostrategischen Erwägungen. Die beiden Regime hatten und haben einige gemeinsame Feinde: Saddam Hussein im Irak, das Lager um den Hariri-Clan im Libanon, Saudi-Arabien, Israel und die »imperialistischen Amerikaner«. Im Iran-Irak-Krieg (1980 bis 1988) stand Hafiz al-Assad als einziger arabischer Präsident auf der Seite des Irans. Außerdem sichert das syrische Regime seit Jahrzehnten die Nachschubwege zur Hisbollah in den Libanon, mit deren Hilfe Teheran den Druck auf seinen Erzfeind Israel aufrechterhält. Den braucht auch Damaskus, denn Israel besetzt bis heute Teile des syrischen Golan.

Neben Herrschaftsinteressen verfolgt der Iran aber auch ideologische Ziele. Seit der Islamischen Revolution 1979 bemüht er sich um deren Export in Länder mit großen schiitischen Bevölkerungsanteilen – in den Libanon, den Irak, den Jemen und nach Bahrain. Mit lokalen Parteien und Milizen versucht Teheran, die Politik des jeweiligen Landes mitzubestimmen, was im Libanon und im Irak bereits funktioniert. Im Libanon gilt die Hisbollah – führende Partei und mächtige Miliz – als Teherans verlängerter Arm. Im Irak kontrolliert der Iran die schiitischen Volksmobilisierungseinheiten (Hasched al-Shaabi) und beeinflusst die Regierung des Landes, die seit dem Sturz Saddam Husseins von Schiiten dominiert wird. Ausgerechnet die USA ermöglichten folglich mit ihrem völkerrechtswidrigen Regimewechsel in Bagdad den Aufstieg des Iran, der das entstandene Machtvakuum für sich zu nutzen wusste.

Geografisch betrachtet ist Syrien der entscheidende Brückenteil, der die schiitische Achse von Teheran bis zum Mittelmeer (über Bagdad, Damaskus und Beirut) komplettiert und den Status des Irans als Hegemonialmacht sichert. Einziges Problem dabei: Es gibt in Syrien fast keine Schiiten (weniger als zwei Prozent der Bevölkerung). Deshalb braucht Teheran Assad – er ist der persönliche Garant dafür, dass Irans Expansionsbestrebungen ungestört voranschreiten können. Denn ohne die Assads würde sich Damaskus über kurz oder lang von Teheran abwenden. Warum sollte eine Nachfolgeregierung (egal ob islamistisch, nationalistisch oder säkular), die über eine mehrheitlich sunnitische Bevölkerung herrscht, ein so enges Bündnis mit einem schiitischen Gottesstaat eingehen? Selbst manch gemeinsames Interesse könnte nicht verhindern, dass das enge Band zwischen Iran und Syrien zerreißen würde.

Es steht also viel auf dem Spiel für die Führung in Teheran. Von Anfang an ließ sie sich den Machterhalt Assads deshalb einiges kosten und bediente sich dabei bewährter Methoden. Zunächst schickte sie Militärberater und Geld – mehrere Milliarden Euro flossen als Darlehen nach Damaskus, um das syrische Regime vor dem Staatsbankrott zu bewahren. Außerdem wurden Vertreter der Revolutionsgarde (Pasdaran) in Syrien stationiert. Die Pasdaran unterhalten im Iran militärische, geheimdienstliche und wirtschaftliche Parallelstrukturen, die sich dem Einfluss des Staates entziehen. Als inzwischen größter Unternehmer des Landes zahlen sie weder Steuern noch Zollgebühren und sind direkt Revolutionsführer Ali Khamenei unterstellt.

Für Auslandseinsätze ist innerhalb der Revolutionsgarde die Al-Quds-Brigade zuständig. Ihr Anführer Qassem Soleimani gilt als Irans Strippenzieher für heikle militärische Auslandsmissionen und soll Assads Streitkräfte für den Guerillakampf ausgebildet haben. Daneben rekrutierte Teheran schiitische Kämpfer aus Afghanistan, Pakistan und dem Irak, die dem syrischen Regime als Bodentruppen dienen. Zum Teil werden diese mit Aufenthaltsgenehmigungen gelockt oder dem Versprechen, dass die Familien verstorbener Kämpfer die iranische Staatsangehörigkeit erhalten. Außerdem bekommen sie 500 bis 800 Dollar im Monat. Angesichts dieses Aufmarsches von Schiiten aus anderen Ländern könnte man den Krieg in Syrien auch als ersten schiitischen Dschihad der Geschichte bezeichnen.

Wichtiger als die direkte militärische Unterstützung ist für Iran jedoch das Hinterlassen von Fußabdrücken in Syrien, um den eigenen Einfluss zu verstetigen. Dies ist in mehreren Bereichen gelungen – militärisch und wirtschaftlich, politisch und gesellschaftlich. Mit den Nationalen Verteidigungskräften (NDF) baute Teheran eine syrische paramilitärische Organisation auf. Was im Libanon mit der Hisbollah gelang und im Irak mit den Hasched al-Shaabi, soll sich in Syrien mithilfe der NDF wiederholen – ein dauerhafter militärischer Einfluss über einen von Iran abhängigen lokalen Stellvertreter. Wirtschaftlich ist der Syrien-Einsatz bislang ein Verlustgeschäft, Schätzungen zufolge verschlingt er jedes Jahr sechs bis 20 Milliarden US-Dollar. Angesichts der miserablen wirtschaftlichen Lage vieler Iraner ein schwer zu rechtfertigender Betrag. Die Führung in Teheran begründet ihr Engagement damit, in Syrien wahhabitische Terroristen zu bekämpfen (ein Argument, das nach der Vertreibung des IS immer weniger verfängt), schiitische Schreine zu beschützen (von denen es nur wenige gibt) und sich lukrative Deals beim Wiederaufbau und mit langfristigen Investitionen zu sichern. Letztere sind angebahnt, aber noch nicht umgesetzt: die Ausbeutung einer Phosphatmine nahe Palmyra, der Wiederaufbau des Energiesektors (Kraftwerke und Netze) in mehreren Städten, die Genehmigung für einen dritten Mobilfunkanbieter und die Übergabe von mehreren Tausend Hektar Land für landwirtschaftliche und industrielle Zwecke. Am meisten werden von diesen Verträgen Unternehmen profitieren, die den Revolutionswächtern nahestehen. Rein wirtschaftlich betrachtet hilft der Syrien-Krieg den Pasdaran folglich bei der Umleitung von Geldern. Der iranische Staat leiht dem Assad-Regime Milliarden, die er nie zurückbekommen wird, im Gegenzug erhält die Revolutionsgarde Ländereien, Zugriff auf Rohstoffe und Garantien für eine vielfältige wirtschaftliche Zusammenarbeit.

Im Iran regt sich deswegen – und wegen der vielen heimkehrenden »Märtyrer«, deren Begräbnisse nicht wie früher öffentlich zelebriert, sondern eher geheim gehalten werden – zunehmend Kritik an dem massiven Syrien-Einsatz. Bei den immer wieder aufflammenden Protesten sind Slogans wie »Lasst Syrien in Ruhe, kümmert euch um uns!« zu hören.[4] Zwar fühlen sich viele Iraner durch den von Saudi-Arabien exportierten Wahhabismus, eine besonders radikale und antischiitische Lesart des Islam, bedroht und betrachten es deshalb als sinnvolle »Selbstverteidigung«, in der Nachbarschaft für schiitisch dominierte Regierungen oder proiranische Regime zu sorgen. Aber immer mehr Menschen stellen einen Zusammenhang zwischen ihrer persönlichen Misere und den Kosten für den Syrien-Krieg her. Manche fordern deshalb, die Milliarden nicht länger in die Rettung Assads zu investieren, sondern lieber für die Bedürfnisse der Iraner zu Hause auszugeben. Die Syrien-Intervention könnte die generelle Unzufriedenheit in der iranischen Gesellschaft weiter verstärken und so zur innenpolitischen Belastung für Teheran werden.[5] Dadurch würde der Druck auf die iranische Führung steigen, eine diplomatische Lösung zu finden und konstruktiv daran mitzuwirken.

Was aber bedeutet »konstruktiv« aus iranischer Sicht? Präsident Assad wird Teheran aus den genannten Gründen bis auf Weiteres nicht fallenlassen – anders als Moskau. Nachdem Putin im Mai 2018 vorgeschlagen hatte, mit Beginn eines politischen Prozesses sollten sich alle ausländischen Truppen aus Syrien zurückziehen, reagierte Iran unwirsch. Solange die syrische Regierung iranische Hilfe brauche, werde man im Land bleiben, hieß es aus dem Außenamt. »Wir hören nur auf Assad, nicht auf Putin« – so die Botschaft, die auch in Damaskus angekommen ist. Das syrische Regime wird seine beiden Hauptunterstützer weiterhin gegeneinander ausspielen. Zumal deren unterschiedliche Interessen immer offenkundiger werden und Russlands Bedeutung für Assad schwinden wird. Denn sobald die verbliebenen oppositionellen Gebiete zurückerobert sind, braucht es zum Machterhalt keine (russische) Luftwaffe mehr, sondern nur noch (iranisch gesteuerte) Milizen.

Anders als Russland ist der Iran nach Syrien gegangen, um dort zu bleiben. Erst wenn sich der eigene Einfluss verselbstständigt hat, könnte Iran zu Kompromissen bereit sein und etwa einer international überwachten Wahl zustimmen, zu der Assad nicht mehr antritt. Bis dahin muss Teheran politischen Einfluss in Form einer proiranischen Partei aufgebaut haben und gesellschaftlichen Rückhalt generieren. Letzteres gestaltet sich schwierig, da selbst Assad-Anhänger den Einfluss Teherans kritisch betrachten und unter Syriens Sunniten keine Interventionsmacht verhasster ist als der Iran. Aktiv bemüht sich Teheran deshalb seit Jahren um eine Verbreitung des schiitischen Glaubens. Neue Moscheen werden gebaut, die soziale Netzwerke errichten, Leute zum Konvertieren einladen und mitunter sogar Geld dafür anbieten. Die Zahl der Schiiten ist dadurch bereits gestiegen. Außerdem ist der Iran aktiv daran beteiligt, die demografische Zusammensetzung bestimmter Regionen zu verändern. Überall dort, wo sunnitische Regimegegner vertrieben werden, siedelt Damaskus mit Unterstützung Teherans bevorzugt Schiiten an – Angehörige von Hisbollah-Mitgliedern oder Revolutionswächtern und schiitische Familien aus dem Südirak. Immobilien und Ländereien gehen an schiitische Geschäftsleute, die den Pasdaran nahestehen.

Mit diesen diversen Fußabdrücken hat Iran Syrien zum zuverlässigen Transitstaat der eigenen schiitischen Achse gemacht und sich nebenbei auf die Zeit nach Assad vorbereitet. Teheran ist zum Hegemon in der Levante aufgestiegen – ob es Israel oder Saudi-Arabien nun gefällt oder nicht. Nach sieben Jahren Syrien-Krieg steht Iran folglich als größter Gewinner da. Und muss doch um seine Position fürchten. Denn seit Frühjahr 2018 formiert sich eine Front gegen Irans Dominanz in Syrien. Sie wird angeführt von US-Präsident Donald Trump, der im Mai 2018 das Nuklearabkommen aufkündigte und die Einhegung Teherans zum neuen US-Fokus in Nahost erklärte. Israel bombardiert regelmäßig iranische Stellungen in Syrien, und Europas Staatschefs fordern zumindest verbal einen Rückzug Teherans aus Syrien.

Innerhalb des Irans wirkt die Rückkehr der Amerikaner zu alter Feindseligkeit kontraproduktiv. Denn sie stärkt die Hardliner um Revolutionsführer Khamenei und Al-Quds-Chef Soleimani, die dem Nuklearabkommen von Anfang an skeptisch gegenüberstanden. Ihr Argument, den Amerikanern sei nicht zu trauen, hat sich dank Trump bestätigt. Das von Präsident Hassan Rouhani angeführte pragmatische Lager der Reformer tut sich nun schwer, das Abkommen trotz neuer Sanktionen zu verteidigen und statt kostspieliger Hegemonialbestrebungen soziale und wirtschaftliche Reformen einzufordern.

Die Bedrohung durch die USA ist real – nicht zuletzt wegen Trumps Tendenz zu irrationalem Handeln. Die iranische Führung ist deshalb weiterhin auf eine gute Zusammenarbeit mit Moskau angewiesen. Mit dem russischen Ausbau der syrischen Flugabwehr könnte die Sicherheit vor israelischen Luftschlägen steigen. Bislang reagierte Iran auf diese Angriffe verhalten, um keine Gewaltspirale in Gang zu setzen. Teheran weiß, dass eine direkte Auseinandersetzung mit Israel die eigene mühsam errichtete Präsenz in Syrien zunichtemachen könnte. Es hat deshalb kein Interesse an einer Eskalation und setzt weiterhin auf Moskau als Vermittler. Auch wirtschaftlich kommen sich die beiden Länder näher. Mit neuen Abkommen im Energiesektor – zur Erforschung und Ausbeutung iranischer Öl- und Gasfelder – demonstrieren Moskau und Teheran ihre Unabhängigkeit von den USA und Europa. Daneben bemühen sich Irans Machthaber in Europa um diejenigen Staaten, die einen versöhnlicheren, diplomatischen Ansatz vertreten, darunter Deutschland.

Trumps Anti-Iran-Kurs führt folglich dazu, dass Iran und Russland zusammenrücken, die Europäer auf Moskau zugehen und das transatlantische Bündnis weiter bröckelt. Neue Sanktionen könnten einen Rückgang iranischer Ölexporte und damit einen höheren Ölpreis bewirken – andere Ölproduzenten wie Russland und Saudi-Arabien profitieren, Importeure wie die EU, die USA, China und Indien verlieren.

Vor diesem Hintergrund erscheint es gleichermaßen wichtig wie aussichtslos, Iran in eine politische Lösung des Syrien-Konfliktes einzubeziehen. Denn iranische Interessen in Syrien zu berücksichtigen bedeutet gleichzeitig, Teherans Rolle als führende Regionalmacht im Nahen Osten anzuerkennen. Ein Schritt, zu dem Israel, die USA und Teile Europas nicht bereit sind.

# Wer kein Ziel hat oder zögert, gestaltet nicht, sondern reagiert

*Europa ohne Plan und mit Geflüchteten*

Europas Syrienpolitik lässt sich vereinfacht mit dem Begriff »Wunschdenken« beschreiben. Angesichts der Massenproteste im Frühsommer 2011 gingen die Regierungen in Frankreich, Großbritannien, Deutschland und anderswo davon aus, dass das Assad-Regime innerhalb von Monaten fallen würde. Man verurteilte die »unverhältnismäßige Gewalt« im Umgang mit Demonstranten, rief zu Reformen auf und sprach davon, dass Präsident Assad jegliche Legitimation verloren habe. Entsprechend konsequent ging man politisch, diplomatisch und wirtschaftlich auf Distanz.

Im Mai 2011 verhängte die EU Einreiseverbote für hochrangige Vertreter des Regimes und ließ deren Vermögen einfrieren, innerhalb eines Jahres entwickelte sich daraus eine umfangreiche Sanktionierung des Landes: Hunderte Personen sowie Dutzende Unternehmen und Banken landeten auf der EU-Sanktionsliste, ein Waffenembargo und ein Importverbot für Öl wurden verhängt, die Entwicklungszusammenarbeit ausgesetzt.

Die Maßnahmen waren für das Regime durchaus schmerzhaft. Denn Europa hatte im Gegensatz zu den USA in den 2000er-Jahren auf wirtschaftliche Annäherung und Entwicklungszusammenarbeit gesetzt – inklusive eines ausgehandelten, aber nicht unterzeichneten Assoziierungsabkommens mit der EU – und war zu Beginn des Aufstands neben den arabischen Staaten und der Türkei Syriens wichtigster Handelspartner. Die Erlöse aus dem Ölexport in die EU machten 20 Prozent der Staatseinnahmen aus.

Das Regime hatte deshalb – wie durch die Sanktionen beabsichtigt – tatsächlich weniger Geld in der Kasse. Allerdings verminderte dies nicht den Einsatz von Gewalt, sondern führte indirekt zu steigenden Kosten für Heizöl und Diesel. Denn Assad nutzte die Ressourcen, die er noch von Verbündeten aus dem Ausland erhielt, vor allem dafür, die Kriegsmaschinerie am Laufen zu halten. Subventionen für Brennstoffe wurden abgebaut, die Sanktionen über bewährte Schmuggelkanäle umgangen. Die EU-Maßnahmen signalisierten eindeutig, dass die Europäer das brutale Vorgehen des Regimes verurteilten und den Syrern lieber humanitär helfen wollten, statt mit Assad Geschäfte zu machen. Die zunehmende Gewalt des Regimes konnte die EU mit ihren Sanktionen jedoch nicht verhindern.[6]

Auch in anderen Bereichen handelten Europas Regierungen zügig. Programme und Kooperationen im kulturellen Bereich wurden auf Eis gelegt, die Botschaften auf Minimalbetrieb heruntergefahren. Im Frühjahr 2012 verließen die meisten europäischen Botschafter Syrien, nach dem Massaker von al-Hula im August 2012 verwiesen mehrere Staaten die syrischen Botschafter des Landes, darunter Deutschland, Frankreich, Großbritannien, Italien und Spanien.

Damit hatten sich Europas Staatschefs frühzeitig jeglicher Einflussmöglichkeit beraubt, denn ohne Diplomaten vor Ort und in der naiven Annahme, Syriens Führung werde schon bald Geschichte sein, lässt sich keine Politik machen. Als »völlige Verkennung der Realität« bezeichnet ein ehemaliger UN-Vermittler diese Haltung. »Sie hatten keine Ahnung, dass Assad auch nach 400 000 Toten nicht von der Macht lassen würde.« Im Gegensatz zur russischen Führung, die das Wesen des syrischen Regimes und die Entschlossenheit Assads richtig eingeschätzt und deshalb eine funktionierende Strategie entwickelt habe, so der Diplomat.

Obwohl sie wussten, was sie wollten – ein demokratisches Syrien ohne Assad –, waren Europas Regierungen nicht bereit, sich ausreichend dafür einzusetzen. Von Anfang an schlossen sie ein militärisches Eingreifen gegen Assad oder zum Schutz von Zivilisten aus und verzichteten damit auf ein Drohpotenzial, mit dem sich Druck auf das Regime hätte erzeugen lassen. Politische Initiativen scheiterten am russischen Veto im Weltsicherheitsrat, diplomatische Bemühungen beschränkten sich auf Appelle, die einen Willen zu Verhandlungen voraussetzten, wo keiner war.

Als der Sarin-Angriff auf die Vororte von Damaskus mit mehr als 1400 Toten im August 2013 ohne militärische Folgen blieb, wusste Assad, dass er international nichts zu befürchten hatte. So entwickelte sich jene verlogene und kontraproduktive westliche Politik, die den Syrien-Konflikt seit Jahren kennzeichnet: Politische Erklärungen verkommen zu leeren Worten, weil die moralischen Prinzipien, auf denen sie beruhen, niemals durchgesetzt werden. Beobachter wie Nikolaos van Dam geben dem Westen deshalb eine Mitschuld an der Eskalation. An den eigenen politisch korrekten und juristisch nachvollziehbaren Standpunkten festzuhalten, ohne die notwendigen Mittel zu ihrer Umsetzung zur Verfügung zu stellen, habe indirekt dazu beigetragen, dass der Krieg mit all seinen Toten, seinen Geflüchteten und der Zerstörung weiterging, schreibt der niederländische Diplomat.[7] Die Lücke zwischen dem, was europäische Politiker sagten, und dem, was sie taten, wurde so groß, dass sie jegliche Glaubwürdigkeit verspielten. Maximalforderungen wie ein Machtwechsel in Damaskus sind mit minimaler Handlungsbereitschaft nicht zu erreichen – diese Grundregel der Diplomatie missachtet der Westen in Syrien seit Jahren.

Nicht nur gegenüber dem Regime, auch gegenüber dem zivilen Widerstand, der Opposition und den bewaffneten Aufständischen verhielt sich Europa planlos. Indem Brüssel im Mai 2011 Waffenexporte nach Syrien verbot, war eine Unterstützung von Rebellengruppen von Anfang an begrenzt. Selbst als Großbritannien und Frankreich 2013 die Aufhebung des Waffenembargos durchsetzten, änderte sich wenig. »Es stellte sich heraus, dass es keinen politischen Willen gab, irgendeinen Teil der Opposition so zu bewaffnen, dass er eine Chance gehabt hätte, den Kampf gegen das Regime zu gewinnen«, schreibt van Dam.[8] Diese Zurückhaltung wirkte, wie im dritten Kapitel geschildert, kontraproduktiv. Die dem zivilen Widerstand nahestehenden Einheiten der Freien Syrischen Armee (FSA) waren chronisch unterfinanziert und schlecht ausgestattet, sodass ab 2012 islamistische Verbände den Aufstand dominierten. Beide mussten sich dann ab 2013 gegen die aus dem Ausland einsickernden Dschihadisten zur Wehr setzen. Die gemäßigten Rebellen wurden über die Jahre in diesem Mehr-Fronten-Krieg aufgerieben.

Auch der politischen Opposition wusste Europa nicht zu helfen. Große diplomatische Gesten wie die Anerkennung der Nationalen Koalition als legitime Vertreterin des syrischen Volkes blieben folgenlos. Statt die Interimsregierung mit ihren Strukturen im Land zu unterstützen, beschränkten sich europäische Regierungen darauf, Konferenzen zu bezahlen und die über die Vereinten Nationen abgewickelte humanitäre Hilfe zu finanzieren.

Angesichts dieser Halbherzigkeit erscheinen die Bemühungen um den zivilen Widerstand absurd und widersprüchlich. Seit Jahren unterstützen europäische Geber lokale Räte, zivilgesellschaftliche Projekte und Nichtregierungsorganisationen in oppositionell kontrollierten Gebieten. Meist folgen sie dabei ihren eigenen Vorstellungen und Konzeptionen, statt auf die Bedürfnisse vor Ort einzugehen. Gefördert werden vorzugsweise einzelne Projekte, die ständig neu beantragt werden müssen, obwohl eine nachhaltige Befähigung und Begleitung von Partnerorganisationen viel sinnvoller und wirksamer wäre.

Gleichzeitig versagen Europas Außenministerien dabei, diese zivilen Strukturen zu schützen. Sie bauen auf, investieren Geld, wecken Hoffnungen und lassen die Partner vor Ort dann im Stich – gegenüber dem Regime und den Extremisten. Krankenhäuser und Schulen werden gebaut, um durch Luftangriffe wieder zerstört zu werden. Gesundheitsbehörden, Projekte zur Förderung von Menschen mit Behinderungen, Radiostationen, Frauen- und Jugendzentren werden unterstützt, bis radikale Gruppen diese bedrohen oder ihnen vor Ort Konkurrenz machen. Dann fürchten europäische Regierungen, ihre Gelder könnten indirekt den Dschihadisten zugutekommen, und ziehen sich zurück – etwa aus Teilen der Provinz Idlib. Wie kurzsichtig diese Politik ist, zeigen verschiedene Studien, die die Rolle der Zivilgesellschaft im Kampf gegen Extremismus untersucht haben.[9] Sie kommen sämtlich zu dem Schluss, dass eine funktionierende Verwaltung und eine aktive, gut vernetzte Zivilgesellschaft das wirksamste Mittel sind, um einen Ort vor der Übernahme durch radikale Gruppen zu schützen. Wer der Zivilgesellschaft bei der Bekämpfung extremistischer Gruppen helfen wolle, sollte ihnen die Ressourcen zur Verfügung stellen, die sie für die Fortführung ihrer Arbeit brauchen, heißt es in der Studie »Idlib lives« der Organisationen Peace Direct und The Syria Campaign vom Mai 2018.[10]

Sich ab 2017 aus Idlib zurückzuziehen, weil die Radikalen von der Nusra-Front militärisch die Oberhand gewinnen, ist vor diesem Hintergrund wenig hilfreich. Und ab 2018 zu überlegen, ob es sich noch lohnt, in der südlichen Provinz Daraa Gemeindezentren zu errichten, weil das Regime dort ohnehin seine Luftangriffe wiederaufnehmen wird, klingt fatalistisch. Die EU baut auf, was Assad kurz darauf zerstört, und stärkt eine Gesellschaft von engagierten, kritischen und freien Syrern, die zu schützen sie nicht bereit ist. Ein Irrsinn, den europäische Projektmanager und auch manche Politiker und Diplomaten nur noch kopfschüttelnd begleiten, aber ihren syrischen Partnern gegenüber schon lange nicht mehr rechtfertigen können.

Übertroffen wird diese Halbherzigkeit lediglich von der Verlogenheit des militärischen Engagements. Denn das europäische Prinzip der Nichteinmischung gilt nicht für Syrien generell, sondern nur für Assad. Verzweifelte Forderungen nach Flugverbotszonen, Schutzzonen, humanitären Korridoren oder Bombenverbotszonen, die seit Herbst 2011 mit wachsendem Nachdruck von sämtlichen Assad-Gegnern sowie den Zivilisten in den befreiten Gebieten geäußert wurden, wiesen die EU-Mitgliedsstaaten mit dem Hinweis auf ein fehlendes UN-Mandat zurück. Damit versteckten sie sich hinter dem blockierten Sicherheitsrat und waren im Grunde froh, dass Moskau mit seinem Veto einen Vorwand für die eigene Untätigkeit lieferte.

Als es jedoch um die Bekämpfung des IS ging, zögerten die Europäer nicht. Im Herbst 2014 sicherten Deutschland, Frankreich, Großbritannien, Italien und Dänemark (neben Kanada, Australien und der Türkei) den USA finanzielle wie militärische Unterstützung im Kampf gegen den IS zu. Die Luftangriffe auf syrisches Staatsgebiet, an denen sich Frankreich nach den Anschlägen von Paris im November 2015 massiv beteiligte und die auch die

Bundesrepublik mit Tornado-Aufklärungsflügen unterstützte, erfolgten ohne Zustimmung des Weltsicherheitsrates. Statt die Syrer vor Bomben zu schützen, bombardierten die Europäer in Syrien lieber selbst. Die Logik dahinter ist aus syrischer Sicht bitter: Für den Schutz von Zivilisten besteht Europa auf einem UN-Beschluss, die Bombardierung von Zivilisten geht auch ohne.

Die Folgen dieser Syrien-Politik bezahlen die Europäer inzwischen selbst. Mit einer »Flüchtlingskrise«, die auch nach Jahren rückläufiger Zahlen noch wirkt. Mit verunsicherten Bürgern, die in Angst zu versetzen sich wieder lohnt. Mit wachsender Fremdenfeindlichkeit und einem Islamhass, die im Alltag unsere Verfassungen aushebeln. Mit einer gespaltenen Gesellschaft, deren Mitglieder sich anfeinden, statt Argumente auszutauschen. Und mit rechtsnationalen Parteien, die mancherorts bereits mitregieren und Europas demokratisches und liberales Erbe gefährden.

Durch Europa geht ein Riss – auch im Umgang mit Syrien. Während sich Großbritannien und Frankreich im April 2018 erstmals an einer militärischen Strafaktion gegen das Regime beteiligten – um den Einsatz von Chemiewaffen zu unterbinden, nicht um Assad zu schwächen –, wenden sich die ersten Mitgliedsstaaten wieder Damaskus zu. Mehrere osteuropäische Länder, aber auch Regierungsparteien in Italien und Österreich betrachten Assads Herrschaft als Tatsache, mit der man sich arrangieren sollte – um beim Wiederaufbau dabei zu sein und syrische Geflüchtete so bald wie möglich zurückschicken zu können. Letzteres scheint zum einzigen Ziel der Europäer in Syrien geworden zu sein. Wer jedoch möchte, dass Syrer in ihre Heimat zurückkehren, sollte nicht Assad umgarnen, sondern sich für ein anderes Syrien starkmachen.

## *Die USA unentschlossen und kontraproduktiv*

Auf den ersten Blick scheint Donald Trump, Barack Obama und George W. Bush – außer dem Amt des US-Präsidenten – nicht viel zu verbinden. Die drei könnten kaum unterschiedlicher, ihre Außenpolitik kaum gegensätzlicher sein. Unter Bush führten die USA einen auf Lügen gebauten und interessengeleiteten »Anti-Terror-Krieg« gegen die Schurken dieser Welt. Unter Obama ging es um militärischen Rückzug und – wenig erfolgreiche – diplomatische Friedensstiftung, »Terroristen« wurden vorzugsweise mit Drohnen bekämpft. Und Trump trampelt nach dem Motto »America first« durch die Welt und hat Washington mit seiner Ignoranz und Inkompetenz zum diplomatischen Totalausfall gemacht.

An keinem Ort hat diese Abfolge von US-Präsidenten verheerender gewirkt als in Syrien. Bush schuf mit seinem Regimewechsel im Irak die Basis für dschihadistischen Terror. Obama überließ dem IS das Machtvakuum in Syrien, indem er gemäßigte Rebellen nicht genug unterstützte. Und musste dann 2014 doch wieder die US-Luftwaffe schicken, um den IS zu bekämpfen. Trump vollendet politisch und diplomatisch, was Obama militärisch begonnen hat: den Rückzug der USA aus dem Nahen Osten. Die Amerikaner fungieren nicht mehr als berechenbare Ordnungsmacht, sondern als Brandbeschleuniger (etwa mit der Verlegung der US-Botschaft nach Jerusalem). Den Stab des rational Handelnden und strategisch Planenden haben sie Russlands Wladimir Putin übergeben.

Von Anfang an verfolgten die USA im Syrien-Konflikt keine klare Strategie. Unter dem zögerlichen Obama, der nach dem Chemiewaffenangriff 2013 seine eigene rote Linie ignorierte und Assad damit einen Freibrief zum Massenmord ausstellte, haben die USA viel geredet, verurteilt, appelliert und versprochen, aber wenig getan. Warum die CIA-Programme zur Unterstützung syrischer Rebellen grandios scheiterten, habe ich bereits im dritten Kapitel erklärt.

Die US-Führung sieht in Syrien seit Jahren nur, was sie direkt betrifft und ihr innenpolitisch nutzt: islamistischen Terror, die Rettung von Minderheiten und Zweckbündnisse mit lokalen Kämpfern. Dadurch sind Amerikaner (und Europäer) stets auf einem Auge blind. Auf manches reagieren sie mit Abscheu und Kriegsgebrüll, auf anderes mit Gleichgültigkeit und Schweigen. Den staatlichen Terror des Regimes etwa nehmen sie hin, während sie den nichtstaatlichen Terror des IS vehement bekämpfen. Dabei geht es ihnen vor allem um den Schutz von Minderheiten. Als der IS in Raqqa ab 2013 Sunniten massakrierte, interessierte das niemanden – erst als im Sommer 2014 die Christen aus Mossul und die Jesiden ins Sinjar-Gebirge flohen, entdeckte der Westen den IS und wurde aktiv. Syriens Sunniten fühlen sich als Opfer zweiter Klasse.

Schließlich befördern die USA auch noch die Spaltung zwischen Arabern und Kurden. Im Herbst 2014 unterstützten sie die kurdischen Volksverteidigungseinheiten (YPG) bei der Verteidigung von Kobane mit Luftangriffen und Munition, während sie die FSA-Gruppen bei ihrem Kampf gegen die Dschihadisten – ob bei Aleppo, in Deir al-Zor oder Raqqa – meist im Stich ließen. Washington machte die YPG zum Hauptverbündeten im Krieg gegen den IS – auf Kosten der schlechter organisierten Rebellenverbände, deren Hass auf die Kurden dadurch weiter wuchs.

Die offensichtliche Ahnungslosigkeit, mit der die USA in Syrien so viel Schaden angerichtet haben, überrascht indes nicht. Seit Jahren wirkt amerikanische Außenpolitik im Nahen Osten kontraproduktiv. Der imperialistisch aufgeladene Interventionalismus des George W. Bush, die krampfhafte Nichteinmischung des Barack Obama und die »Hau drauf, aber lass mich in Ruhe«-Attitüde des Donald Trump haben großen Anteil an dem Chaos in der Region.

Inzwischen zerstört Trump gezielt die wichtigste außenpolitische Leistung seines Vorgängers: die Annäherung an den Iran. Mit der Aufkündigung des Nuklearabkommens und dem Verhängen neuer Sanktionen eskaliert der Syrien-Krieg weiter – auf syrischem Boden, aber zwischen ausländischen Mächten. Für die Syrer bedeutet das, dass sie den Preis geostrategischer Einflusskämpfe bezahlen, ohne dass ihr eigenes Problem – die Herrschaft Assads – irgendjemanden kümmern würde.

Im Sommer 2018 haben die USA im Nordosten Syriens noch etwa 2000 Soldaten stationiert. Sie sichern das Einflussgebiet der YPG östlich des Euphrat – und ärgern damit den türkischen Präsidenten Erdoğan, der den gesamten Norden von der YPG-Dominanz befreien und unter türkische Kontrolle bringen will. Wie nachhaltig die Amerikaner ihr Bündnis mit den Kurden verteidigen werden, ist fraglich, schließlich ist die Türkei als NATO-Mitglied ein wichtiger US-Partner in der Region. In Afrin schaute Washington zu, wie Erdoğan im März 2018 die YPG von dort vertrieb. In Manbij setzten die USA im Auftrag Ankaras drei Monate später einen Abzug der Kurden durch.

Angesichts der Unberechenbarkeit des amerikanischen Präsidenten fällt es schwer, die nächsten Schritte in Syrien vorauszusagen. Einerseits will Trump die eigenen Truppen nach dem Sieg über den IS so schnell wie möglich nach Hause holen. Andererseits kann er Syrien nicht dem Iran überlassen, den er zum neuen alten Feind im Mittleren Osten erkoren hat. Aus dem Anti-IS-Fokus wird ein Anti-Iran-Fokus. Wie aktiv Washington die iranische Präsenz in Syrien bekämpfen wird, hängt entscheidend von Russlands Vermittlungsfähigkeit ab. Lässt sich ein gesichtswahrender Rückzug Teherans bei gleichzeitiger Wahrung iranischer Interessen in Syrien aushandeln? Oder wird der Kampf gegen den Iran zur Obsession amerikanischer und israelischer Hardliner mit regionalem Eskalationspotenzial?

Dann könnten amerikanische Truppen iranische Söldner in Syrien direkt angreifen – obwohl sie im Irak mit den iranisch gesteuerten schiitischen Milizen erfolgreich gegen den IS zusammengearbeitet haben. Sowohl dort als auch in Syrien wiederholt sich, was in komplexen Konflikten immer passiert: Sobald der gemeinsame Feind besiegt ist, brechen alte Fronten wieder auf.

Tragisch ist nur, dass dies eine Rückkehr der Extremisten ermöglichen wird. Militärisch mag der IS weitgehend geschlagen sein, ideologisch besteht er fort – in den Köpfen vieler junger Sunniten, die unterdrückt, benachteiligt und ohne Perspektive sind. Wer den Dschihadismus nachhaltig besiegen möchte, muss in die Gesellschaft investieren, in Erziehung und Bildung, politische Mitbestimmung und ziviles Engagement. Allerdings scheint die Regierung Trump noch nicht einmal bereit, das aufzubauen, was sie selbst in Trümmer gelegt hat. Die fast vollständig zerstörte ehemalige IS-Hauptstadt Raqqa ist seit ihrer Befreiung im Oktober 2017 weitgehend sich selbst überlassen. Ohne nennenswerte Finanzhilfen aus dem Ausland gibt es dort keine effektive Minenräumung und Infrastruktur, kaum Dienstleistungen und Wiederaufbau. Dabei war es die US-geführte Allianz, die die Stadt dem Erdboden gleichmachte. Nach Trumps Amtsantritt im Januar 2017 bombardierten die Amerikaner in Syrien rücksichtsloser als zuvor – 1759 Zivilisten kamen dabei ums Leben. Damit tötete die US-geführte Koalition im Jahr 2017 mehr Zivilisten als Russland (1436 Opfer).[11]

Der Kampf um den Nordosten Syriens – die Provinzen Raqqa, Deir al-Zor und Hasaka – wird wichtige Weichen für das Ende des Konflikts stellen. Die USA und die von ihnen unterstützten Syrischen Demokratischen Kräfte (SDF) stehen dort dem Assad-Regime und Iran gegenüber – Letztere sind entschlossen, sämtliche Gebiete unter ihre Kontrolle zu bringen, um sich die dortigen Öl- und Gasvorkommen (die bescheiden, aber für die Versorgung Syriens wichtig sind) sowie den Landweg zwischen Irak und dem Mittelmeer zu sichern. Damaskus und Teheran gehen dabei mit subtilen Methoden vor. Mit begrenzten Militäroperationen testen sie die Reaktionsbereitschaft der US-Truppen, in Raqqa organisieren sie gesellschaftlichen Widerstand gegen die »kurdischen und amerikanischen Besatzer«. Sie nutzen die Rivalität zwischen Arabern und Kurden für sich und bauen parallele Verwaltungsstrukturen auf. Langjährige Kontakte zu den Stämmen der Region ermöglichen Assads Geheimdiensten eine schleichende Unterwanderung der SDF-Herrschaft.[12]

Die Amerikaner haben dieser Strategie nicht viel entgegenzusetzen. Zumal ihre kurdischen Verbündeten früher oder später gezwungen sein werden, sich auf die Verteidigung ihres Autonomiegebietes im Norden zu konzentrieren, wo die Konfrontation mit der Türkei droht. Das kurdisch-amerikanische Zweckbündnis steht vor der Zerreißprobe, weil nach der Vertreibung des IS die Prioritäten auseinanderdriften: Die USA wollen Ost-Syrien nicht dem Iran überlassen, aber keinen Ärger mit Erdoğan. Die Kurden brauchen dagegen dringend Rückendeckung gegenüber der Türkei, während der Iran zweitrangig ist.

So dringend entschlossenes Handeln zum Schutz von Zivilisten geboten wäre, so gefährlich sind emotionale Kurzschlussreaktionen für die gesamte Region. Trump ist in dieser Hinsicht ein unkalkulierbares Risiko. Denn während die Machthaber im Nahen Osten bei allen Drohgebärden und Feindseligkeiten kein Interesse an einer weiteren Eskalation haben, könnte der amerikanische Präsident genau diese herbeiführen.

## *Israel beschränkt handlungsbereit*

Lange hat sich Israel im Syrien-Konflikt nicht eindeutig positioniert. Das liegt an der Rolle des Assad-Clans, der aus israelischer Sicht ein verfeindetes Land zu einem zuverlässigen Gegner gemacht hat. Die beiden Staaten befinden sich seit dem Jom-Kippur-Krieg 1973 im Kriegszustand. Bis heute verläuft auf dem von Israel besetzten Golan keine Grenze, sondern eine Waffenstillstandslinie. Diese wird von den UN seit Jahrzehnten überwacht, zwischen den Nachbarn herrscht ein international verwalteter kalter Krieg. Nirgendwo an den Außengrenzen Israels war es so ruhig wie auf dem Golan. Der Konflikt wurde stattdessen indirekt ausgetragen – über die Hisbollah im Libanon, die von Iran als Stellvertreter im Kampf gegen Israel aufgebaut wurde und mithilfe Syriens versorgt wird.

Die Frage, die man sich in Jerusalem ab 2011 deshalb stellte, war, ob es ohne Assad genauso ruhig bleiben würde. Je nationalistischer und islamistischer die syrische Opposition auftrat, desto größer die Zweifel daran. Israel hält sich deshalb aus Syriens innenpolitischem Machtkampf heraus. Nahe der Waffenstillstandslinie ausgetragene Gefechte zwischen Rebellen und syrischer Armee werden zur Kenntnis genommen, Blindgänger zum Teil mit Angriffen auf Regimeposten beantwortet, verletzte Syrer – Zivilisten und Kämpfer – in israelischen Krankenhäusern behandelt. Die dazugehörige Militäroperation heißt »Guter Nachbar«.[13]

Aktiv militärisch engagiert sich Israel in Syrien erst, seitdem in Damaskus nicht mehr Assad herrscht, sondern die iranischen Revolutionsgarden das Sagen haben. So die Wahrnehmung eines Landes, in dem die iranische Bedrohung zum alles dominierenden Narrativ geworden ist. Ministerpräsident Benjamin Netanjahu arbeitet seit Jahren daran, das Atomprogramm Teherans zur existenziellen Gefahr für den jüdischen Staat und somit zum wichtigsten außenpolitischen Thema zu stilisieren. Mit Erfolg. Statt sich um naheliegende und dringende Fragen im Konflikt mit den Palästinensern zu kümmern, benutzt die israelische Regierung das iranische Bedrohungsszenario, um Politiker aller Lager und die Mehrheit der Bewohner des Landes zu einen. Nebenbei und weitgehend unbeachtet lässt Netanjahu Siedlungen bauen, die das Ende der Zweistaatenlösung besiegeln, arbeitet an der internationalen Anerkennung von Jerusalem als Haupstadt Israels und erlaubt den Einsatz von scharfer Munition gegen unbewaffnete Demonstranten in Gaza. Die Mehrheit der jüdischen Israelis weiß er dabei hinter sich, schreibt der Journalist Akiva Eldar.[14] Warum sollten sich Menschen, denen man ständig erzählt, dass Iran eine Atombombe auf sie werfen will, für das Leid der Palästinenser interessieren?, fragt er.

Ministerpräsident Netanjahu fühlt sich stark. Er hat die uneingeschränkte Unterstützung der USA, arbeitet verdeckt mit verschiedenen arabischen Staaten des sunnitischen Lagers zusammen und muss innenpolitisch keine Alternative zu seiner Regierung fürchten. Mit Trumps Aufkündigung des Iran-Atomabkommens und der Verhängung neuer Sanktionen gegen das Land erfüllte sich für ihn ein Traum. Der US-Präsident übernahm seine Iran-Doktrin und scheint den Nahen Osten durch die gleiche Brille zu betrachten wie er. Nie waren sich Washington und Jerusalem näher, die

Koordination zwischen dem Weißen Haus und dem Büro Netanjahus ist enger denn je.

Dabei sind die Interessen ihrer Länder nicht identisch. Zwar wollen beide den iranischen Einfluss in Syrien zurückdrängen und fordern einen Abzug der Revolutionsgarden und ihrer Söldner. Aber während die Regierung Trump von einem angestrebten Regimewechsel in Teheran spricht, stehen israelische Sicherheitsexperten einer solchen Intervention skeptisch gegenüber. Sie bezweifeln, dass mehr wirtschaftlicher und militärischer Druck zu einer Destabilisierung von Revolutionsführer Khamenei führen wird. Im Gegenteil. Die Iraner werden sich umso geeinter hinter ihre Regierung stellen, je größer die Bedrohung von außen ist – denn warum sollte die Gesellschaft im Iran anders funktionieren als die in Israel? Eine direkte militärische Auseinandersetzung mit Iran hätte trotz der Überlegenheit der israelischen Armee schmerzhafte Folgen für Israel, da durch die hochgerüstete Hisbollah im Libanon und die Tausenden von schiitischen Kämpfern in Syrien ein Angriff an mehreren Fronten ausgelöst würde, der die gesamte Region destabilisieren könnte. Die USA sind 11 658 Kilometer davon entfernt, Israel ist mittendrin.

Die absehbare Eskalation zwischen Israel und Iran wird deshalb eher anders verlaufen. Drei Szenarien sind denkbar. Erstens eine auf Syrien beschränkte Konfrontation zwischen Israel und Iran, bei der die israelische Luftwaffe ihre gezielten Angriffe auf iranische Stellungen fortsetzt und Provokationen mit Vergeltungsschlägen abwechseln. Zweitens eine Konfrontation zwischen Israel und der Allianz aus Iran, Assad und Hisbollah, die Russland früher oder später mit hineinziehen würde. Und schließlich eine mit militärischen Mitteln herbeigeführte Einigung auf Sicherheitszonen entlang der Grenze zu Israel, in denen sich weder iranische Militärs noch schiitische Milizen aufhalten dürfen. Dieser geografisch begrenzte Rückzug Irans aus dem Süden Syriens war bereits Bestandteil früherer Abkommen zwischen Russland, den USA und Jordanien. Moskau konnte ihn gegenüber Teheran jedoch nicht durchsetzen.

Durch die regelmäßigen Luftschläge gegen syrische Stützpunkte mit iranischer Präsenz wächst der Druck auf Teheran. Ende Mai 2018 erklärte die syrische Luftwaffe, ihre Basen inklusive der Hangars seien nur syrischen Soldaten vorbehalten, und verbot damit eine Nutzung durch iranische Milizen. Die Führung in Teheran könnte einem Rückzug aus dem Süden zustimmen, um weitere Angriffe zu verhindern und den eigenen vielfältigen Einfluss in Syrien zu retten. Egal wie der Konflikt zwischen Israel und Iran weitergeht, eines kann sich Netanjahu sicher sein: der Rückendeckung der USA – diplomatisch, politisch und militärisch.

*Saudi-Arabien und Qatar am Verlieren*

Saudi-Arabien und Qatar sind unter den ausländischen Akteuren die größten Verlierer. Sie unterstützten von Anfang an die Assad-Gegner – Qatar vor allem die Muslimbrüder und mit ihnen verbündete Rebellengruppen, Saudi-Arabien andere islamistische Kräfte wie die Armee des Islam in Ost-Ghouta. Mit der Rückeroberung der meisten oppositionellen Gebiete durch das Regime haben sie ihren Einfluss eingebüßt. Dabei hat ihr Konkurrenzkampf hinter den Kulissen der syrischen Opposition erheblich zu deren Schwächung beigetragen. Statt die zwischenzeitlich erhebliche finanzielle und militärische Hilfe zu koordinieren, stritten Qatar und Saudi-Arabien darum, wer über welche Politiker und Brigaden mehr Macht ausüben konnte.

Inzwischen ist aus den Unstimmigkeiten eine handfeste Krise zwischen Qatar und Saudi-Arabien erwachsen. Wichtigste Ursache ist Qatars Sympathie für die Muslimbrüder, die mit ihrem Ziel, islamische Staaten zu errichten, den Herrschaftsanspruch der Golfmonarchien bedrohen. Im Sommer 2017 brachen Saudi-Arabien, Ägypten, die Vereinigten Arabischen Emirate und Bahrain ihre diplomatischen Beziehungen zu Qatar ab und verhängten eine umfassende Blockade gegen das Land. Das Emirat erhält seitdem Lebensmittel und andere Güter aus dem Iran und aus der Türkei, was den Riss zwischen iranischem und saudischem Lager in der Region und innerhalb des Golf-Kooperationsrates (Saudi-Arabien, Vereinigte Arabische Emirate, Kuwait, Bahrain, Qatar, Oman) weiter vertieft hat.

Während Qatar neben der Türkei als letzter verbliebener Unterstützer der syrischen Aufständischen gilt, ist das saudische Engagement in Syrien deutlich zurückgegangen. Grund dafür ist Riads Intervention im Jemen – eine humanitäre und militärische Katastrophe, bei der sich das saudische Königshaus gründlich verkalkuliert hat. Tausende Jemeniten sind durch die von Saudi-Arabien und den Vereinigten Arabischen Emiraten angeführten Luftangriffe seit März 2015 gestorben. Aufgrund der Seeblockade leidet die Bevölkerung Hunger und ist medizinisch kaum versorgt, Seuchen wie Cholera und Diphterie sind ausgebrochen. Der Kampf gegen die vom Iran unterstützten Huthi-Rebellen blieb jedoch ohne Erfolg und wird zunehmend zur Bedrohung der eigenen Bevölkerung. Denn aus dem Jemen abgeschossene Raketen der Huthis treffen immer häufiger saudische Städte. Hinzu kommt, dass die massive Militärintervention im Jemen für Saudi-Arabien extrem teuer ist, während die Unterstützung der Huthi-Kämpfer den Iran nicht viel kostet. Der Jemen droht insofern zum Schauplatz einer weiteren Niederlage der Saudis gegenüber dem regionalen Erzfeind Iran zu werden – wie Syrien, der Irak und der Libanon.

Riad hat den iranischen Revolutionsgarden nichts entgegenzusetzen und muss sich deshalb mit deren Expansionserfolgen in der Region abfinden. Im Irak bemüht sich Riad um bessere Kontakte zu schiitischen Politikern und hat diplomatische Vertretungen wiedereröffnet. Im Libanon führt der von Saudi-Arabien unterstützte Ministerpräsident Saad Hariri eine von der Hisbollah dominierte Regierung an. Und in Syrien hat Teheran den Machtkampf eindeutig für sich entschieden, Riad ist als Unterstützer der politischen Opposition nur noch Randfigur.

Einige Hoffnung des saudischen Königs Salman ibn Abdel-Aziz ist seine Allianz mit anderen Iran-Gegnern: US-Präsident Donald Trump (dem die Saudis im Mai 2017 versprachen, für 350 Milliarden US-Dollar amerikanische Waffen zu kaufen), der israelischen Regierung (mit der es verdeckte politische Kontakte und Geheimdienst-Absprachen gibt) und den sunnitischen Staaten der Region, die der wachsenden iranischen Hegemonie skeptisch gegenüberstehen wie Ägypten, Jordanien, die Vereinigten Arabischen Emirate, Oman, Kuwait und das Herrscherhaus in Bahrain, das mit Hilfe Riads 2011 Proteste der schiitischen Bevölkerungsmehrheit niederschlug.

Denn unter König Salman und seinem Sohn Mohammed bin Salman hat sich der Konflikt mit dem Iran weiter zugespitzt. Der junge Kronprinz modernisiert das Königreich oberflächlich, errichtet aber faktisch ein System absoluter und repressiver Herrschaft, das seine eigene Machtposition sichert. Als Verteidigungsminister trägt er die Hauptverantwortung für das Desaster im Jemen. Innenpolitisch gehen die beiden brutal gegen schiitische Dissidenten im Osten des Landes vor. Die Hinrichtung des prominenten schiitischen Geistlichen Nimr al-Nimr im Januar 2016 führte zum Abbruch diplomatischer Beziehungen zwischen Riad und Teheran.

Bei der religiösen Führungselite des Landes kommt das gut an, denn die saudischen Wahhabiten gelten als extrem antischiitisch. Ihr ideologischer Vordenker Mohammed ibn Abd al-Wahhab erklärte die Schiiten im 18. Jahrhundert zu Polytheisten und Ungläubigen. Dennoch stecken hinter der Rivalität zwischen Saudi-Arabien und Iran heute vor allem handfeste machtpolitische und wirtschaftliche Interessen und keine theologischen Differenzen.

Was Syrien betrifft, scheinen sich sowohl Saudi-Arabien als auch Qatar mit dem Verbleib Bashar al-Assads an der Macht arrangiert zu haben. Die Ankündigung Donald Trumps, amerikanische Truppen abzuziehen, verbunden mit der Aufforderung, die Länder der Region – insbesondere Saudi-Arabien – sollten sich um Syrien kümmern, kam in Riad nicht gut an. Washingtons Ausstieg aus dem Nuklearabkommen wird den saudisch-iranischen Konflikt weiter verschärfen. Denn ein unkontrolliertes iranisches Atomprogramm wird Saudi-Arabiens eigene nukleare Ambitionen befeuern und ein gefährliches regionales Wettrüsten in Gang setzen.

# Wer sich anpasst, bleibt über Wasser

*Die Türkei flexibel, aber fokussiert*

Auf den ersten Blick erscheint das Verhalten der Türkei im Syrien-Krieg widersprüchlich. 2011 bemühte sich Ministerpräsident Recep Tayyip Erdoğan darum, seinen Freund Bashar al-Assad zu echten Reformen zu bewegen. Als dieser nicht auf ihn hörte, wurde Erdoğan zu einem seiner entschiedensten Gegner und zum wichtigsten Unterstützer der syrischen Opposition. Deren politische Vertretung, die Nationale Koalition, sitzt in der Türkei und steht entsprechend unter Ankaras Einfluss. Nachdem 2011 und 2012 einzelne Grenzübergänge unter die Kontrolle von Rebellen gefallen waren, entstand ein reger Grenzverkehr. Syrische Kommandeure trafen Finanziers, Waffenhändler und Geheimagenten auf türkischem Boden. Ankara förderte wie Qatar vor allem die Muslimbrüder und deren Brigaden, ließ aber über Jahre Dschihadisten aus aller Welt nach Syrien reisen, die sich dort dem IS anschlossen. Das Grenzgebiet westlich von Jarablus entwickelte sich zum Hauptumschlagplatz von Kämpfern, Waffen, Geld und Drogen, die mehr oder weniger ungehindert nach Syrien geschmuggelt werden konnten, während der östliche Teil der Grenze ab Kobane undurchlässig war. Schließlich sollten zwischen den Kurdengebieten Syriens und dem kurdisch geprägten Südosten der Türkei keinerlei Kontakte entstehen.

Inzwischen hat die türkische Regierung – ermutigt von der EU – eine Mauer errichtet, die fast die gesamte 900 Kilometer lange Grenze abriegelt und für syrische Flüchtlinge unüberwindbar macht. Seitdem kommen Syrer nur noch mit Bestechungsgeldern oder als medizinische Notfälle in das Nachbarland. Wer es illegal versucht, begibt sich in Lebensgefahr – mehrfach haben türkische Grenzsoldaten auf Flüchtende geschossen.

3,4 Millionen Syrer sind bereits in der Türkei, manche haben in grenznahen Städten Geschäfte aufgemacht, wodurch die Mieten steigen. Weniger als sieben Prozent sind in türkischen Flüchtlingslagern untergekommen. Die meisten schlagen sich als Erntehelfer, Tagelöhner, Fabrikarbeiter oder mit Aushilfsjobs und Betteln durch – darunter viele Kinder. Ein Drittel der Geflüchteten sind schulpflichtige Kinder, von denen vierzig Prozent keinen Unterricht besuchen, weil sie zum Einkommen der Familie beitragen müssen.

Städte wie Gaziantep, Kilis und Reyhanli wirken zum Teil mehr arabisch als türkisch. Wegen ihrer Nähe zu Syrien wurden sie zu Hotspots für westliche Entwicklungshilfeagenturen, internationale NGOs und humanitäre Hilfsvereine, da die meiste ausländische Hilfe für die oppositionellen Gebiete in Syrien über die Türkei lief. Nach anfänglicher Solidarität überwiegt in der türkischen Gesellschaft deshalb inzwischen der Wunsch, dass die Syrer so bald wie möglich zurückgehen.

Was also widersprüchlich wirkt – Grenzen auf und zu, Solidarität mit Syrern ja, aber nicht mit allen, Assad stürzen oder besser nicht –, ist in Wirklichkeit ein Zeichen von Flexibilität. Denn die Interessen der Türkei haben sich im Laufe des Krieges immer wieder verschoben. Erst ging es darum, Assad zu bekämpfen – dafür waren auch Islamisten und Dschihadisten recht. Dann zündeten IS-Extremisten in der Türkei Bomben, und Erdoğan merkte, dass er sich verrechnet hatte. Schließlich wurden die syrischen Geflüchteten zur sozialen Belastung, die Kurden zu US-Partnern und die kurdische Autonomie aus Sicht Ankaras zur größten Bedrohung der Türkei – also beschloss Erdoğan, syrische Rebellen für seinen Kampf gegen die Demokratische Föderation Nordsyrien einzuspannen. Diese bezeichnet der türkische Präsident als »Terrorstaat«, weil sie von der PKK-nahen Partei der Demokratischen Union (PYD) regiert und von deren Volksverteidigungseinheiten (YPG) beschützt wird.

Dabei geht es vor allem um Innenpolitik. Im Südosten der Türkei leben zehn Millionen Kurden, die nach der kurdischen Autonomie im Nordirak nicht noch durch ein weiteres Autonomiegebiet in Syrien ermutigt werden sollen, Ähnliches für die Türkei zu fordern. Die Zeichen zwischen Regierung und PKK stehen seit 2015 wieder auf Krieg. Nach dem damaligen Einzug der prokurdischen Partei der demokratischen Völker (HDP) ins Parlament und einem Attentat kurdischer Terroristen auf türkische Polizisten brach Erdoğan den 2013 begonnenen Friedensprozess mit der PKK im Juli 2015 ab und schickte das Militär in die Kurdengebiete. Für seine Wiederwahl im Juni 2018, die ihm dank des neuen Präsidialsystems nahezu uneingeschränkte Macht bescherte, brauchte Erdoğan außerdem eine Bedrohung von außen, die die Menschen zusammenrücken ließ. PKK, PYD und YPG wurden zur terroristischen Gefahr für den türkischen Staat stilisiert, die nur ein starker Führer wie der seit 15 Jahren herrschende AKP-Chef abwenden kann.

Erdoğans Weltbild ist klar: In seiner erträumten Rolle als neo-osmanischer Führer betrachtet er den Nahen Osten als erweitertes Herrschaftsgebiet. Araber und Sunniten sind Verbündete, Kurden und Alawiten nicht. PKK-Terroristen sind schlimmer als Dschihadisten, Letztere können im Kampf gegen die Kurden nützlich sein. Kurzfristiges Ziel ist es, in Syrien einen Kurdenstaat zu verhindern, alles andere – Islamisten, Assad, Iran und Israel – lässt sich später regeln.

Der Türkei geht es deshalb in erster Linie darum, den Norden Syriens entsprechend den eigenen Vorstellungen zu stabilisieren und sich dort langfristigen Einfluss zu sichern. Dann könnten syrische Geflüchtete dorthin zurückkehren, und Ankara müsste als Schutzmacht des Nordens an einer syrischen Nachkriegsordnung beteiligt werden. Angesichts der Vielzahl von Akteuren und Interessen ist dieses Ziel nicht so einfach zu erreichen, Erdoğan scheint jedoch einen Plan zu haben.

Im Westen unterstützt er in der Provinz Idlib verbündete Rebellengruppen gegen das Regime. Assad will das letzte große oppositionelle Gebiet zurückerobern, was Ankara mit 12 türkischen Beobachterposten und der Stationierung von 1300 Soldaten zu verhindern versucht. Die Posten hat die Türkei gemäß der in Astana festgelegten Deeskalationszonen errichtet, also in Absprache mit Russland und Iran. Erdoğan bemüht sich, türkeitreue Aufständische zu einen und zu stärken, um den Einfluss dschihadistischer

Gruppen zurückzudrängen. Erst wenn Idlib nicht mehr als »Terrorprovinz« gilt, hat Erdoğans Plan eine Chance. Er will, dass nicht nur die USA und Europa, sondern auch Russland den Nordwesten als oppositionelles Gebiet unter türkischer Aufsicht akzeptieren. Putin soll Assad von einer massiven Bombardierung der Provinz abhalten, die erneut Hunderttausende in Richtung Türkei treiben würde. Als Vorbild dient die Region nördlich von Aleppo, die Ankara im Sommer 2016 mit ihrer »Operation Euphrat-Schild« unter türkische Kontrolle brachte.

Die gleichen Rebellen, die Erdoğan im Westen vor Assad schützt, sollen ihm dann weiter östlich im Kampf gegen die YPG helfen. Was aus Ankaras Sicht in Afrin funktioniert hat – syrische islamistische Rebellen vorschicken, türkisches Militär hinterher, YPG zum Rückzug zwingen, arabische und türkeifreundliche kurdische Oppositionelle installieren, kurdische Bevölkerung vertreiben, syrische Araber ansiedeln –, würde Erdoğan gern im gesamten Nordosten wiederholen. Dafür braucht er jedoch das Einverständnis Russlands und sowohl die USA als auch Assad als Partner.

In arabisch geprägten Gebieten wie Manbij, Raqqa oder Deir al-Zor holt Ankara die Amerikaner mit ins Boot, die dort selbst militärisch präsent sind. Erdoğan will US-Präsident Trump davon überzeugen, dass lokal geprägte Regierungen von türkeinahen rebellengestützten Oppositionellen die größte Sicherheit gegen Irans Expansionsdrang bieten. Washington muss im Gegenzug die PYD zurückpfeifen. Beschränkter Einfluss des Iran gegen schwindenden Einfluss der PYD – so der Deal.

In den Kurdengebieten der Provinz Hasaka, wo es der Türkei um die Zerstörung der kurdischen Selbstverwaltung geht, könnte Erdogan dagegen auf Assad setzen, der eine kurdische Autonomie auf syrischem Boden langfristig nicht akzeptieren wird. Das syrische Regime wird versuchen, den Einfluss der PYD zurückzudrängen und Städte wie Qamishli Schritt für Schritt wieder unter Damaskus' Kommando zu bringen – mit Zugeständnissen und Verhandlungen oder auch Drohungen und Druck, an dem sich die Türkei gern beteiligen wird.

Ob Erdoğans Rechnung aufgeht, ist ungewiss. Wie keinem anderen Akteur ist es ihm jedoch bislang gelungen, die eigene Strategie immer wieder an die Dynamiken des Syrien-Krieges anzupassen und syrische Akteure – in diesem Fall Rebellen – für seine Zwecke zu instrumentalisieren.

*Der Irak beschäftigt mit sich selbst*

Ein Blick in den Irak ist aus syrischer Perspektive besonders frustrierend. Denn alles, was dort passierte, sollte sich in Syrien auf keinen Fall wiederholen. Der östliche Nachbar diente über Jahre als abschreckendes Beispiel – und doch hat sich manches ähnlich entwickelt. Obwohl – oder gerade weil – der Westen in Syrien alles anders gemacht hat als im Irak. Statt die richtigen Schlüsse aus der verheerenden US-Intervention von 2003 zu ziehen – die vor allem an einer konzeptlosen Nachkriegsordnung voller Fehlentscheidungen krankte –, will man sich in Washington nicht mehr in den »nahöstlichen Sumpf« hineinziehen lassen. So wie der Irak zum Prototyp gescheiterter westlicher Einmischung geworden ist, dient Syrien als Paradebeispiel dafür, was passiert, wenn sich Amerikaner und Europäer möglichst heraushalten. In beiden Fällen stehen am Ende fremdbestimmte gescheiterte Staatsgebilde mit gespaltenen Gesellschaften voller Hass und Misstrauen. In Bagdad, wo die Baath-Diktatur bereits seit 15 Jahren gestürzt ist, zeigt sich außerdem, wie unfähig die politische Elite des Landes zu Einigung und Versöhnung ist.

Die irakische Regierung ist deshalb viel zu beschäftigt mit sich selbst, um im Syrien-Krieg aktiv mitzumischen. Dennoch wirkt sich alles, was im Irak passiert, auf Syrien aus. Kurdische Unabhängigkeit, sunnitischer Extremismus, von Iran gesteuerte Schiiten – Iraks große Themen sind auch für Syrien prägend. Obwohl es deutliche Unterschiede gibt, etwa in der Zusammensetzung der Bevölkerung.

Die Iraker sind zu 60 Prozent Schiiten, zu 20 Prozent Sunniten und zu 20 Prozent Kurden. Entsprechend verläuft die innerirakische Spaltung entlang konfessioneller und ethnischer Linien: Im Norden herrscht die Kurdische Regionalregierung über ein autonomes Gebiet. Der überwiegend schiitische Zentral- und Südirak (mit den größten Erdöl- und Erdgasreserven des Landes) wird von einer seit Jahren schiitisch dominierten Regierung in Bagdad vertreten. Und die Sunniten im Zentrum und Osten des Landes fühlen sich übergangen und unterrepräsentiert. Tatsächlich sind sie die großen Verlierer der letzten Jahre.

Unter Saddam Hussein hatten die Sunniten Politik, Militär und Sicherheitsapparat dominiert und von dessen Günstlingswirtschaft profitiert. Nach ihrer Entmachtung durch die Amerikaner gingen deshalb viele frustriert in den Untergrund, wo sie sich zunächst al-Qaida im Irak und später deren Nachfolgeorganisationen Islamischer Staat im Irak und in Syrien (ISIS) und Islamischer Staat (IS) anschlossen. Den Nährboden für sunnitischen Extremismus, den die USA bereitet hatten, machten schiitische Politiker wie der machtbewusste frühere Ministerpräsident Nuri al-Maliki mit einer gezielten Ausgrenzungs- und Entmachtungsstrategie gegenüber den Sunniten fruchtbar. Und die Ernte fährt heute der Iran ein, der ab 2014 mit den Volksmobilisierungseinheiten (Hasched al-Shaabi) schiitische Milizen gegen den IS aufbaute und dadurch eine Zusammenarbeit mit der US-geführten Anti-Terror-Koalition erzwang. Über treue Vasallen in Bagdad zementierte Teheran seine Macht.

Dabei stehen dem Einfluss des Iran zwei mächtige – schiitische – Figuren im Weg: der renommierte Geistliche Ali al-Sistani und der populäre Politiker Muqtada al-Sadr, Gewinner der Parlamentswahlen im Mai 2018. Sistani wirbt für eine nationale und konfessionsübergreifende Politik ohne Einmischung schiitischer Geistlicher und vertritt damit das theologische Gegenmodell zu Irans Revolutionsführer Khamenei, der die mit der Islamischen Revolution 1979 eingeführte Herrschaft der schiitischen Rechtsgelehrten propagiert. Mithilfe seines irakischen Stellvertreters Hadi al-Amiri, dem früheren Chef der zu Saddams Zeiten von Exilirakern im Iran gegründeten Badr-Brigaden, schickte Teheran rein schiitische Milizen gegen den IS. Bei ihren Eroberungsfeldzügen sollen sie schwere Verbrechen an sunnitischen Zivilisten begangen haben – Entführungen, Folter, Vertreibung und Mord.[15] Sistani mobilisierte dagegen eine Freiwilligentruppe aus 100 000 Irakern aller Konfessionen, um den IS aufzuhalten. Der Großayatollah aus Nadschaf, dem weltweiten Zentrum schiitischer Gelehrsamkeit, besteht darauf, dass Iraks Schiiten nur ihrem Staat dienen und nicht einer ausländischen Macht. Er kritisiert deshalb auch den Zusammenschluss verschiedener Hasched al-Shaabi-Milizen zu dem politischen Fatah-Bündnis, das von dem irantreuen al-Amiri angeführt wird und bei den letzten Parlamentswahlen zweitstärkste Kraft wurde.

Muqtada al-Sadr, Ex-Milizenführer im Kampf gegen die amerikanischen Besatzer und vehementer Kritiker proiranischer Parteien im Irak, gilt nach seinem Wahlsieg als Iraks mächtigste Figur. Der junge schiitische Geistliche stammt aus einer respektierten Familie (fast alle männlichen Verwandten wurden vom Saddam-Regime ermordet), präsentiert sich als irakischer Nationalist und sucht inzwischen den Ausgleich. Er fördert die Annäherung zwischen Bagdad und Riad und sendet gleichzeitig versöhnliche Signale nach Teheran und Washington. Könnte er zum Vermittler im Machtkampf zwischen Iran und Saudi-Arabien aufsteigen? Angeboten hat er es bereits.

Auch in Syrien könnte Sadr einen anderen Kurs einschlagen. Früher folgten proiranische Regierungen in Bagdad stets den Vorgaben aus Teheran und hielten sich mit Kritik an Assad zurück. Nicht so Muqtada al-Sadr. Er forderte den syrischen Präsidenten zum Rücktritt auf, um den Weg für Demokratie freizumachen. Und er lehnt den Einsatz irakischer Kämpfer außerhalb der eigenen Landesgrenzen ab – eine klare Absage an Irans Bemühungen, irakische Schiiten zur Verteidigung des syrischen Regimes zu rekrutieren.

Ein Ausgleich von Interessen wäre auch im innerirakischen Konflikt zwischen Bagdad und der kurdischen Regionalregierung notwendig. Nach dem kurdischen Unabhängigkeitsreferendum im

September 2017, das für verfassungswidrig erklärt wurde, eroberte die irakische Armee all jene Gebiete zurück, die die Pershmerga – die offiziellen Streitkräfte der autonomen Region – zuvor im Kampf gegen den IS erobert hatten, inklusive der wichtigen Ölstadt Kirkuk. Masud Barzani, langjähriger Präsident der Autonomen Region Kurdistan und Vorsitzender der Demokratischen Partei Kurdistans (DPK), hatte sich verrannt und trat den Rückzug an.

Barzanis ewiger Rivale, die Patriotische Union (PUK), soll Bagdad geholfen haben, die Kontrolle über Kirkuk zurückzugewinnen, so der Vorwurf. Die PUK steht nach dem Tod ihres langjährigen Vorsitzenden Jalal Talabani (der von 2005 bis 2014 irakischer Staatspräsident war) unter wachsendem Einfluss des Iran, der in der Autonomen Region Kurdistan mitreden will, da diese unmittelbar an die Kurdengebiete im eigenen Land angrenzt. An einer innerkurdischen Opposition gegen die PUK hat Teheran deshalb kein Interesse. Die gibt es durchaus, vor allem in Form der Goran-Bewegung (Liste für Wandel), in der sich viele frustrierte ehemalige PUK-Mitglieder zusammengeschlossen haben.

Goran prangert das verkrustete System aus Patronage und Korruption an, das Kurdistan-Irak seit Jahrzehnten politisch lähmt und wirtschaftlich ruiniert. DPK und PUK gelten als patriarchalische und unfähige Parteiapparate, die mit Clanstrukturen, Einschüchterung und Bereicherung die Autonome Region ausbeuten und durch ihren blutigen Machtkampf echte Demokratie und sozialen Wohlstand verhindern. Wie wenig die Kurden noch an Demokratie glauben, zeigte sich an der extrem niedrigen Wahlbeteiligung bei den letzten Parlamentswahlen. Angesichts eines sehr unrealistisch erscheinenden deutlichen Sieges der beiden abgewirtschafteten Parteien DPK und PUK wurden gezielte Wahlfälschungen vermutet.

Zudem drohen Spannungen mit der Türkei, die sich mit der Führung in Erbil – vor allem aus wirtschaftlichen Interessen – über Jahre gut gestellt hatte. Denn in den Kandilbergen des Nordirak hat die PKK ihr Rückzugsgebiet – von Iraks Kurden geduldet, von Ankara gelegentlich bombardiert. Erdoğan könnte die Geduld verlieren und die PKK endgültig vertreiben oder vernichten wollen –

dann muss die Regionalregierung ihre Haltung gegenüber den Öcalan-Kämpfern überdenken.

Angesichts einer kurdischen Parteienlandschaft, die über Grenzen hinweg zersplittert, ideologisch verbohrt sowie von Feindseligkeit, Klientelismus und Eitelkeiten geprägt ist, scheint der Wunsch nach Unabhängigkeit das Einzige zu sein, was kurdische Politiker in Syrien und im Irak miteinander verbindet. Dass der Weg dorthin nicht über territorialen Größenwahn, Repression und interne Machtkämpfe führt, sondern mit Integrität, Mitbestimmung und Rechtsstaatlichkeit beginnt, sollten sie alsbald einsehen. Sonst könnte die kurdische Jugend ihren Frust über die anhaltende Perspektivlosigkeit auf die Straßen tragen – wie bereits Ende 2017 bei gewaltsamen Protesten im Nordirak.

Versöhnen, einen, alle beteiligen und ausländische Interessen ausbalancieren – wenn das nicht gelingt, drohen dem Irak weiterhin Extremismus und unruhige Zeiten.

## *Jordanien bemüht um Schadensbegrenzung*

König Abdullah II. bin al-Hussein von Jordanien war im November 2011 der erste arabische Staatschef, der den Rücktritt Assads forderte. Heute scheint er bereit, sein Verhältnis zu Damaskus zu normalisieren. Hinter dieser Kehrtwende steckt vor allem eines: ein wirtschaftlich gebotener Opportunismus.

Das ressourcenarme Land ist extrem abhängig vom Westen – um dessen Rückhalt nicht zu verlieren, schloss Jordanien sich früh dem Lager der Assad-Gegner an. Diese unterstützten syrische Rebellen und zivile Strukturen in der südlichen Provinz Daraa über Jahre von Jordanien aus. Das Königreich ist Mitglied der internationalen Koalition gegen den IS und wird von westlichen Bündnispartnern als Militärbasis genutzt – auch deutsche Aufklärungstornados starteten von jordanischem Boden.

Gleichzeitig wirkte sich der Syrien-Krieg sehr negativ auf die jordanische Wirtschaft aus. Der Handel auf der einst lukrativen Route zwischen Amman und Damaskus ist seit 2011 deutlich zurückgegangen und mit der Schließung des Grenzüberganges al-Nasib Anfang 2015 vollständig zum Erliegen gekommen. Tausende Jordanier in grenznahen Städten haben dadurch ihre Jobs verloren. Hunderttausende Syrer sind nach Jordanien geflohen, wo sie den Einheimischen Konkurrenz auf dem Wohnungs- und Arbeitsmarkt machen, auch wenn die jordanische Regierung eine Integration durch bürokratische Hürden erschwert.

1,4 Millionen Geflüchtete hat das Königreich aufgenommen, die Hälfte ist bei den UN registriert. Etwa ein Zehntel der Syrer lebt in den beiden großen UNHCR-Lagern Zaatari und Azraq, die inzwischen zu künstlichen Wüstenstädten herangewachsen sind – gut organisiert, aber trostlos. Das illegale Camp Rukban, das im Niemandsland zwischen Syrien und Jordanien entstanden ist, weil Jordanien aus Angst vor einsickernden Terroristen Zehntausenden Syrern aus ehemaligen IS-Gebieten die Einreise verweigert, ist dagegen ein erschreckend menschenfeindlicher Ort.

Die mit der großen Zahl von Geflüchteten einhergehenden Probleme – hohe Preise, niedrige Löhne, Arbeitslosigkeit und überlastete Schulen und Krankenhäuser – führen zu gesellschaftlichem Frust. Im Gegensatz zu den anderen Nachbarländern spielen konfessionelle oder ethnische Spannungen in Jordanien aufgrund seiner homogenen Bevölkerung kaum eine Rolle – 98 Prozent der Jordanier sind sunnitische Araber. Das größte innenpolitische Problem ist vielmehr die Tatsache, dass dringende soziale, politische und ökonomische Reformen nicht umgesetzt werden, weil ausländische Hilfsgelder zuverlässig fließen, ohne dass westliche Geber Missstände thematisieren. Mit seinen langen Grenzen zu Syrien und dem Irak ist das kleine Jordanien Frontstaat gegen dschihadistischen Terror. Oberstes Ziel ist es deshalb, das Land stabil zu halten. Dass das Königshaus im Kampf gegen Extremismus vor allem den Sicherheitsapparat stärkt und die Freiheiten der Bürger, der Zivilgesellschaft und des Parlamentes einschränkt, stößt kaum auf Kritik.

Der noch immer beliebte Abdullah II. spricht viel von politischen Reformen, setzt aber wenig durch. Wann immer sich die Unzufriedenheit der Jordanier in Protesten entlädt, entlässt er den Regierungschef. Treibende Kraft hinter den Reformforderungen ist die islamistische Opposition, die mit den syrischen Aufständischen sympathisiert. Letzteren die Unterstützung zu entziehen, könnte deshalb zu innenpolitischen Verwerfungen führen.

Doch die Tendenz, sich mit Assads Verbleib an der Macht zu arrangieren, setzt sich auch in Amman durch. Warum sollte Jordanien auf wirtschaftlich lohnende Handelsbeziehungen zu Syrien verzichten, wenn selbst die USA keinen Führungswechsel in Damaskus anstreben? Entscheidend ist aus jordanischer Sicht die Entwicklung in Südsyrien. Als das syrische Regime Mitte Juni 2018 seine Militärkampagne zur Rückeroberung von Daraa startete, flohen mehrere Hunderttausende in Richtung Grenze. Dort strandeten sie in Lagern, die mehr oder weniger von den UN über Jordanien versorgt wurden. Für Geflüchtete bleibe die Grenze zu, betonte Amman Ende Juni. Für den Handel mit dem Nachbarland würde Jordanien sie jedoch durchaus wieder öffnen.

## *Der Libanon gespalten, aber kontrolliert*

Kein Nachbar ist Syrien so eng verbunden wie der Libanon – gesellschaftlich, politisch, wirtschaftlich. Über Jahrzehnte war das liberale, weltoffene Beirut für das sozialistisch abgeschottete Damaskus das Fenster zur Welt. Syrer verdingten sich als Gastarbeiter im Libanon, syrische Intellektuelle veröffentlichten in libanesischen Zeitungen, was sie zu Hause nicht schreiben durften, Regimevertreter nutzten den Bankenplatz Beirut zur Vermögensanlage und Geldwäsche, Geheimdienstoffiziere wurden mit Schmuggel und Schwarzmarktgeschäften reich. Gleichzeitig dominierte das Assad-Regime die Politik des Nachbarlandes, von 1976 bis 2005 als militärische Besatzungsmacht, seitdem mit Geheimdienstkontakten und der Hisbollah als Stellvertreter.

Die Partei Gottes (*Hisb Allah*) entstand ab 1982 mithilfe Teherans als Widerstandsbewegung gegen die israelische Besatzung des Südlibanons und ist heute Partei, sozial-karitative Organisation, Miliz und schiitische Massenbewegung in einem. Seit 1992 sitzt sie im Parlament. Die Hisbollah betreibt einen Staat im Staate und untergräbt mit ihrer Militärmacht das Gewaltmonopol der libanesischen Armee und Polizei. Wegen ihres historischen Verdienstes, Israel im Jahr 2000 zum Abzug gezwungen zu haben, durfte sie ihre Waffen behalten. Aus einer Guerilla-Truppe ist inzwischen ein hochgerüsteter Militärapparat geworden, der in Syrien an Assads Seite kämpft und jederzeit einen Konflikt mit Israel provozieren kann.

Das Sechs-Millionen-Einwohner-Land, in dem 18 Glaubensgemeinschaften leben, ist tief gespalten. Die konfessionelle Zugehörigkeit dominiert alles: die Lebenswirklichkeiten der Menschen, Politik, Wirtschaft und Verwaltung. Seit dem Mordanschlag auf Libanons Ex-Ministerpräsidenten Rafiq al-Hariri im Februar 2005 geht durch das Land ein weiterer Riss – zwischen Anhängern und Gegnern des syrischen Regimes. Die schiitischen Parteien Hisbollah und Amal sowie ein Teil der Christen (um den früheren Milizenführer und heutigen Präsidenten Michel Aoun) bilden das Pro-Assad-Lager und werden dabei von Iran unterstützt. Die Sunniten der Zukunftsbewegung von Hariris Sohn, dem aktuellen Ministerpräsidenten Saad Hariri, und der andere Teil der Christen (unter Ex-Milizenführer Samir Geagea) lehnen die Einmischung von Damaskus und Teheran ab und werden darin von Saudi-Arabien, den USA und Europa bestärkt. Ein Wunder also, dass die Lage im Libanon durch den Krieg nebenan noch nicht explodiert ist.

Das liegt daran, dass die Libanesen das Schreckgespenst ihres sinnlosen und zermürbenden Bürgerkriegs (1975–1990) vor Augen haben und deshalb jede Eskalation vermeiden wollen. Die Kriegsherren von damals prägen bis heute die politische Landschaft, Parteiposten und Parlamentssitze werden von Vater zu Sohn vererbt, die gleichen Familienclans beherrschen Wirtschaft, Medien, Finanzmarkt und Politik. Entsprechend gelähmt ist der Libanon, aus Angst vor Veränderung erhält sich das System lieber selbst. Statt den konfessionellen Proporz abzuschaffen, Klientelismus zu bekämpfen und die Infrastruktur zu erneuern, fühlen sich die Libanesen weiter ihren jeweiligen religiösen und politischen Führern verpflichtet und verlassen sich auf deren Netzwerke. Unterdessen versinkt das Land im Chaos – Müllberge, endlose Staus, ein marodes Strom- und Trinkwassernetz prägen den Alltag.

Als Sündenbock dienen vielen Libanesen die fast zwei Millionen Syrer, die seit 2011 ins Land gekommen sind und denen zunehmend Feindseligkeit entgegenschlägt. Sie können kein Asyl beantragen, haben deshalb meist keine gültigen Papiere mehr und sind den Behörden, dem Sicherheitsapparat und den Hisbollah-Kontrollen entsprechend schutzlos ausgeliefert. Viele arbeiten illegal, werden ausgebeutet und drücken dadurch die Löhne. Die Mehrheit wohnt in wilden Camps im Nordlibanon und in der Bekaa-Ebene, den ärmsten Regionen des Landes. Offizielle Lager will der Libanon nicht errichten aus Angst, sie könnten sich zu Brutstätten radikaler Ideologien entwickeln wie die Palästinenserlager, in denen junge Männer seit Jahrzehnten ohne Ausbildung, Arbeit und Perspektive leben.

Seit den Parlamentswahlen im Mai 2018 dominieren die Assad-Unterstützer Beirut. Die Hisbollah ist vom Schützling Assads zur Schutzmacht des syrischen Regimes aufgestiegen. Ministerpräsident Hariri hat sich damit abgefunden und dadurch vor allem Saudi-Arabien verprellt. Auch in Beirut hat der Iran gesiegt – und mit ihm Assad. Für die meisten Libanesen geht es nicht mehr darum, sich und die Syrer von der Assad-Diktatur zu befreien, sondern nur noch um die eigene Existenz und stabile Verhältnisse. Sie fürchten, aus Syrien könnten Extremisten einsickern, wünschen sich so bald wie möglich eine Rückkehr der Syrer und arrangieren sich deshalb mit der Realität: dem Verbleib des Baath-Regimes an der Macht. So kehrt Assad als feste Größe in den Libanon zurück – dreizehn Jahre nach seinem demütigenden Truppenabzug im Jahr 2005.

# 5. Der Syrien-Krieg als Symptom einer neuen Welt-Unordnung. Was zu tun und was zu lassen ist

Wer bis hierher gelesen hat, weiß, wie das Assad-Regime herrscht, wie es den Menschen in Syrien geht, warum die Revolution scheiterte und welche Interessen das Ausland hat. Wie es weitergeht, scheint nach diesen Erkenntnissen einigermaßen klar zu sein: Assad bleibt an der Macht, das Land findet dadurch aber keinen Frieden. Der innersyrische Konflikt brodelt unter der Oberfläche weiter und wird sich wieder entladen. Die diversen internationalen und regionalen Konflikte, die auf syrischem Boden ausgetragen werden, schwelen und können jederzeit aufflammen – mit dem Risiko, Teile des Nahen Ostens in Brand zu setzen. Was das für Europa bedeutet, kann sich jeder ausmalen.

Doch der Syrien-Krieg wirkt viel weiter und tiefer. Er ist ein Weltkonflikt geworden, der die Grundfesten unseres internationalen Systems erschüttert und symptomatisch für eine neue Welt-Unordnung steht. Deshalb geht seine Lösung tatsächlich uns alle an. Was also ist zu tun, um die fortschreitende »Syrienisierung« der Welt aufzuhalten? Von diesen Wechselwirkungen handelt das letzte Kapitel, das am Ende kein Patentrezept, aber sieben Handlungsempfehlungen bereithält.

## Krieg gewonnen, Macht zerronnen. Wie weiter in Syrien?

Syriens Machthaber Bashar al-Assad hat geschafft, was bislang keinem arabischen Despoten gelang: Er kann trotz Hunderttausender Toter und 13 Millionen Vertriebener weiterherrschen wie bisher – mit staatlicher Willkür, dem Einsatz von geächteten Waffen und der systematischen Massenvernichtung von Zivilisten in den Gefängnissen des Regimes. Er hat gewonnen – und zugleich verloren. Denn »Assads Syrien« gibt es nicht mehr, das Land befindet sich nicht länger im Privatbesitz eines Clans. Syrien gehört jetzt jenen, die Assad zum Sieg verholfen haben und die er deshalb belohnen und beteiligen muss. Der syrische Präsident bleibt formal an der Macht, ist aber ein Gefangener seiner Verbündeten. Diese betrachten Syrien als Beute, deren Aufteilung ihnen Einfluss und Geld sichert.

Vier Akteure haben Assads Sturz über all die Jahre verhindert: zwei ausländische – Russland und der Iran – und zwei inländische – syrische Milizenführer und regimenahe Geschäftsleute. Wer wissen will, wie es in Syrien unter Assad weitergeht, muss deshalb fragen, was diese vier für ihre Treue einfordern.

Die Interessen Russlands und Irans habe ich im vierten Kapitel ausführlicher dargelegt. Moskau will Syrien als autoritären Zentralstaat aus der Ferne steuern, seine zwei Militärbasen für den Mittelmeerraum nutzen und die syrische Erdöl- und Erdgasförderung kontrollieren. Teheran will das Land zum zuverlässigen schiitischen Brückenkopf ausbauen und seinen Einfluss auf allen Ebenen – militärisch, politisch, gesellschaftlich und wirtschaftlich – verstetigen. Diese massive Einmischung aus dem Ausland sorgt für Unmut, auch unter Assads Gefolgsleuten. Vor allem langjährige Regimevertreter und Vertraute des Präsidenten sind es leid, sich iranischen Interessen und russischen Anweisungen unterzuordnen.

Im Alltag noch spürbarer und für alle sichtbarer ist allerdings der Einfluss der beiden syrischen Akteure. Lokale Kriegsherren, deren Milizen für Assad die oppositionellen Gebiete am Boden zurückerobert haben, wollen finanziell und personell von der Nachkriegsordnung profitieren. Sie sind in den vergangenen Jahren reich und mächtig geworden – mit dem Schmuggel von Waffen, Öl und Hilfsgütern, mit Schutzgelderpressung und Entführungen, Geldwäsche, Plünderungen und dem Abkassieren von Syrern an Checkpoints – und fürchten nun, mit dem Kriegsende könnte ihr sozialer Abstieg beginnen. Viele waren schon vor dem Konflikt in illegale Geschäfte und kriminelle Machenschaften verwickelt, als Kriegsgewinnler haben sie naturgemäß kein Interesse an Stabilität und Frieden. Das Regime muss sie in den Griff kriegen, damit vor Ort Ruhe einkehrt, denn in vielen Regionen und Städten regt sich Widerstand und Protest gegen das Gebaren dieser Gangster – auch in Assads Kernland an der Küste. Das Regime wird die einflussreichsten Milizenführer deshalb in die eigenen Machtstrukturen integrieren und potenzielle lokale Spielverderber (*spoiler*) mit Geld und Posten kaufen.

Syrische Unternehmer, die Assad die Treue gehalten und ebenfalls am Krieg verdient haben, bilden eine teils neue, teils aus langjährigen Partnern des Assad-Makhlouf-Clans bestehende Gruppe von Geschäftskumpanen (*cronies*). Sie wissen, dass Verwaltung, Justiz, Finanzsektor und öffentliche Ausschreibungsverfahren von Assads Gewährsleuten vereinnahmt sind, und haben sich entsprechend in Stellung gebracht. Denn zum Zuge kommt nur, wer sich die Gunst des Regimes mit besonders loyalem Verhalten verdient hat. Diese Geschäftsleute wollen nun ihre Dividende kassieren. Sie spekulieren auf den Wiederaufbau und wollen den Großteil der ausländischen Finanzhilfe einstreichen, sobald diese fließt. Eifersüchtig wachen sie darüber, dass keine »abtrünnigen« Industriellen zurückkehren und ihnen Konkurrenz machen.

Die vier Akteure, die Assads Position sichern, benutzen Syrien also lediglich zur persönlichen Bereicherung und Machterweiterung. Keiner von ihnen interessiert sich für das öffentliche Wohl, die wirtschaftliche Wiederherstellung des Landes oder soziale Wiedergutmachung. Was auf den ersten Blick wie Stabilität aussieht – weil keine Bomben mehr fallen und Händler ihre Läden wiedereröffnen –, ist in Wirklichkeit Grabesruhe. Die Menschen sind zwar sicher vor Luftangriffen, nicht aber vor Milizionären und Geheimdiensten, vor Verhaftung und Folter, Vertreibung und Enteignung. Syrien unter Assad bleibt eine zentralistische totalitäre Diktatur. Die Ursachen des Aufstands wie Ungerechtigkeit, Unterdrückung, Korruption, staatliche Willkür und Nepotismus bestehen fort. Manches hat sich durch die Kriegsökonomie und den Einfluss des Auslands sogar noch verschärft. Assad ist abhängig von Menschen und Mächten, die einen Frieden in Syrien unmöglich machen. Denn das, was die syrische Gesellschaft dafür bräuchte – Stabilität ohne Angst, Aussöhnung, Mitsprache, Gerechtigkeit und Chancengleichheit –, ist mit den Garanten seiner Macht nicht vorstellbar.

Es ist deshalb nur eine Frage der Zeit, bis der Frust sich in der einen oder anderen Form wieder Bahn bricht. Syrische Rebellen, die keine Perspektive im Ausland haben und in den vergangenen Jahren nichts außer Kämpfen gelernt haben, werden den Widerstand gegen das Regime im Untergrund weiterführen. Sie werden mehr oder weniger gezielte Anschläge verüben, sich reorganisieren und auf die nächste Gelegenheit zum Aufstand warten. Verbitterte junge Männer, die einen verschwundenen Vater oder einen zu Tode gefolterten Bruder rächen wollen, könnten sich ihnen anschließen und Bomben zünden – je dschihadistischer das ideologische Vehikel, desto größer die Opferzahlen. Auch die Neuauflage einer Terrororganisation ähnlich dem Islamischen Staat liegt im Bereich des Möglichen – schließlich ist der Nährboden dafür weiterhin fruchtbar: keine persönliche Zukunft, alltägliche Demütigung, keine politische Teilhabe, gesellschaftliche Diskriminierung, wirtschaftliche Ausbeutung und Chancenlosigkeit.

Eine Fortsetzung der Assad-Herrschaft bedeutet auch, dass Millionen Syrer ihre Heimat verlieren und mittelfristig staatenlos werden. Die ins Ausland geflohenen Syrer will Assad gar nicht zurückhaben, es sei denn, sie bringen Geld mit und die Bereitschaft, nach seinen Regeln zu spielen. Die Floskel des Ministers für Versöhnung, wonach »alle Syrer willkommen« und nach ihrer Rückkehr »sicher« seien, sollten westliche Journalisten mit der Realität abgleichen und nicht unkritisch übernehmen. Wenn sich der syrische Präsident im Sommer 2017 bei der Eröffnung der internationalen Handelsmesse in Damaskus über eine »homogenere und gesündere Gesellschaft« freut, dann besteht diese für ihn aus Menschen, die seine Macht nicht infrage stellen, sondern sich dieser unterwerfen. Vom »Rest« hat er Syrien weitgehend gesäubert. Dabei handelt es sich nicht um eine ethnische oder religiöse Säuberung, wie gern geschrieben wird, sondern um eine politische: Wer Assads Regime unterstützt, darf bleiben, wer dagegen aufbegehrt, muss gehen und soll auch nicht wiederkommen – egal ob Araber oder Kurde, Sunnit, Alawit oder Christ. Die Kategorisierung der Syrer in »treue Bürger« und »Terroristen und Verräter« ist also politisch motiviert, führt jedoch indirekt zu durchaus beabsichtigten demografischen Veränderungen, da unter den Assad-Gegnern anteilig mehr Sunniten sind. Syrien wird also weniger sunnitisch und – nicht zuletzt durch Irans Bemühungen – schiitischer.

Die ins Ausland geflohenen unerwünschten Syrer werden staatenlos, weil sie ihre Dokumente nicht erneuern lassen können und deshalb vielfach ohne gültige syrische Papiere sind. Mehrere Hunderttausend Kinder syrischer Eltern sind in den Nachbarstaaten bereits als Staatenlose auf die Welt gekommen. Ohne Papiere werden sie nicht registriert und strukturell diskriminiert. Sie haben keinen Anspruch auf Gesundheitsversorgung, Bildung und grundlegende Rechte. Eine Generation heimatloser und entrechteter Syrer wächst heran – menschlich eine Katastrophe, für die betroffenen Länder eine Belastung und aus westlich-beschränkter Anti-Terror-Sicht eine potenzielle Rekrutierungsmasse für extremistische Menschenfänger.

## *Der Wiederaufbau als Herrschaftsinstrument*

Ein weiteres Mittel, um die Rückkehr unliebsamer Syrer zu verhindern und die Zahl kritischer Bewohner zu beschränken, ist der Wiederaufbau (der 200 bis 350 Milliarden US-Dollar kosten soll). Er dient Assad dazu, Anhänger zu honorieren und Gegner abzustrafen. Treue Geschäftspartner werden mit der Neugestaltung von Wohn- und Geschäftsvierteln reich, ehemalige regimekritische Bewohner faktisch enteignet. Denn sofern Entschädigungen gezahlt werden, sind diese lächerlich gering.

Assad hat dafür seit 2012 mehrere Dekrete erlassen, darunter den Beschluss Nr. 10 vom April 2018. Er sieht vor, dass für besonders zerstörte Gebiete Bebauungspläne entwickelt werden und Expertenkommissionen vorab die Eigentumsverhältnisse klären. Häuser, Wohnungen und Grundstücke, deren Besitzer nicht innerhalb einer bestimmten Frist entsprechende Nachweise vorlegen, können versteigert oder der öffentlichen Hand zugeschlagen werden. Meist handelt es sich dabei jedoch um informelle Siedlungen, für die es keine offiziellen Kataster gibt – Arbeiter- und Handwerkerviertel sowie Slums in den Vororten großer Städte wie Damaskus, Aleppo und Homs. Sie sind durch die Landflucht und wirtschaftliche Not der syrischen Unter- und Mittelschicht in den 2000er-Jahren schnell und illegal gewachsen, entwickelten sich zu Zentren des Widerstands und wurden deshalb über Jahre bombardiert und zerstört. Ihre vertriebenen Bewohner verfügen meist über keine entsprechenden Dokumente.

Zwar wohnten zwei Drittel der in die Nachbarländer geflohenen Syrer zuvor im eigenen Heim, aber nur 17 Prozent von ihnen haben Eigentumsnachweise bei sich.[1] Vielen drohen im Falle einer Rückkehr Verfolgung oder Verhaftung. Auch in Syrien lebende Verwandte, die man stattdessen schicken kann, zögern aus Angst vor Repressionen, das Eigentum ihrer Angehörigen einzufordern. Die ursprünglichen – regimekritischen – Bewohner verlieren auf diesem Weg nicht nur ihr Eigentum, für das manche Familie Jahrzehnte gearbeitet und gespart hat. Sie verlieren auch jede Hoffnung auf ein würdevolles Leben in ihrer Heimat. Denn wohin sollten sie irgendwann zurückkehren?

Bei der Realisierung erster städtebaulicher Großprojekte zeigt sich, dass ausschließlich regimetreue Geschäftsleute berücksichtigt werden. Öffentliche Vergabeverfahren werden von der herrschenden

Elite kontrolliert, Ministerien und Zentralbank fungieren als persönliche Steuerungsinstrumente der Makhloufs. Stadt- und Provinzverwaltungen können private Holdingunternehmen gründen und über diese in öffentliches Eigentum investieren. So privatisiert das Regime staatlichen Besitz – und auf allen Seiten profitieren Assads Günstlinge. Offiziell eingesetzte Investitionskomitees dienen als Fassade, hinter der – wie im Fall von Homs – ganze Stadtteile an regimenahe Investoren verkauft werden. UN-Organisationen wie das Entwicklungsprogramm (UNDP) und die für Kultur, Wissenschaft und Erziehung zuständige UNESCO folgen dieser Strategie des Regimes bislang kritiklos. Dadurch werden sie zu willfährigen Partnern eines Wiederaufbaus, der Vertriebene übergeht, Regimestrukturen festigt, die demografische Neuordnung des Landes befördert und dadurch langfristig Frieden verhindert.

Tatsächlich ist es dem Regime gelungen, UN-Vertreter in Damaskus, Homs und Aleppo für die eigenen Pläne zu vereinnahmen, obwohl es Studien und Recherchen gibt, die Assads Absichten eindeutig entlarven.[2] Staaten wie die Bundesrepublik – der größte einzelne Geber von UN-Syrienhilfe – müssen sich deshalb fragen, ob sie Milliarden von Euro in blindem Vertrauen an die UN-Organisationen überweisen sollten, ohne Bedingungen für deren Verwendung aufzustellen.

## *Assad braucht Terror und Bedrohung*

Bei vielen, die von dem Konflikt nicht unmittelbar betroffen sind, macht sich Pragmatismus breit: in europäischen Außenministerien, bei westlichen Entwicklungsagenturen, internationalen Nichtregierungsorganisationen und humanitären Hilfsvereinen. Assad bleibt an der Macht, also besser der Realität ins Auge schauen und das Beste daraus machen, so der Tenor. Auch manche Syrer denken so. Wer die Gewalt des Regimes nicht persönlich erlebt, sondern nur von weitem beobachtet hat und über das nötige Geld für einen Neubeginn verfügt, ist mitunter bereit, sich mit Assads Machtverbleib zu arrangieren. Das vorherrschende Gefühl unter Syrern ist deshalb inzwischen Verrat. Alle fühlen sich – zu Recht – verraten. Von ihren Nachbarn, vom Regime, von den Geflüchteten, von der Opposition, von den eigenen Angehörigen, vom Westen und von der ganzen Welt. Nur, wie soll daraus ein gewaltfreies Nebeneinander erwachsen, geschweige denn ein gesellschaftlicher Friede?

Eines steht fest: Assad kann den Krieg gewinnen, aber nicht den Frieden. Denn sobald die Kämpfe vorbei sind und Ruhe einkehrt, muss er liefern. Dafür fehlt ihm das Geld. Außerdem muss er seine Sponsoren bedienen, sonst entziehen sie ihm die Unterstützung. Deshalb wird es für den syrischen Präsidenten im Moment seines größten Sieges erst richtig gefährlich. Wenn die Waffen schweigen, russische Kampfjets nach Hause fliegen, Irans Revolutionsgarden eine Pause einlegen, die Hisbollah ihre Wunden leckt und das Regime als Perpetuum mobile scheinbar alles unter Kontrolle hat – wer braucht dann noch Assad? Sobald Syrien nicht mehr als entfesselter Konflikt erscheint und der IS als besiegt gilt, hat sich Assads Lieblingsrolle als geringeres Übel erledigt. Der syrische Machthaber könnte dann zum lästigen Hindernis auf dem Weg zum Pseudofrieden werden. Assad braucht folglich ein Mindestmaß an Krieg und Terror – ohne einen Dauerzustand latenter Instabilität und Bedrohung kann er nicht überleben. Auch deshalb wird Syrien unter Assad keinen Frieden finden.

Daneben gibt es noch etwas, das der syrische Staat mit diesem Regime nicht finden wird: Unabhängigkeit und Souveränität. Assads Herrschaftssystem ist in einem solchen Ausmaß auf die Unterstützung des Auslands angewiesen, dass manche Syrer darin einen Ausverkauf ihres Landes sehen. Iran und Russland wollen in Syrien Geld verdienen und Abhängigkeiten schaffen. Assad hat dem nichts entgegenzusetzen, weil seine persönliche Macht daran hängt.

Grundsätzlich wird der Krieg in Syrien von den Prioritäten externer Kräfte bestimmt und nicht länger von einer innersyrischen Dynamik. Syrische Akteure – nicht nur das Regime, auch Opposition, Rebellen und Kurden – sind nicht mehr strategisch Handelnde, sondern nur noch Juniorpartner ihrer ausländischen Sponsoren. Sie verfolgen keine eigenen Interessen, sondern diejenigen ihrer Schutzpatrone. Kurzfristig könnte das Land deshalb in vier Protektorate zerfallen: die Assad-Gebiete im Osten, Süden und im Zentrum unter iranischer und russischer Kontrolle, den Nordwesten unter türkischem Einfluss, die Kurdenregion im Nordosten und ein überwiegend sunnitisches Protektorat im Osten, das von den USA und regionalen Partnern (Saudi-Arabien, anderen Golfstaaten und Jordanien) eingerichtet würde.

Solange in Syrien ein schwaches und abhängiges Regime herrscht, wird das Land ein Spielfeld bleiben, auf dem andere Mächte ihre Rechnungen begleichen. Und die Syrer werden sich als Figuren in diesem großen Spiel fühlen, dessen Regeln sie nicht gemacht haben und das sie deshalb nur verlieren können.

## Die »Syrienisierung« der internationalen Politik

Was in Syrien passiert, ist das Ergebnis eines Totalversagens der internationalen Gemeinschaft – ihrer Institutionen, Regierungen und Gesellschaften. Die nach dem Ende des Zweiten Weltkriegs etablierten Mechanismen zur Verhinderung oder Beilegung von Konflikten funktionieren in Syrien nicht. Die Zeiten sind vorbei, als sich kluge Außenminister um einen Tisch setzten und nach knallhartem Geschacher eine für alle gesichtswahrende Lösung fanden. Auch Verhandlungsformate, bei denen sich Regierungsvertreter mit Oppositionsführern und Milizenkommandeuren treffen und unter dem Druck diplomatischer Schwergewichte auf Fahrpläne zum Frieden einigen, taugen nicht mehr. Sie scheitern im Falle Syriens an zu vielen ausländischen und nichtstaatlichen Akteuren mit widerstreitenden Interessen. Was seit Jahren auf offiziellen Konferenzen und bei informellen Gesprächen in Genf, Wien oder Astana ausgehandelt wird, wirkt sich auf das Geschehen in Syrien kaum aus. Die Mittel und Tricks, mit denen Unterhändler früher Annäherung, Entgegenkommen, Zugeständnisse und Deeskalation erreichten, haben ausgedient. In Syrien ist die Diplomatie am Ende, so scheint es. Oder besiegelt Syrien das Ende der Diplomatie?

Tatsächlich liegt es nicht nur an Syrien. Generell fehlen die zu unserer Weltordnung passenden Instrumente. Denn während die Welt eine ganz andere geworden ist – multipolar, vernetzt, dynamisch und unberechenbar –, stammt ihr Ordnungsrahmen noch aus dem Kalten Krieg, der womöglich übersichtlichsten Phase der Weltgeschichte. Damals waren die Fronten klar, die Akteure berechenbar, die Gesprächskanäle etabliert und die Politiker aufeinander eingeschworen. Aufrüstung zur Abschreckung – das war nicht schön, aber verständlich.

Heute werden Konflikte nicht mehr nur mit konventionellen Waffen oder deren Bereithaltung geführt, sondern mithilfe der Medien und über das Internet, mit Propaganda und Desinformation, mit nationalen Narrativen und Delegitimierung, mit dem Abbau oder der Verhängung von Zöllen, mit Sanktionen und Investitionen, der Vertreibung von Menschen, der Verschiebung von Geflüchteten und mit dem Einsatz paramilitärischer oder terroristischer Organisationen. Kein Wunder, dass viele nicht mehr durchblicken und sich ein Gefühl großer Verunsicherung breitmacht.

Deshalb lassen sich Bürger demokratischer Staaten auch nicht mehr so einfach mobilisieren. Massenproteste, wie sie früher gegen den Vietnamkrieg, amerikanische Pershing-II-Raketen oder den Golfkrieg stattfanden, sind kaum noch vorstellbar. Wenn überhaupt, geht es heute grüppchenweise gegen den Bau von Moscheen oder die angebliche »Islamisierung des Abendlandes«. Die europäische Friedensbewegung ist gefangen in alten ideologischen Schablonen und für syrische Linke und Intellektuelle eine große Enttäuschung. Konflikte wie in Syrien scheinen zu komplex, um politisch Interessierte zu gesellschaftlichem Engagement zu bewegen. Ohne eindeutiges Feindbild bleiben sie lieber zu Hause.

Die Welt ist durcheinandergeraten, und wir haben noch nicht die Mittel gefunden, sie neu zu sortieren. Der Syrien-Krieg ist der erste Konflikt, der diese Tatsache schonungslos offenbart. Er ist das Symptom einer neuen Welt-Unordnung.

*Das Scheitern der UN-Organisationen*

Schauen wir uns das Systemversagen genauer an. Die Vereinten Nationen geben im Falle Syriens ein trauriges Bild ab. Fairerweise muss man sagen, dass die Weltorganisation nur so gut sein kann wie die Summe ihrer Mitglieder – insofern erweist sich die Staatengemeinschaft insgesamt als schlecht aufgestellt. Die UN-Mechanismen sind wirkungslos – in der Politik wie in der Diplomatie, bei der humanitären Hilfe und bei der Durchsetzung von internationalem Recht.

Politisch sind die UN handlungsunfähig, da der Weltsicherheitsrat blockiert ist. Russland hat mit seinem Veto bereits mehr als zehn Resolutionen verhindert. Einigen sich seine ständigen Mitglieder doch mal auf einen Beschluss, wird dieser nicht umgesetzt. Die Resolution 2165 vom Juli 2014 etwa erlaubt die grenzübergreifende Bereitstellung humanitärer Hilfe ohne Zustimmung der Regierung und wurde regelmäßig erneuert – geliefert wird jedoch fast nur in Regimegebiete. Der Einsatz von Fassbomben und Chemiewaffen sowie Angriffe auf zivile Ziele wurden in den Resolutionen 2118 (September 2013), 2139 (Februar 2014) und 2209 (März 2015) unter der Androhung, verantwortliche Parteien zur Rechenschaft zu ziehen, verboten. Geändert hat sich dadurch nichts. Und von der politischen Lösung, wie sie die Resolution 2254 vom Dezember 2015 skizziert, sind wir offensichtlich weit entfernt.

Diplomatisch haben selbst die erfahrensten Vermittler nichts erreicht – Ex-Generalsekretär Kofi Annan und UN-Diplomat Lakhdar Brahimi warfen frustriert das Handtuch, nicht ohne sich bei den Syrern für das eigene Scheitern zu entschuldigen. Den aktuellen UN-Sondergesandten Staffan de Mistura hält ein bemerkenswerter Zweckoptimismus im Amt. Einziges Verdienst der UN-Diplomatie ist zum jetzigen Zeitpunkt, dass der Syrien-Konflikt nicht ganz in Vergessenheit gerät und die Gesprächsfäden zu den verschiedenen Akteuren nicht abreißen.

Humanitär reichen sämtliche Bemühungen nicht aus. Die Syrien-Mission ist das teuerste Hilfsprogramm in der Geschichte der UN und jedes Jahr unterfinanziert. Außerdem lassen sich verschiedene Unterorganisationen, wie bereits angedeutet, ihre Arbeit von Damaskus diktieren. Laut UN-Angaben genehmigte das Regime im Jahr 2017 nur 47 der 172 beantragten Hilfskonvois, die vor allem die Bedürftigsten in den abgeriegelten Gebieten erreichen sollten. Und ohne grünes Licht fahren die UN-Transporter nicht. Damit verstoßen die Vereinten Nationen gegen die internationalen Kriterien der humanitären Hilfe: Unparteilichkeit, Unabhängigkeit und Neutralität. Die Hilfe muss auch im Krieg alle Menschen unabhängig von ihren politischen Ansichten erreichen, sie darf von den Zielen einzelner Kriegsparteien nicht beeinflusst werden. Und humanitäre Akteure dürfen sich in Konflikten nicht auf eine Seite schlagen, indem sie Verantwortlichkeiten verschweigen oder Verbrechen relativieren.

All das scheint in Syrien nicht zu gelten. Nahrungsmittel und Medikamente gibt es dort nur von Assads Gnaden. UN-Vertreter kuschen, beschönigen Bedarfspläne für Hilfsprogramme und weigern sich, Verbrechen des Regimes, ihnen bekannte Zahlen und Fakten klar zu benennen. Stattdessen überweisen sie Millionen an Assads Vertraute, die zwar auf der Sanktionsliste der EU stehen, aber den UN-Funktionären allemal als legitime Geschäftspartner gelten. So schlossen sie Verträge mit der Organisation Al-Bustan, die Assads Cousin Rami Makhlouf gehört und neben sozialen Programmen Todesschwadronen finanziert. Auch mit dem Syria Trust, der »NGO« von Assads Ehefrau, arbeiten die UN zusammen. Wenig überzeugend reden sich ihre Vertreter damit heraus, in einem extrem komplexen Umfeld zu operieren und keinen Einfluss auf die »politischen Rahmenbedingungen« in Syrien zu haben.[3]

Mehrere detailreiche Recherchen von Journalisten und Analysten haben diese Missstände in den vergangenen Jahren öffentlich gemacht.[4] Sie zeigen, dass sich die in Damaskus ansässigen UN-Organisationen den Spielregeln des Regimes unterworfen haben aus Angst, ihre Mitarbeiter würden sonst des Landes verwiesen und jegliche Hilfe unterbunden. Besser den Millionen von Bedürftigen in den vom Regime kontrollierten Gebieten helfen als gar nicht, so die Logik. Dabei wäre Assad ohne die UN-Gelder gar nicht in der Lage, seine Bewohner zu versorgen. Die verschiedenen Unterorganisationen sorgen für Unterkünfte und Essen, bezahlen Lehrergehälter und medizinische Behandlungen. Mit der Zeit haben sich daraus eine Nähe zum Regime und ein vorauseilender Gehorsam gegenüber seinen Vertretern entwickelt, die nicht nur den Verlauf des Konfliktes beeinflussen, sondern auch die Glaubwürdigkeit der UN beschädigen.

## *Straffreiheit, eine historische Beweislage und ein internationaler Haftbefehl*

Bleibt die juristische Komponente – die Durchsetzung der Genfer Konvention, die Anwendung des Völkerrechts, die Ahndung von Kriegsverbrechen vor dem Internationalen Strafgerichtshof in Den Haag. Das Versagen in diesem Bereich ist das vielleicht folgenreichste – denn die anhaltende Straffreiheit für Verbrechen, wie sie in Syrien seit Jahren begangen werden, sendet ein fatales Signal an die Machthaber dieser Welt: Du kannst morden, wie du willst, solange du nur deine Landsleute tötest und einen Freund im Weltsicherheitsrat hast.

Immer schon gab es grausame Diktatoren, die in ihrem Land Millionen Zivilisten ermordeten – Mao Tse-tung in China, Adolf Hitler in Deutschland, Josef Stalin in Russland, Pol Pot in Kambodscha. Aber die Kombination aus flächendeckenden Luftangriffen, wahllosen Fassbomben auf Wohngebiete, Giftgas sowie gezielten Raketen auf Krankenhäuser und Schulen – also Massenvernichtungswaffen gegen die eigene Bevölkerung – und einer staatlich organisierten Tötungsmaschinerie in den Geheimdienstzentren und Gefängnissen ist historisch einmalig. Genauso einmalig ist die Beweislast, die schon jetzt – also während diese Verbrechen noch stattfinden – vorliegt.

Seit 2011 untersucht die Unabhängige Internationale Untersuchungskommission der Vereinten Nationen für Syrien die dort stattfindenden Menschenrechtsverletzungen. Ihre Vertreter bescheinigen dem Regime eine »institutionelle Struktur mit eindeutigen Praktiken von schwerem Missbrauch, Verweigerung von humanitärer Hilfe und unmenschlichen Haftbedingungen, die sämtlich den Tatbestand der Massenvernichtung erfüllen«.[5] Zwischen 2013 und Ende 2017 dokumentierte sie mehr als 30 Chemieangriffe, von denen mindestens 25 durch das syrische Militär erfolgten. Bei den restlichen sind die Verantwortlichkeiten ungeklärt. Nach jahrelangem Beweisesammeln zog sich die ehemalige UNO-Chefanklägerin Carla del Ponte 2017 frustriert aus der Kommission zurück. Die Berichte seien sinnlos, solange es kein Sondertribunal für Syrien gebe, sagte sie. Die in Syrien begangenen Verbrechen nennt die Schweizerin schlimmer als diejenigen in Ex-Jugoslawien und Ruanda. Dabei weiß Del Ponte, wovon sie spricht – sie war zwischen 1999 und 2007 Chefanklägerin sowohl des Jugoslawien- als auch des Ruanda-Tribunals. Die erfahrene Juristin hat keine Zweifel, dass Assad vor Gericht zu lebenslanger Haft verurteilt würde.[6]

Auch Nichtregierungsorganisationen wie Amnesty International und Human Rights Watch haben konkrete Fälle von Massakern und Kriegsverbrechen dokumentiert. Die Kommission für Internationale Gerechtigkeit und Verantwortung (Cija), eine aus ehemaligen Ermittlern internationaler Gerichtshöfe bestehende NGO, sammelt darüber hinaus seit Jahren offizielle syrische Dokumente, um Befehlsketten nachzuweisen. Schließlich muss vor Gericht nicht nur belegt werden, dass Verbrechen gegen die Menschlichkeit stattfanden, sondern auch, wer diese angeordnet hat. Mehr als eine Million Schriftstücke hat Cija aus dem Land geschmuggelt, erste Akten mit den Namen von Verdächtigen sind fertiggestellt.

Daneben liefern die mehr als 53 000 Fotos, die der ehemalige Militärfotograf mit Codename Caesar 2013 sichern und internationalen Ermittlern übergeben konnte, Beweise, wie sie Ankläger früherer Kriegstribunale noch nie gesehen haben. Caesar fotografierte im Auftrag des Regimes 6786 getötete Gefangene – abgemagerte, geschundene Körper. An den Leichen der Gefangenen sind Nummern angebracht, anhand derer sich feststellen lässt, wo die Person getötet wurde und wer für diesen Ort verantwortlich ist.

Mit bürokratischer Besessenheit dokumentiert das Assad-Regime die von ihm begangenen Verbrechen und verdeutlicht nebenbei den entscheidenden Unterschied zwischen den eigenen Gräueltaten und denen anderer Kriegsparteien: die Systematik. Auch Rebellen foltern Gefangene, auch der IS tötet willkürlich, und auch bei US-Luftangriffen sterben Zivilisten. Aber die Gewalt des Assad-Regimes erfolgt systematisch und institutionalisiert, ein ganzer Staatsapparat ist mit der Vernichtung von Zivilisten beschäftigt.

Umso tragischer ist die Tatsache, dass im Falle Syriens keines der etablierten juristischen Instrumente greift. Der Internationale Strafgerichtshof kann nicht aktiv werden, weil Damaskus ihn nicht anerkennt und Russland im Weltsicherheitsrat eine Überstellung nach Den Haag blockiert. Auch für die Einrichtung eines Ad-hoc-Tribunals (wie für das ehemalige Jugoslawien und Ruanda) braucht es eine UN-Resolution. Und sogenannte hybride Gerichte, bei denen nationale und internationale Juristen an einem geeigneten Ort zusammenarbeiten (bisher etwa im Kosovo, in Sierra Leone, Kambodscha und im Libanon), werden entweder von dem betroffenen Land oder ebenfalls durch die Vereinten Nationen berufen.

Internationale Strafverfolger gehen deshalb neue Wege. Sie nutzen nationale Gerichte, um in Syrien begangene Verbrechen zu ahnden. Drei Möglichkeiten haben sie, um Ermittlungen aufzunehmen. Erstens wenn ein Staatsbürger des eigenen Landes in Syrien eine Straftat begangen hat – zum Beispiel deutsche Dschihadisten bei der Terrorgruppe IS. Zweitens wenn eigene Staatsbürger in Syrien zu Schaden gekommen sind – so wie ein syrisch-französischer Vater und sein Sohn, die 2013 in Damaskus verhaftet wurden und seitdem verschwunden sind. In ihrem Fall ermittelt ein Gericht in Paris. Und drittens wenn die begangenen Verbrechen so schrecklich sind, dass sie die ganze Welt angehen – wie die unter Paragraf 1 des Völkerstrafgesetzbuches genannten Straftaten Kriegsverbrechen, Völkermord und Verbrechen gegen die Menschlichkeit.

Staaten wie die Bundesrepublik, die dieses sogenannte Weltrechtsprinzip anerkennen, können in Syrien begangene Verbrechen vor deutschen Gerichten verhandeln, auch wenn es keinerlei Verbindung gibt, weil sowohl Täter als auch Opfer Syrer sind. In Zusammenarbeit mit dem Europäischen Zentrum für Verfassungs- und Menschenrechte (ECCHR) erstatteten die syrischen Anwälte Anwar al-Bunni und Mazen Darwish mit mehreren syrischen Zeugen und Opfern im Frühjahr 2017 vier Strafanzeigen bei der Bundesanwaltschaft in Karlsruhe. Dort läuft bereits seit 2011 ein Strukturermittlungsverfahren zur Lage in Syrien. Ziel ist es, internationale Haftbefehle gegen hochrangige Vertreter des Regimes zu verhängen. Die Anzeigen richten sich gegen 27 Entscheidungsträger im Geheimdienst- und Militärapparat – Assads Stützen bei der Niederschlagung der Revolution von 2011.

Den ersten Haftbefehl stellte der Generalbundesanwalt im Juni 2018 aus – gegen Jamil Hassan, den Chef des Luftwaffengeheimdienstes, der unter Syrern als besonders brutal gilt. Zum ersten Mal wurde damit ein enger Vertrauter Assads international zur Fahndung ausgeschrieben. Anwälte und Menschenrechtler feierten den Haftbefehl als juristischen Durchbruch und dreifaches Signal: An die Täter, dass sie nicht ungestraft davonkommen. An die Opfer, dass ihr Leid wahrgenommen wird und Gerechtigkeit möglich ist. Und an westliche Regierungen, dass sie sich besser nicht mit überführten Kriegsverbrechern einlassen.

Auch die UN sind angesichts ihrer Blockade einen neuen Weg gegangen. Dieser führte im Dezember 2016 über die Generalversammlung. Sie beschloss die Einsetzung eines Internationalen, Unparteiischen und Unabhängigen Mechanismus (International, Impartial and Independent Mechanism, kurz IIIM) zu Verbrechen in Syrien. Dahinter verbirgt sich eine Arbeitsgruppe, die mithilfe von Forensikern, Staatsanwälten, Geheimdienstexperten und Detektiven Beweise für Kriegsverbrechen an zentraler Stelle zusammenträgt, sichert und mit Juristen weltweit teilt, wenn sich irgendwo die Chance für eine Strafverfolgung bietet. Mehr als zwei Dutzend Staaten finanzieren die von der französischen Richterin Catherine Marchi-Uhel geleitete Gruppe – Länder, die sich nicht mit der anhaltenden Straflosigkeit in Syrien abfinden wollen. Zwar kann dieser neue UN-Mechanismus kein Gericht ersetzen, aber er kann Anklagen für zukünftige Verfahren vorbereiten. Sollte es irgendwann ein Sondergericht geben, eine Überweisung nach Den Haag oder – im besten Fall – eine Aufarbeitung von Kriegsverbrechen innerhalb Syriens, stehen notwendige Beweise schon bereit.

## *Wie Syrien die Welt verändert*

Bis dahin droht die weitere »Syrienisierung« der Welt. Alles, was in Syrien passiert oder nicht klappt, wird zur globalen Tendenz. Standards werden gesenkt, internationale Übereinkünfte wertlos, Kooperationen heruntergefahren, Bündnisse aufgekündigt, nationale Interessen in den Vordergrund gerückt. Folgende sechs Entwicklungen lassen sich beobachten.

1. Die Zeit zwischenstaatlicher Kriege ist schon länger vorbei, was zunimmt, sind innerstaatliche Konflikte. In Syrien sehen wir, wie aus einem solchen innerstaatlichen Konflikt ein transnationaler, regionaler und internationaler Konflikt wird, der am Ende wieder einen zwischenstaatlichen Krieg zur Folge haben könnte (etwa zwischen Israel und Iran). Wenn die internationale Gemeinschaft keine gemeinsame, einheitliche und abgestimmte Antwort für ein innerstaatliches Problem findet, mischen sich verschiedene ausländische Mächte direkt ein. Um dieses Knäuel aus widerstreitenden Interessen zu entwirren, fehlen geeignete Gremien und Verfahren.

2. Konflikte werden nicht länger von Weltmächten gesteuert, sondern zunehmend von Regionalstaaten, Milizen und nichtstaatlichen Akteuren. Entsprechend stehen lokale Interessen im Vordergrund und nicht mehr globale Zusammenhänge. In Syrien ist der Einfluss der Weltmacht Russland auf den Iran und seine Revolutionsgarden sowie auf Assad beschränkt, ebensowenig können die USA ihren Verbündeten Türkei aufhalten, Qatar und Saudi-Arabien auf Linie bringen oder Re-

bellen herumkommandieren. Regionale Feindseligkeiten und internationale Verwerfungen können deshalb jederzeit eskalieren – eine global denkende und im Ernstfall deeskalierende Instanz gibt es nicht mehr.

3. Das Wort »Bündnistreue« können wir aus dem Lexikon der internationalen Politik streichen. Staaten halten sich untereinander nicht mehr an langjährige Bündnisse, sondern gehen lieber kurzfristige Zweckallianzen ein, um eigene Interessen durchzusetzen. Besonders offensichtlich bröckeln gerade die transatlantischen Beziehungen zwischen den USA und Europa, weil US-Präsident Trump meint, amerikanische Interessen im Alleingang und Befehlston durchsetzen zu können. Aber welche widersprüchlichen Wendungen und damit Unberechenbarkeiten kurzfristige Zweckbündnisse hervorbringen, zeigt der Syrien-Konflikt besonders deutlich.

So sind die USA und die Türkei eigentlich NATO-Partner. Trotzdem unterstützt Washington mit den kurdischen Volksverteidigungseinheiten (YPG) in Syrien eine Gruppe, die Ankara als Feind betrachtet. Die Verbündeten des einen sind die Terroristen des anderen. Das führt zu inkonsequentem Verhalten. Denn während die USA zusammen mit den YPG im Osten den IS bekämpfen, schauen sie zu, wenn diese im Westen von der Türkei angegriffen werden. Mal überwiegt der kurzfristige Kampf gegen den Terror, mal das langfristige NATO-Verhältnis.

Der türkische Präsident Erdoğan ist eigentlich gegen Assad. Aber sollte der ihm bei der Vertreibung der YPG helfen, wäre er ihm willkommen. Besser das Assad-Regime an der eigenen Grenze als eine kurdische Autonomie. Russland wiederum unterstützt das syrische Regime, unternimmt jedoch nichts, wenn Assads Einrichtungen von Israel bombardiert werden, weil sich dort iranische Milizen ausbreiten. Denn Ärger mit Israel will Putin nicht riskieren, außerdem ist eine Schwächung des Iran (eigentlich Verbündeter!) ganz in seinem Sinne.

Es herrscht ein Chaos aus sich verschiebenden Interessen, dynamischen Beziehungen und dadurch neu entstehenden Fronten, weil die in Syrien intervenierenden Mächte ihre Ziele ständig neu ausrichten (müssen), statt einer verlässlichen Linie zu folgen.

4. Viele Länder mischen sich außerdem nicht mehr nur direkt mit eigenen Truppen und Militärberatern ein, sondern indirekt über nichtstaatliche Akteure. Damit ist nicht nur die Aufrüstung inländischer Gruppen oder Putschisten gemeint, wie sie gerade die USA seit Jahrzehnten betreiben (etwa in Lateinamerika und Afghanistan), sondern auch das Entsenden eigener Milizen, die sich dem Einfluss des Staates entziehen. Dadurch wird ihr Vorgehen undurchsichtig und ihr Verhalten unberechenbar.

Der Iran etwa schickt Revolutionsgarden und schiitische Kämpfer aus aller Welt nach Syrien, Russland vermeidet unpopuläre Verluste von Armeeangehörigen, indem es private Söldner einsetzt, und die Hisbollah ist ohnehin auf eigene Rechnung in Syrien und hört auf keine libanesische Instanz. Mit solchen nichtstaatlichen Akteuren ist der Krieg noch schwieriger zu steuern, weil manche von ihnen eigene Interessen entwickeln und sich die hinter ihnen stehenden Mächte aus der Verantwortung stehlen. Dann ist der Krieg irgendwann offiziell vorbei, aber die Milizen bleiben, und keiner ist zuständig.

Deshalb müssten theoretisch alle bewaffneten Parteien an einer Lösung beteiligt werden – doch je mehr es sind, desto komplizierter wird es. In Syrien kämpfen Dutzende Gruppen: die Nationalen Verteidigungskräfte (NDF) auf Regimeseite, Revolutionsgarden und schiitische Milizen des Iran, die Hisbollah, russische Söldner (vor allem der Gruppe Wagner), kurdische YPG sowie oppositionelle islamistische und nationale Kämpfer (zum Teil im Auftrag Erdoğans). Keine dieser Gruppen hört auf eine Regierung, wenn überhaupt folgen sie nur den Anweisungen einzelner starker Männer.

5. Der Syrien-Krieg hat internationale Strukturen geschwächt. Da bisherige Regeln, Verträge, Institutionen und Mechanismen in Syrien nichts bewirkt haben, ist der Glaube an dieses Ordnungssystem und an eine multinationale Zusammenarbeit generell erschüttert. Welcher Machthaber fühlt sich heute noch der Allgemeinen Erklärung der Menschenrechte verpflichtet, den UN-Konventionen gegen Folter, Verschwindenlassen und Völkermord? Selbst die Genfer Konvention, die nach dem Zweiten Weltkrieg Regeln für den Krieg aufstellte und von allen Staaten anerkannt wird, ist zum Treppenwitz der Geschichte verkommen. Verletzte, Krankenhäuser und medizinisches Personal müssen von den Kriegsparteien geschützt werden? Zivilisten und zivile Objekte dürfen nicht angegriffen werden? Schön wäre es. Nachdem genau diese Völkerrechtsbrüche in Syrien alltäglich geworden sind, werden sie sich andernorts wiederholen. Rücksichtslose Luftangriffe auf zivile Ziele und eine Blockadepolitik, die die Bevölkerung aushungert und krank macht, sehen wir bereits im Jemen. Der Syrien-Konflikt beweist: Ungerechtigkeit an einem Ort gefährdet die Gerechtigkeit überall. Kriegsherren können tun, was sie wollen, die Öffentlichkeit ist abgestumpft, das Ziel heiligt wieder alle Mittel.

6. Schließlich ist, verstärkt durch den Syrien-Krieg, die weltweite Systemfrage neu entbrannt, die Diskussion darüber, welches Staats- und Gesellschaftsmodell den Menschen am besten dient. Bis vor wenigen Jahren galt die liberale Demokratie unangefochten als beste Form des Zusammenlebens: frei, rechtsstaatlich und wirtschaftlich erfolgreich. Mit Gesetzen, die für alle gelten, einem souveränen Volk, das mitbestimmt, mit freien Märkten, die den Wohlstand vermehren, Sozialsystemen, die für Gerechtigkeit sorgen, und Politikern, die sich für das, was sie tun, verantworten müssen.

Inzwischen entwickeln Autokraten wieder Strahlkraft. Präsident Putin verhilft Russland zu alter Größe. Chinas wirtschaftlicher Aufstieg wirkt unaufhaltsam, die von Peking praktizierte liberale Autokratie effektiv. In der Türkei trägt die Mehrheit der Bevölkerung Präsident Erdoğans Weg zur Alleinherrschaft mit. Und die US-Amerikaner haben einen Präsidenten gewählt, der die Institutionen des Rechtsstaats verachtet und lieber per Twitter regieren würde.

Die liberalen Demokratien Europas ringen derweil mit Unzulänglichkeiten. Der Sozialstaat ist bürokratisch, die öffentliche Verwaltung ineffizient, die politische Elite abgehoben. Wirtschaftskonzerne handeln unverantwortlich, Parlamente sind von kaum unterscheidbaren Volksparteien gelähmt, die Verteilung von Vermögen erscheint ungerecht und die Gesellschaft ist gespalten. Und nun zeigt der Syrien-Konflikt, dass autokratisch regierte Länder ihre außenpolitischen Interessen viel erfolgreicher durchsetzen können als Demokratien. Während Letztere sich um Parlamentsmehrheiten kümmern und die öffentliche Meinung berücksichtigen müssen, können Staatschefs wie Putin, Erdoğan und Irans Revolutionsführer Khamenei schnell und fast im Alleingang entscheiden. In Syrien hat die Autokratie deshalb eindeutig gesiegt. Der Westen hat viel geredet und wenig getan und mit dieser Lücke zwischen Worten und Taten die eigene Glaubwürdigkeit verspielt. Er konnte mit seinem System aus internationalen Absprachen, moralischen Prinzipien und demokratisch legitimierten Institutionen weder den Syrern helfen noch den Krieg beenden – die liberale Demokratie hat in Syrien versagt.

## Geflüchtete und Integration, Nationalismus und Terror: Folgen für Europa

»Wenn wir uns nicht um die Welt kümmern, kommt die Welt eben zu uns« – so oder ähnlich haben verschiedene Kollegen die »Flüchtlingskrise« 2015 kommentiert. Ich würde mit Bezug auf Syrien etwas präziser formulieren: Wenn wir die Menschen nicht in Syrien schützen, suchen sie den Schutz bei uns. Wären die Syrer dank Flugverbotszonen sicher und dank unabhängiger humanitärer Hilfe einigermaßen versorgt gewesen, hätten sie ihr Land nie verlassen. Im Gegenteil: Hunderttausende wären aus den Nachbarländern in solche Schutzzonen im Norden und Süden zurückgekehrt, statt nach Europa weiterzuziehen.

»Hätte«, »wäre«, »würde« – rückblickend mag diese Analyse nicht mehr weiterhelfen. Aber da sämtliche Syrien-Experten, die das Land kennen und den Konflikt verstehen, seit 2012 vor genau dieser Entwicklung gewarnt und immer wieder für den Schutz von Zivilisten geworben haben, muss ich es hier noch einmal klar sagen: Der Treck aus Geflüchteten, die sich 2015 über die Balkanroute auf den Weg nach Europa gemacht haben, war vermeidbar. Nicht mit Mauern und Abschottung, sondern mit einer verantwortungsvollen Außen- und Einwanderungspolitik.

Die Menschen innerhalb Syriens den Bomben Assads und in den Nachbarländern dem Elend zu überlassen, war das eindeutige Signal Europas, sich nicht zuständig zu fühlen. Was geht uns auch das Chaos in Nahost an? Warum sollen immer wir uns kümmern?, mag manch Europäer fragen. Ganz einfach: Weil Syrien am Mittelmeer liegt und folglich unser Nachbar ist. Weil Europa seit Jahrhunderten im Nahen Osten mitmischt und einen erheblichen Anteil an den Problemen der Region hat. Und weil sich alles, was wir in der globalisierten Welt von heute tun, auf Menschen anderswo auswirkt. Kopf in den Sand und warten, bis es vorbei ist, klappt nicht mehr. Zäune hochziehen, Grenzen dichtmachen und Menschen zurückschicken, ohne gleichzeitig legale Einwanderung aktiv zu gestalten, ist keine Strategie, sondern eine Verlagerung von Problemen, die uns früher oder später wieder einholen.

## *Europas drei Versäumnisse*

Europa war also nicht bereit, die Syrer in ihrer Heimat zu schützen. Statt weniger Bomben brachten Europäer und Amerikaner ihnen mehr Bomben. Die Luftangriffe gegen den IS als »Bekämpfung von Fluchtursachen« zu bezeichnen, zeigte, wie wenig Europas Regierungen von der Dynamik in Syrien verstanden hatten.

Auch die Versorgung der Syrer im Libanon, in Jordanien und der Türkei ist gescheitert. Gemessen an ihren Bevölkerungen beherbergen diese drei Länder laut UNHCR weltweit die meisten Geflüchteten. Trotz ausländischer Hilfsgelder in Milliardenhöhe leben die Syrer dort in großer Not und ohne Perspektive. Die meisten schlagen sich irgendwie durch in der Hoffnung, so schnell wie möglich nach Hause zurückzukönnen. Je unwahrscheinlicher aber ein Ende des Krieges, desto dringender eine neue Existenz – und die ist in den Nachbarländern nicht so einfach aufzubauen. Deshalb die Flucht nach Europa. Wer über Jahre zuschauen muss, wie die eigenen Kinder als Analphabeten aufwachsen (fast die Hälfte der geflüchteten syrischen Kinder der Region gehen nicht zur Schule), hat keine Angst vor dem Schlauchboot.

Statt einen Teil der schutzbedürftigen Syrer geregelt nach Europa zu holen, um die Nachbarländer zu entlasten und ein gewisses Maß an Verantwortung für die anhaltende Katastrophe zu übernehmen, zwang Brüssel die Menschen zur illegalen und gefährlichen Flucht und machte daraus ein Jahrhundertgeschäft für Schlepper und Schmuggler. Über Kontingente und Resettlement-Programme hätte Europa Hunderttausende Syrer nach Bedürftigkeit auswählen, sicher holen und gerecht auf EU-Mitgliedsstaaten verteilen können. So kamen mehr als eine Million Syrer illegal, traumatisiert und mittellos – und in ihrem Windschatten viele andere, die von Wohlstand und Freiheit träumten und die Selfies mit der deutschen Bundeskanzlerin als Einladung missverstanden.

Dieses dreifache Versagen Europas – kein Schutz der Menschen in Syrien, schlechte Versorgung in den Nachbarländern und keine geregelte Aufnahme von Geflüchteten – hat zu dem Schlamassel geführt, in dem wir uns heute wiederfinden. Auch drei Jahre nach dem »Flüchtlingssommer« und angesichts deutlich gesunkener Ankunftszahlen zerbricht Deutschland am Thema der Geflüchteten. Jeden Tag ein wenig – nicht nur im Bundestag, innerhalb von Parteien und Koalitionen, sondern überall. In Behörden und an den

Wahlurnen, in Talkshows, Redaktionen und Internetforen, an Gartenzäunen und auf Familienfeiern.

Sämtliche innenpolitischen Themen werden nur noch unter dem Flüchtlingsaspekt diskutiert: Kriminalität, Sicherheit, Bildung, Sozialstaat, Wohnraum, Arbeit, Renten, Erziehung und Gesundheit. Und dabei wird alles miteinander vermischt – islamische Religion und patriarchale Kultur, Werte und Gesetze, Terror und sexuelle Gewalt, Moscheen und Doppelpass, Asylbewerber, Kriegsflüchtlinge, Migranten, Dschihadisten und schwarzhaarige Deutsche mit oder ohne Migrationshintergrund, IS-Rückkehrer und Familiennachzug, »Kopftuchmädchen« und »Messermänner«[7]. Am Ende brodelt eine bedrohliche Brühe, mit der sich ein Großteil der Bevölkerung in Angst versetzen und steuern lässt.

## *Auf die Syrer folgen die Rechtsnationalen*

Statt berechtigte Sorgen ernst zu nehmen, politische Versäumnisse klar zu benennen, Schwierigkeiten der Integration sachlich und lösungsorientiert zu diskutieren und echte Probleme schnell und effektiv anzugehen, verstricken sich Deutsche und Europäer in Vorwürfen, Rechthaberei und Scheindebatten. Davon profitieren vor allem rechtsnationale Parteien, die fast überall in Europa in die Parlamente einziehen und zum Teil (mit-)regieren. Wenn an ihrer Spitze eine charismatische oder einflussreiche Person (meist männlich) steht, geht damit oft eine Aushöhlung des Rechtsstaats und die Schwächung demokratischer Institutionen einher – zu beobachten bereits in Ungarn und Polen und womöglich bald in Italien und Österreich. Verfassungsgerichte werden entmachtet, die Medien gleichgeschaltet, die Verwaltung instrumentalisiert. An den Schaltstellen der Macht und in gesellschaftlichen Führungspositionen sitzen Freunde oder Geschäftspartner, die den Willen des Präsidenten oder Regierungschefs durchsetzen. Der von verunsicherten Bürgern demokratisch gewählte Machthaber schafft schrittweise die Gewaltenteilung, den Rechtsstaat, Meinungs- und Pressefreiheit ab – aus der liberalen Demokratie wird eine gelenkte Demokratie. Putins Russland und Erdoğans Türkei stehen Modell.

Was früher die Machtergreifung durch Militärputsch war, ist heute die schleichende Vereinnahmung von Staat und Gesellschaft. Politische Gegner, kritische Journalisten oder unabhängige NGOs werden nicht mehr gewaltsam ausgeschaltet, sondern eingeschüchtert, gekauft, entlassen, in ihrer Arbeit behindert oder verboten. Am Ende erreichen (schein)demokratisch gewählte Autokraten das Gleiche: uneingeschränkte Macht und unangefochtene Herrschaft. Dieses System der illiberalen Demokratie erscheint in Zeiten des Umbruchs und der Orientierungslosigkeit besonders attraktiv, weil sich viele Wähler nach einem starken Führer sehnen, der für Ordnung und Vertrautheit sorgt und dadurch dem »wahren Volkswillen« wieder zur Geltung verhilft. Wer jedoch das Rad zurückdreht, schafft die Grundlagen des eigenen Zusammenlebens ab – jene Werte, für die Europa so viel Blut vergossen und so lange mit sich gerungen hat: Freiheit, Toleranz, gleiche Rechte für alle, Mitbestimmung – nachzulesen im deutschen Grundgesetz. Dessen Geist gilt es gegenüber den Rechten zu verteidigen, denn die von ihnen angestrebte illiberale Demokratie ist nationalistisch, völkisch, autoritär und populistisch. Sie führt nicht zu mehr Stabilität, sondern läuft auf Ausgrenzung, Unterdrückung und Krieg hinaus.

Wenn alle »wir zuerst« brüllen, entstehen neue Konflikte, schreibt Stefan Ulrich in der *Süddeutschen Zeitung*.[8] Angst und Verunsicherung wachsen, noch mehr Menschen wählen rechte, autoritäre und identitäre Politiker und Parteien. »Nationalismus ist Krieg« – dieser Satz des früheren französischen Präsidenten François Mitterrand sei keine Phrase, sondern »zur Prophezeiung verdichtete Erfahrung«, kommentiert Ulrich.[9]

## *Der Terror ist verdrängt, nicht besiegt*

Die latente Gefahr von Terroranschlägen in Europa verstärkt das Gefühl der Unsicherheit und den Wunsch nach Führung zusätzlich. Seitdem der IS geografisch besiegt scheint, gelten rückkehrende Kämpfer und Mitglieder der Gruppe als Risikofaktoren. Mehr als 2000 Europäer haben sich in den vergangenen Jahren dem IS angeschlossen, manche könnten nach ihrer Rückkehr selbstständig Attentate verüben. Andere kommen mit Familie nach Europa zurück, sodass selbst Kinder, die über Jahre unter Dschihadisten aufwuchsen, als Bedrohung wahrgenommen werden. Resozialisierung und gedankliche Deradikalisierung sollten deshalb nicht nur im Irak und in Syrien Thema sein, sondern auch in europäischen Ländern, deren Staatsangehörige im Kalifat gelebt haben.

Daneben ist gescheiterte Integration – also das Versagen beider Seiten, Fremde zu Bürgern zu machen – einer der Gründe, warum sich junge Menschen radikalisieren. Dass in Europa geborene Kinder von Zuwanderern und europäische Konvertiten mitunter Anlass haben, sich von der Gesellschaft und dem Westen insgesamt abzuwenden, beobachten Experten seit Jahren – vor allem in Frankreich. Von diesen Erfahrungen müssen wir lernen. Sollten Geflüchtete trotz Asyl und legalem Aufenthalt auch nach Jahren in Deutschland nicht Fuß fassen, wachsen der Frust und damit die Bereitschaft, sich Heilsbringern aller Art anzuschließen – ob Drogenhändlern, kriminellen Banden oder Predigern.

Eine schlecht verwaltete Perspektivlosigkeit bei jenen, die Deutschland eigentlich verlassen müssten, weil ihr Asylantrag abgelehnt wurde, ist eine weitere Ursache für Gewalt, Kriminalität und Extremismus. Die Lösung besteht aus einer schnellen, aber rechtsstaatlichen Bearbeitung von Anträgen, einer zügigen Rückführung von Geflüchteten, die keinen Schutz brauchen, und legalen Wegen der Einwanderung. Mit einer garantierten Zahl von Arbeits-, Ausbildungs- oder Studienvisa könnte die EU die wichtigsten Herkunftsländer (aktuell vor allem in Westafrika) überzeugen, ab einem Stichtag jeden Staatsangehörigen zurückzunehmen. Dann würde sich die lebensgefährliche Fahrt über das Mittelmeer nicht mehr lohnen, weil man ohnehin kurz darauf wieder zu Hause ist. Und der Wunsch nach einem besseren Leben in Europa ließe sich über einen offiziellen Visumsantrag immer noch realisieren.

Europa braucht weder unmenschliche Rückführungszentren an seinen Außengrenzen (wie die sogenannten Hotspots auf Lesbos und Chios) noch eine Kooperation mit Mittelmeeranrainern wie Libyen, in denen Geflüchtete schwer misshandelt werden, um andere abzuschrecken. Im Gegenteil: Europa muss sein Fundament aus Menschenrechten und moralischem Handeln festigen. Dafür sollte es Juristen und Behörden in die Lage versetzen, gründlich, schnell und unbürokratisch zu arbeiten (wie in den Niederlanden), und ihre Entscheidungen zügig und konsequent umsetzen. Im Optimalfall wäre ein Nigerianer drei Wochen nach seiner Ankunft in Italien wieder in der Heimat, wo er sich um ein Visum nach Frankreich bewirbt, statt Tausende von Euro für die nächste Schlepperfahrt zusammenzuleihen.[10]

Zurück zum Terror. Mit einem ungelösten Syrien-Krieg oder einer Grabesruhe unter Assad ist es nur eine Frage der Zeit, bis der IS unter neuem Namen wiederaufersteht. al-Qaida galt 2008 als besiegt, der Islamische Staat im Irak (ISI) 2011 als geschlagen. Wenige Jahre später kontrollierte sein Nachfolger IS ein Gebiet von der Größe Großbritanniens und herrschte über fünf Millionen Menschen. Immer wieder beweisen Dschihadisten also eine ungeheure Regenerationskraft, sobald die Umstände es erlauben. Die Marginalisierung und Ausgrenzung der Sunniten im Irak und die Unterdrückung, kollektive Bestrafung und Vertreibung der Assad-Gegner in Syrien schaffen ein Ausmaß an Verzweiflung und Wut, das Extremisten für sich zu nutzen wissen.

So banal es klingt: Die beste Terrorbekämpfung ist »good governance«, also eine gute Regierungsführung. Menschen, die sich sicher, frei und gleichberechtigt fühlen und für sich und ihre Familien gute Chancen auf ein Leben in Würde und Wohlstand sehen, haben keinen Grund, Lastwagen in Menschenmengen zu steuern oder sich in die Luft zu sprengen. Das ist keine neue Erkenntnis, aber es ist wichtig, daran zu erinnern. Denn seit dem 11. September 2001 betrachten westliche Politiker die Welt nur noch durch die Extremismusbrille. Sie fragen nicht mehr, was eine Gesellschaft braucht, sondern nur noch, welche Gefahr von ihr ausgeht.

Das Konzept der »Verhinderung von gewaltsamem Extremismus« (*preventing violent extremism* = PVE) dominiert als Allheilmittel jede Kooperation. Entwicklungszusammenarbeit und zwischenstaatliche Programme müssen stets der Extremismusprävention dienen, Hilfe wird vor allem unter Sicherheitsaspekten gewährt. Wichtige Ziele wie Menschenrechte, Demokratisierung, die Ermächtigung von Jugendlichen und von Frauen, wirtschaftliche Entwicklung, Meinungsfreiheit und andere liberale Prinzipien geraten aus dem Blick, weil dieser sich nur auf den Krieg gegen den Terror richtet. Das hat dazu geführt, dass repressive Staaten eigene Präventionsprogramme gegen Extremismus entwerfen, um internationale Gelder zu bekommen. In Wirklichkeit verhindern sie damit, dass die eigentlichen Ursachen des Extremismus bekämpft und abgeschafft werden: Menschenrechtsverletzungen, Korruption, Bereicherung und eine Repression, die keine Luft zum Atmen lässt.[11]

Sollte Europa sich weiter zum Komplizen autoritärer Regime machen, schürt es den Hass all jener, die als Opfer dieser Diktaturen auf den Westen und seine liberalen Werte gehofft hatten. Und wenn Europa als Projektionsfläche und Identifikationsmodell ausfällt, bleibt als Alternative zum eigenen Despoten nur noch der radikale Weg des IS. Schon jetzt wiederholen die Europäer ihren alten Fehler, indem sie im Nahen Osten auf Autokraten als vermeintliche Garanten für Stabilität setzen – etwa in Ägypten und Saudi-Arabien. Sollten sie Assad und seine Geheimdienste im realpolitischen Delirium irgendwann zu Verbündeten im Kampf gegen den Terror machen, hätten sie die Mehrheit der Syrer tatsächlich gegen sich aufgebracht und an die Extremisten verloren. Schließlich sind es die Bedingungen seiner Herrschaft und die Strategien seines Sicherheitsapparates, die den Aufstieg des IS in Syrien ermöglicht haben.

An eine Rückkehr von Geflüchteten ist unter den aktuellen Syrien-Aussichten nicht zu denken. Wer in den vergangenen Monaten oder -Jahren freiwillig zurückgegangen ist, hat nicht etwa Hoffnung geschöpft, sondern das Leben im Exil nicht länger ertragen (meist im Libanon, in Jordanien und der Türkei) – die wirtschaftliche Not, Erniedrigung und Diskriminierung, die anhaltende Unsicherheit und Trennung von der Familie, das würdelose Dasein als Bittsteller ohne Zukunft. Noch immer übersteigt die Zahl der Flüchtenden die der Rückkehrer bei Weitem. Auf jeden Syrer, der in sein Zuhause zurückkehrt (aus anderen Teilen des Landes oder aus dem Ausland), kommen drei Syrer, die neu vertrieben werden.[12]

Wer es mit Familie nach Europa geschafft hat, bleibt lieber, wo er ist. Nicht weil das Leben in Deutschland so wunderschön wäre – viele Syrer fühlen sich einsam und leiden an Depressionen –, sondern weil sie versorgt und sicher sind und die Kinder eine Zukunft haben. Sollte die Diktatur in Syrien irgendwann überwunden sein, würden wohl die meisten ihre Koffer packen und zurückkehren. Die Sehnsucht nach der Heimat und der Stolz auf die eigene Kultur und Zivilisation sind unter Syrern sehr ausgeprägt.

Die große Mehrheit ist vor der Gewalt des Regimes geflohen. Da diese viele Formen hat und weitergeht, auch wenn die Luftangriffe irgendwann vorbei sein sollten, können sie nicht zurück, solange Assad herrscht. Manche von ihnen sind individuell verfolgt, weil sie sich für den Aufstand engagiert haben, die meisten stammen jedoch aus Gebieten, die als oppositionell galten, und stehen deshalb unter Generalverdacht. Junge Männer haben sich mit ihrer Flucht häufig dem Militärdienst entzogen. Diese Syrer können und werden sich mit dem Assad-Regime nicht arrangieren. Ihre Häuser sind zerstört, Verwandte tot oder verschwunden, manche kämpfen mit gesundheitlichen Problemen, die in Syrien nicht gut behandelbar sind. Kinder sind in ihrer Entwicklung zurückgeblieben, Jugendliche traumatisiert, Eltern versehrt, akut oder chronisch krank. Außerdem wissen sie, was sie erwartet: ein Dauerzustand von Unterdrückung und Angst.

Noch erlauben es deutsche Gesetze nicht, Syrer gegen ihren Willen zurückzuführen oder abzuschieben. Mit Prämien für eine freiwillige Rückkehr ließen sich höchstens Assad-Anhänger locken. Wer in Deutschland das syrische Regime verteidigt oder verherrlicht, könnte nach einem militärischen Sieg Assads durchaus ermutigt werden, zurückzugehen. Es sei denn, er hat sich schuldig gemacht – dann sollte er lieber in Deutschland für seine Verbrechen zur Verantwortung gezogen werden.

Der Preis für den anhaltenden Syrien-Konflikt – mehr Geflüchtete, teure Integration, neue Terrorgruppen, rückkehrende Dschihadisten, gesellschaftliche Spaltung, ein Erstarken rechtsnationaler Parteien, der Aufstieg autokratischer Politiker, der Verlust liberaler Werte und ein Zerfall Europas – ist schlicht zu hoch, als dass wir Europäer ihm weiterhin plan- und strategielos zuschauen könnten.

## Langfristig denken, eindeutig handeln: Sieben Empfehlungen für den Umgang mit Syrien

Allem Wunschdenken zum Trotz nähert sich der Syrien-Krieg nicht seinem Ende, sondern tritt nur in eine neue Phase. Diese wird von repressiver Scheinstabilität, lokal begrenzten Kriegshandlungen, regionalen Spannungen und international spürbaren Folgen der Krise gekennzeichnet sein. Bedenkt man Anfang und Ende der syrischen Kausalkette, kommt man zu folgender Erkenntnis: Syriens Zivilisten im Stich zu lassen hat zu einer neuen Welt-Unordnung geführt, die vor allem Europa schadet. Es besteht also Handlungsbedarf. Deutschland und Europa sollten zwei Dinge nicht tun, vier sofort angehen und eine Entwicklung langfristig vorantreiben.

### *1. POLITISCH: keine Normalisierung der Beziehungen*

Da der Westen seit Jahren dabei versagt, in Syrien den Unterdrückten zu helfen, sollte er jetzt zumindest nicht die Unterdrücker belohnen. Deutschland sollte keine direkten Beziehungen zum Assad-Regime aufbauen – weder politisch noch diplomatisch, weder wirtschaftlich noch geheimdienstlich. Im Zuge der Terrorbekämpfung sind es meist die Geheimdienste, die sich ohne großes Aufsehen wiederannähern. Assads Dienste nutzen dschihadistische Netzwerke jedoch seit vielen Jahren zur Festigung der eigenen Macht und sind deshalb nicht vertrauenswürdig.

Auch wenn man den frühen Abbruch der Kontakte kritisiert – jetzt ist bestimmt nicht der Moment, ihn rückgängig zu machen. Wer Anfang 2012 schon keine zwischenstaatlichen Verbindungen mehr aufrechterhalten wollte, sollte auch mehrere Hunderttausend Tote und Millionen Vertriebene später daran festhalten, zumal sich die Regierungsführung Assads in den vergangenen Jahren nur verschlechtert hat und die Gründe für seine Isolation folglich fortbestehen.

Vorschläge für ein Abkommen mit Damaskus, um die Rückführung syrischer Geflüchteter (vor allem Straftäter oder Gefährder) zu erleichtern, zeigen, wie erpressbar manche Politiker aus innenpolitischem Kalkül sind. Und wie sehr die Radikalen auf beiden Seiten an einem Strang ziehen. Denn wer mit Assad die Abschiebung seiner Opfer aushandelt, macht den Mörder zum Richter und bestätigt die Propaganda der Extremisten, wonach der Westen einen Krieg gegen den Islam führt und Assad von Anfang an im Amt lassen wollte. Davon profitieren Rechtsnationale und Dschihadisten gleichermaßen – beide wollen den Islam und den Westen zu natürlichen Feinden erklären, europäische Muslime von ihren Heimatländern entfremden und Europas Gesellschaften spalten. Damit beschwören sie einen Kampf der Kulturen herauf, wo in Wirklichkeit keiner ist, weil Europa und der Orient historisch viel zu eng miteinander verbunden sind, als dass man sich auf das Trennende konzentrieren könnte.

## 2. WIRTSCHAFTLICH: *kein Wiederaufbau mit Assad*

Europa sollte sich nicht am Wiederaufbau in Syrien beteiligen, solange dieser dem Regime dazu dient, Anhänger zu belohnen, Gegner zu bestrafen und demografische Veränderungen zu festigen. Da die humanitäre Versorgung der Syrer über die UN sichergestellt ist und diese zu einem Großteil von Europa – insbesondere Deutschland – finanziert wird, bedeutet diese Zurückhaltung nicht, die Menschen verelenden zu lassen. Sie ist vielmehr ein notwendiges Zeichen dafür, dass Assads Pläne nicht der wirtschaftlichen Wiederherstellung Syriens und der sozialen Wiedergutmachung dienen. UN-Organisationen wie UNDP und UNESCO, die sich bislang kritiklos an Projekten in Homs und Aleppo beteiligen, sollten nur unter bestimmten Auflagen finanzielle Hilfe erhalten.

Der Wiederaufbau darf nicht länger als rein technisches Thema verstanden werden, sondern die politischen Rahmenbedingungen, unter denen er stattfindet, müssen mehr Beachtung finden. Ein zukünftiges wirtschaftliches und finanzielles Engagement Europas in Syrien sollte an folgende Bedingungen geknüpft sein: Unabhängige Kontrollmechanismen stellen sicher, dass ausländische Gelder nicht in Patronagenetzwerken versickern. Eine effektive Gewaltenteilung ermöglicht ein System gegenseitiger Kontrolle. Polizei- und Sicherheitskräfte dienen den Bürgern und nicht dem Regime, das staatliche Gewaltmonopol wird durchgesetzt, Milizen müssen ihre Waffen abgeben. Vertreibung und Enteignung werden juristisch aufgearbeitet, um gesellschaftliche Versöhnung zu ermöglichen. Das politische Klima garantiert freie Wahlen und zivilgesellschaftliches Engagement.

Da solche tiefgreifenden Reformen nicht absehbar sind, braucht es mittelfristig Rückgrat. Nachdem es Damaskus bereits gelungen ist, die humanitäre Hilfe in einem nie gekannten Ausmaß zu politisieren, darf sich die Instrumentalisierung von internationalen Geldern nicht beim Wiederaufbau fortsetzen.

## 3. MILITÄRISCH: Zivilisten schützen oder Rückzug

Für den Schutz von Zivilisten ist es nie zu spät. Auch wenn die Durchsetzung von Flugverbotszonen in den verbliebenen Oppositionsgebieten im Norden und Süden unrealistisch erscheint, wäre sie in dreifacher Hinsicht sinnvoll. Erstens würde ein Flugverbot verhindern, dass sich die rücksichtslose Bombardierung und apokalyptische Zerstörung nach dem Vorbild Ost-Aleppos und Ost-Ghoutas wiederholen und Tausende Zivilisten sterben. Zweitens bliebe eine Massenflucht in Richtung Türkei und Jordanien aus. Und drittens würden (von Europa unterstützte und finanzierte) zivilgesellschaftliche Strukturen im Süden geschützt und im Norden gegenüber Dschihadisten gestärkt.

Da Assads Rückeroberungen dem immer gleichen Drehbuch folgen, sind die Folgen absehbar. Im Falle von Idlib sind noch mehr Menschen betroffen als andernorts, weil in der Provinz bereits mehr als eine Million Binnenflüchtlinge ausharren, die vom Regime aus anderen Regionen vertrieben wurden. Die meisten von ihnen können nicht unter Assads Herrschaft leben, da sie aktiv am Widerstand beteiligt waren, und sitzen nun in der Falle.

Ohne den Willen und die Bereitschaft, Zivilisten zu schützen, sollten wir die deutsche Militärintervention in der Region – mit derzeitigem Schwerpunkt in Jordanien – überdenken. An Luftschlägen gegen den IS sollte sich die Bundeswehr auch mit Aufklärungsflügen nicht mehr beteiligen, da diese zu viele Zivilisten treffen und den Terror deshalb nicht nachhaltig bekämpfen, sondern eher befördern.

## 4. JURISTISCH: *Kriegsverbrechen strafrechtlich verfolgen*

Europäische Staaten sollten sich mit allen zur Verfügung stehenden Mitteln an der Strafverfolgung von in Syrien begangenen Kriegsverbrechen und Verbrechen gegen die Menschlichkeit beteiligen. Aufgrund des in Deutschland geltenden Weltrechtsprinzips sollte Berlin dabei eine führende Rolle übernehmen und die Bundesanwaltschaft in Karlsruhe mit mehr Personal und Geld für ihr Völkerstrafrechtsreferat ausstatten. Ersten Strafanzeigen, Ermittlungen und internationalen Haftbefehlen gegen hochrangige Vertreter des syrischen Sicherheitsapparates sollten so bald wie möglich weitere folgen, damit allen klar wird, dass die Verantwortung für die systematisch begangenen Verbrechen in der obersten Führungsriege des Regimes liegt – inklusive des Präsidenten.

Die Bundesrepublik bietet sich als Ort für die Aufarbeitung syrischer Kriegsverbrechen auch deshalb an, weil nirgendwo im Westen so viele syrische Geflüchtete leben wie in Deutschland. Etwa 700 000 Syrer sind seit 2011 gekommen – darunter viele potenzielle Opfer und Zeugen der staatlichen Gewalt, die vor deutschen Gerichten aussagen könnten. Ihre Präsenz birgt zwei weitere Chancen. Erstens wären Syrer, die hierzulande an rechtsstaatlichen Prozessen beteiligt wurden, in der Lage, die Verbrechen nach einem politischen Neubeginn auch in Syrien selbst aufzuarbeiten. Das enorme Ausmaß an institutionalisierter Gewalt macht eine Übergangsjustiz innerhalb des Landes unverzichtbar, selbst wenn einzelne ausgewählte Fälle irgendwann in Den Haag oder vor einem Sondertribunal verhandelt werden. Hunderttausende Syrer, deren Angehörige verschwunden sind, zu Tode gefoltert oder getötet wurden, müssen in Syrien Gehör finden, sonst wird das Land nicht zur Ruhe kommen. Ohne Gerechtigkeit keine Versöhnung, keine Stabilität und kein Frieden.

Die zweite Chance besteht darin, dass unter den Syrern nicht nur Opfer, sondern auch Täter sind: Mitglieder der Staatssicherheit, der Armee oder ausländischer Pro-Assad-Milizen. Würde es gelingen, diese hier zu verurteilen, könnten ihre Landsleute Vertrauen in juristische Institutionen und Verfahren entwickeln. Bislang landen vor allem deutsche Dschihadisten nach ihrer Rückkehr aus Syrien vor Gericht, weil die Mitgliedschaft in einer terroristischen Organisation bereits für eine Anklage reicht. Assads Schergen dagegen müssen einzelne Gräueltaten nachgewiesen werden, um sie anzuklagen. Dass sie in Deutschland Asyl genießen und frei herumlaufen, ist für viele Syrer unerträglich.

## 5. DIPLOMATISCH: *Machtkämpfe externer Akteure entschärfen*

Da der Syrien-Krieg inzwischen ein Weltkonflikt ist, den ausländische Akteure zur Durchsetzung eigener Interessen führen, müssen regionale und internationale Machtkämpfe entschärft werden. Dafür braucht es eine entschlossene und weitsichtige Diplomatie, die europäische Politiker in Zusammenarbeit mit dem UN-Sondergesandten vorantreiben könnten. Über drei Fäden ließe sich das Syrien-Knäuel entwirren: Iran und Saudi-Arabien müssen ihre Rivalität überwinden. Israel und Iran müssen aufhören, ihre eigene Existenz über die Feindschaft zum jeweils anderen zu definieren. Und die Türkei muss einen glaubwürdigen und nachhaltigen Friedensprozess mit der PKK beginnen.

Das klingt nach Wunschdenken, vor allem angesichts der radikalen Positionen und unversöhnlichen Äußerungen der involvierten Politiker – Israels Ministerpräsident Netanjahu, Irans Revolutionsführer Khamenei, der saudische Kronprinz Mohammed bin Salman und der türkische Präsident Erdoğan. Und doch könnten sie alle am Ende gewinnen, wenn sie statt auf Verteidigung und Vernichtung auf Ausgleich und Entspannung setzten. Die egoistisch und nationalistisch agierenden Machthaber der Region davon zu überzeugen, dass eine Annäherung an jahrzehntealte Erzfeinde im eigenen Interesse ist – darin besteht die eigentliche diplomatische Herkulesaufgabe zur Beilegung des Syrien-Kriegs. Tel Aviv, Teheran, Riad und Ankara müssten erkennen, dass die Kriege im Jemen, in Syrien oder gegen die PKK und ihre Ableger sowie Aufrüstung und Atomprogramme viel Geld verschlingen, das man für die wirtschaftliche Entwicklung des Landes oder die Versorgung der Bevölkerung besser einsetzen könnte. Und dass sich dies innenpolitisch lohnt.

Russlands Präsident Putin könnte in seiner neuen Rolle als Strippenzieher in Nahost konstruktiv daran mitwirken, vorausgesetzt, er sähe dabei russische Interessen gewahrt. Mit seinen vielfältigen Kontakten zu sämtlichen Herrschern der Region wäre er in der Lage, zwischen diesen zu vermitteln, vor allem im Iran, in Saudi-Arabien und Israel. Selbst US-Präsident Trump könnte mit seiner stoffeligen Schulterklopf-Diplomatie dazu beitragen, dass Feindbilder bröckeln – schließlich macht er altgediente »bad guys« gern kurzfristig zu »good guys« und umgekehrt. Diese Tendenz zur impulsgetriebenen, unberechenbaren Wendung könnte hier ausnahmsweise von Nutzen sein. Denn wenn sich Trump an der Seite von Nordkoreas Diktator Kim Jong-un gefällt, wäre es denkbar, dass ihn persönliche Eitelkeit und Größenwahn auch zum Handschlag mit Revolutionsführer Khamenei bewegen. Dass aus so einer historisch aufgeladenen Geste mehr wird als ein oberflächlicher Mediencoup, müssten dann erfahrene Diplomaten im Hintergrund sicherstellen.

Wer diese Vorstellungen als naive Träumerei abtut, möge sich daran erinnern, wie undenkbar eine Annäherung zwischen Ost und West während des Kalten Krieges erschien. Und wie Gesprächsformate wie die Konferenz über Sicherheit und Zusammenarbeit in Europa (KSZE) zur Vertrauensbildung beigetragen haben. Wenn Saudi-Arabien und Iran nicht mehr konkurrieren, sondern kooperieren, wenn Israel und Iran ein eigenes Abkommen mit entsprechenden Sicherheitsgarantien aushandeln und die türkische Regierung mit der PKK ein Ende der Gewalt vereinbart, weil sich für die Rechte der Kurden in der Türkei auch politisch streiten lässt, dann hätten all diese Akteure keinen Grund mehr, sich in Syrien militärisch zu engagieren. Syrien hätte als Spielfeld ausgedient, und die Syrer könnten sich ihrem eigentlichen Problem widmen: der Überwindung der Diktatur.

## 6. HUMANITÄR: *Syrer integrieren und versorgen*

Solange politische und diplomatische Lösungen in Syrien nicht greifbar sind, müssen die Versorgung und Integration der Geflüchteten Priorität haben. Im Land kümmern sich die Vereinten Nationen um Binnenvertriebene, sie sollten eigene neutrale Bedarfspläne erstellen und umsetzen, statt die Wunschliste des Regimes zu erfüllen. Außerdem muss die Zusammenarbeit mit regimenahen Organisationen kritisch überprüft werden, da es in manchen Fällen durchaus Alternativen gäbe. Grundsätzlich sollten die Vertreter der verschiedenen UN-Unterorganisationen in Damaskus eine Position der Stärke aufbauen, schließlich ist das Regime von den Vereinten Nationen abhängig und nicht umgekehrt. Als größter Einzelgeber könnte die Bundesregierung diese Umkehr befördern, indem sie die deutsche Syrien-Hilfe (bislang insgesamt 5,8 Milliarden Euro) gezielt Programmen zur Verfügung stellt, deren Planung und Umsetzung unabhängiger erfolgen als in anderen Bereichen. Ziel muss eine schrittweise Entpolitisierung der humanitären Hilfe sein.

Dass es sehr viel günstiger ist, die Syrer in ihrer Heimat oder in den Nachbarländern zu versorgen, als sie in Europa zu integrieren, haben die EU-Staaten inzwischen erkannt. Dennoch kamen bei der letzten internationalen Geberkonferenz in Brüssel im April 2018 nur 3,7 Milliarden Euro der eigentlich benötigten 6,5 Milliarden Euro zusammen. Entsprechend unterfinanziert sind Flüchtlingshilfswerk, Welternährungsprogramm, Kinderhilfswerk und andere.

Im Libanon und in Jordanien geht es vor allem darum, Bildungs- und Gesundheitssysteme so auszubauen, dass die Integration der Syrer nicht auf Kosten der Einheimischen geht. Wenn – wie mancherorts im Libanon – syrische Kinder zusammen mit libanesischen zur Schule gehen, fördert das Toleranz und Verständigung. Europa sollte den Bildungssektor in beiden Ländern flexibel und langfristig finanzieren, damit dort möglichst bald alle syrischen Kinder zur Schule gehen können und Arbeitsplätze entstehen.

Dennoch ist die schiere Zahl der Geflüchteten für kleine Länder wie den Libanon ein Problem. Deshalb müssten besonders schutzbedürftige Syrer über Resettlement-Programme in Europa Aufnahme finden. 50.000 solcher Plätze sollten laut Europäischer Kommission bis Ende 2019 geschaffen werden, bis Mitte Mai 2018 haben zehn Mitgliedsstaaten insgesamt 4252 Personen umgesiedelt. Wenn 500 Millionen Europäer nicht in der Lage sind, 50 000 Syrer aufzunehmen (also 0,0001 Prozent der EU-Bevölkerung), müssen sie sich nicht wundern, wenn diese illegale Wege suchen und dann unnötigerweise unsere Asylverfahren lahmlegen.[13]

Die in den vergangenen Jahren gekommenen Syrer sollten weiter integriert werden – dazu müssen sie die jeweilige Sprache lernen, Schulabschlüsse nachholen, Ausbildungen absolvieren, studieren und Arbeit finden. Dass das für alle Beteiligten mühsam und frustrierend ist und nicht in allen Fällen gelingt, wissen gerade die

Deutschen inzwischen, aber es gibt keine Alternative. Die Bundesrepublik erschwert das Ankommen zusätzlich, indem sie Geflüchtete daran hindert, ihre Ehepartner und minderjährigen Kinder zu sich zu holen. Bekamen 2015 noch fast alle Syrer den Flüchtlingsstatus nach Genfer Konvention, waren es 2017 nur noch 38 Prozent. Alle anderen erhielten subsidiären Schutz, um zu verhindern, dass Frauen und Kinder nachkommen. Geändert hatte sich nicht die Schutzbedürftigkeit, sondern lediglich die Aufnahmebereitschaft. Angesichts deutlich gesunkener Ankunftszahlen und der persönlichen Dramen, die die mitunter jahrelange Trennung von Eltern und Kindern mit sich bringt, sollte der Familiennachzug auch für Syrer mit subsidiärem Schutz möglich sein. Solange die Syrer in ihrer Heimat nicht in Sicherheit und Würde leben können, müssten sie diese Erfahrung wenigstens in Europa machen.

## 7. GESELLSCHAFTLICH: *Ziviles Engagement fördern, bei Aussöhnung helfen*

Schließlich könnten die Europäer den Syrern bei der Bewältigung ihres größten Problems helfen: der sozialen Zerrissenheit. Der Krieg hat die syrische Gesellschaft nachhaltig zerstückelt. Mauern aus Misstrauen und Hass verlaufen durch Großfamilien und Dörfer, zwischen Nachbarn, Stadtteilen und Regionen. Jedes Verhalten ist angreifbar, bei jeder Begegnung liegen Vorwürfe in der Luft: Warum hast du uns im Stich gelassen? Wie konntest du bleiben? Warum schweigst du? Warum habt ihr uns ins Unglück gestürzt? Glaubst du das wirklich? Wie konntest du mitmachen?

Selbst die Weltbank betont, dass zerstörte Netzwerke und Geschäftsverbindungen in Syrien schwerer wiegen als die Zerstörung von Gebäuden und Infrastruktur. Letztere kann man schließlich einfach wieder aufbauen. Aber wie die gesellschaftlichen Wunden heilen? Vertreter der im zweiten Kapitel erwähnten »Grauen« wollen die schweigende Mehrheit der Syrer »aus ihrer Sprach- und Tatenlosigkeit« führen. Sie haben einen Verhaltenskodex für friedliche Koexistenz ausgearbeitet, der als Grundlage eines zukünftigen

Gesellschaftsvertrages dienen soll. Darin heißt es, dass keine Seite unschuldig sei und jede Partei ihre Vergehen zugeben müsse. Dass niemand für die Verfehlungen anderer Mitglieder seiner Religions- oder Volksgruppe verurteilt werden dürfe, da Verantwortlichkeit individuell sei. Und dass der Krieg weder Sieger noch Besiegte hervorbringe, sondern nur Verlierer.[14]

Um eine Tragödie wie die syrische zu überwinden, braucht es bestimmte Fähigkeiten: sachlich diskutieren, den anderen als gleichwertig betrachten, Schuld anerkennen, Konflikte gewaltfrei lösen, die Meinung des anderen stehen lassen, nicht alles persönlich nehmen, Kompromisse finden. Die Europäer haben zwei Weltkriege und vierzig Jahre Teilung verarbeitet und dabei manches gelernt, was den Syrern nutzen könnte. Das soll nicht überheblich klingen – wer mein Buch *Verzerrte Sichtweisen* kennt, weiß, dass es mir fernliegt, den Syrern pauschal irgendetwas »beibringen« zu wollen. Aber viele der seit Langem in Europa lebenden Syrer kommen inzwischen zu dem Schluss, dass eine gesellschaftliche Revolution die Voraussetzung für einen politischen Wandel ist, weil sonst das Assad-Regime nur durch eine andere Diktatur ersetzt würde. Sie wissen, dass der Autoritarismus in Syrien nicht auf das politische System beschränkt ist, sondern die ganze Gesellschaft durchdringt und das Denken des Einzelnen bestimmt. Es gilt das Recht des Stärkeren, wer Schwäche zeigt, hat verloren – das lernt jeder Syrer schon als Kind. Gleichberechtigte Beziehungen gibt es kaum, nicht unter Geschwistern, nicht zwischen Männern und Frauen, nicht in der Schule, nicht unter Kollegen und schon gar nicht über Hierarchien hinweg.

Syrer, die in den vergangenen Jahren die Kraft der Zivilgesellschaft erlebt haben, sind überzeugt, dass jede Veränderung auf der individuellen Ebene beginnen muss. »Wir sind seit 50 Jahren unterdrückt«, sagt Raed Fares von der Union der Revolutionären Büros in Kafranbul. »Dieses Regime hat in jedem von uns einen kleinen Assad gepflanzt.« Deshalb müsse jeder Einzelne an sich arbeiten, meint der Aktivist, der den erwähnten Radiosender Radio Fresh FM leitet und mehrere Mordanschläge überlebt hat.[15] Der

Weg zu einem neuen Syrien führe nicht über bewaffneten Kampf, sondern nur durch die Zivilgesellschaft.

Auch wenn ihr Handlungsspielraum im Land ständig schrumpft, verdienen zivilgesellschaftliche Initiativen und Gruppen in Idlib, Daraa und den kurdischen Gebieten jede Unterstützung. Daneben sollte Europa jene Syrer, die sich für Freiheit und Mitbestimmung eingesetzt haben und deshalb fliehen mussten, bei Interesse weiter befähigen. Sie sind es, die irgendwann ein demokratisches und rechtsstaatliches Syrien aufbauen werden.

Zum jetzigen Zeitpunkt braucht Syrien vor allem eine klare Haltung. Die Syrer müssen wissen, woran sie mit den Europäern sind. Diese werden ihnen nicht helfen, Assad gewaltsam zu stürzen. Aber sie sollten sie dabei unterstützen, die Diktatur langfristig zu überwinden. Da Syrien mit diesem Regime keinen Frieden finden wird, sollte Europa es mindestens ächten. Dabei geht es nicht um die Person Assads, sondern das System dahinter. Erst wenn der Sicherheitsapparat entmachtet ist und die Hauptverantwortlichen für die Verbrechen angeklagt sind, werden geflüchtete Syrer Hoffnung schöpfen und zurückkehren. Bis dahin sollten wir ihren Glauben an Freiheit und Rechtsstaatlichkeit stärken, indem wir Toleranz, Menschlichkeit, Respekt vor dem anderen und die Achtung unserer Verfassung vorleben und einfordern.

# Anhang

## Abkürzungsverzeichnis

AKP      *Adalet ve Kalkınma Partisi*, Partei für Gerechtigkeit und Aufschwung, konservativ-islamische Regierungspartei in der Türkei unter Vorsitz von Recep Tayyip Erdoğan

BBC      *British Broadcasting Corporation*, öffentlich-rechtliche Rundfunkanstalt Großbritanniens

BSS      *Building the Syrian State*, oppositionelle Bewegung bis 2015 innerhalb Syriens

CIA      *Central Intelligence Agency*, Auslandsgeheimdienst der USA

DPK      *Partiya Demokrata Kurdistanê*, Demokratische Partei Kurdistans, kurdische Partei in der Autonomen Region Kurdistan (Nordirak) unter Führung des Barzani-Clans

ECCHR      *European Center for Constitutional and Human Rights*, Europäisches Zentrum für Verfassungs- und Menschenrechte, unabhängige Menschenrechtsorganisation, die Verantwortliche von völkerrechtlichen Verbrechen mit juristischen Mitteln verfolgt

FES      Friedrich-Ebert-Stiftung, SPD-nahe politische Stiftung in Deutschland

FSA      *Free Syrian Army*, Freie Syrische Armee, im Juli 2011 von Deserteuren der syrischen Armee gegründetes loses Bündnis verschiedener Rebellenorganisationen

| | |
|---|---|
| GIZ | Deutsche Gesellschaft für Internationale Zusammenarbeit, staatliche Organisation für die Entwicklungszusammenarbeit im Ausland |
| HDP | *Halkların Demokratik Partisi*, Partei der demokratischen Völker, linksgerichtete, prokurdische Partei in der Türkei |
| HNC | *High Negotiations Committee*, Hohes Verhandlungskomitee, im Dezember 2015 gegründetes Komitee, das die verschiedenen syrischen Oppositionsgruppen bei Verhandlungen in Genf vertritt |
| HTS | *Hayat Tahrir al-Sham*, Komitee zur Befreiung der Levante, Zusammenschluss verschiedener islamistischer und extremistischer Milizen in der Provinz Idlib unter Führung der al-Qaida nahen Nusra-Front bzw. ihres Nachfolgers *Dschabhat Fatah al-Sham* |
| HRW | *Human Rights Watch*, unabhängige internationale Nichtregierungsorganisation, die Menschenrechtsverletzungen weltweit dokumentiert und öffentlich macht |
| ICG | *International Crisis Group*, von westlichen Regierungen, Stiftungen und Konzernen finanzierte Nichtregierungsorganisation, die Analysen und Lösungsvorschläge zu internationalen Konflikten verfasst |
| IIIM | *International, Impartial and Independent Mechanism*, Internationaler, Unparteiischer und Unabhängiger Mechanismus, im Dezember 2016 durch die Generalversammlung der Vereinten Nationen beschlossene Arbeitsgruppe zur Untersuchung und juristischen Verfolgung von in Syrien begangenen schweren Verbrechen |
| IS | Islamischer Staat, salafistisch auftretende Terrororganisation unter Führung von Abu Bakr al-Baghdadi, die von 2014 bis 2017 einen Kalifatsstaat in Teilen des Iraks und Syriens kontrollierte und Anhänger zu Anschlägen in Europa motiviert |
| ISI | Islamischer Staat im Irak, Nachfolgeorganisation von al-Qaida im Irak, aus der zunächst ISIS und dann der IS hervorging |

| | |
|---|---|
| ISIS | Islamischer Staat im Irak und in Syrien, Nachfolgeorganisation von ISI, die sich 2013 von al-Qaida löste und 2014 in IS umbenannte |
| ISSG | *International Syria Support Group*, Internationale Syrien-Unterstützergruppe oder auch Syrien-Kontaktgruppe, im Herbst 2015 ins Leben gerufener Zusammenschluss von 19 Staaten zur diplomatischen Beilegung des Syrien-Konflikts unter der gemeinsamen Führung der USA und Russlands |
| JIM | *Joint Investigative Mechanism*, gemeinsame Untersuchungskommission der UN und der OPCW für die Aufklärung von Chemiewaffenangriffen in Syrien zwischen 2015 und 2017 |
| KNC | *Kurdish National Council*, Kurdischer Nationalrat, im Oktober 2011 gegründetes Bündnis kurdischer Oppositionsparteien in Syrien, seit November 2013 mehrheitlich Teil der Nationalen Koalition syrischer Revolutions- und Oppositionskräfte |
| KSZE | Konferenz über Sicherheit und Zusammenarbeit in Europa, Folge von Konferenzen europäischer Staaten während des Ost-West-Konflikts, die 1975 die Schlussakte von Helsinki hervorbrachte |
| LACU | *Local Administration Councils Unit*, Union der Lokalen Verwaltungsräte, Vereinigung der in den oppositionellen Gebieten Syriens tätigen Lokalen Räte |
| LCC | *Local Coordination Comitees*, Lokale Koordinationskomitees, 2011 entstandene lokale Zusammenschlüsse von Aktivisten zur Organisation von Protesten, aus denen vielerorts Verwaltungsräte hervorgingen |
| MIT | *Massachusetts Institute of Technology*, Massachusetts Institut für Technologie, renommierte private Universität in den USA |
| MOC | *Military Operations Center*, militärisches Operationszentrum, das von Jordanien aus die ausländische Militärhilfe für die Rebellen im Süden Syriens koordinierte |

| | |
|---|---|
| MOM | *Müşterek Operasyon Merkezi*, militärisches Operationszentrum, das von der Türkei aus die ausländische Militärhilfe für moderate Rebellen im Norden Syriens koordinierte |
| MSF | *Médecins Sans Frontières*, Ärzte ohne Grenzen, weltweit operierende unabhängige Nichtregierungsorganisation für medizinische Nothilfe |
| NATO | *North Atlantic Treaty Organization*, Nordatlantikpakt, militärisch-politische Organisation von 29 europäischen und nordamerikanischen Mitgliedsstaaten zur Durchsetzung eigener Sicherheit und weltweiter Stabilität |
| NCC | *National Coordination Committee*, Nationales Koordinationskomitee für demokratischen Wandel, Oppositionsbündnis linker, nationalistischer und kurdischer Parteien innerhalb Syriens |
| NDF | *National Defense Forces*, Dachorganisation privater und halbstaatlicher syrischer Milizen, die für das Assad-Regime kämpfen |
| OPCW | *Organisation for the Prohibition of Chemical Weapons*, Organisation für das Verbot chemischer Waffen, unabhängige internationale Organisation, die von den Vertragsstaaten der 1997 in Kraft getretenen Chemiewaffenkonvention gegründet wurde und das Verbot der Entwicklung, Herstellung, Lagerung und des Einsatzes chemischer Waffen durchsetzen soll |
| PUK | *Yekêtiy Nîştimaniy Kurdistan*, Patriotische Union Kurdistans, kurdische Partei in der Autonomen Region Kurdistan (Nordirak), von Dschalal Talabani 1975 von der DPK abgespalten |
| PVE | *Preventing violent extremism*, Verhinderung von gewaltsamem Extremismus, Prinzip der internationalen Entwicklungszusammenarbeit, das Sicherheitsaspekte in den Vordergrund stellt |
| PYD | *Partiya Yekitîya Demokrat*, Partei der Demokratischen Union, PKK-nahe kurdische Partei, die im Nordosten Syriens (Westkurdistan = *Rojava*) ein Autonomiegebiet kontrolliert |
| PKK | *Partiya Karkerên Kurdistanê*, Arbeiterpartei Kurdistans, 1978 von Abdullah Öcalan gegründete kurdische, sozialistisch aus- |

| | |
|---|---|
| | gerichtete militante Untergrundorganisation und Partei in der Türkei |
| SDF | *Syrian Democratic Forces*, Syrische Demokratische Kräfte, im Dezember 2015 gebildetes Militärbündnis zur Bekämpfung des IS in Syrien, das von den kurdischen YPG dominiert und von den USA unterstützt wird |
| SNC | *Syrian National Council*, Syrischer Nationalrat, im August 2011 gegründetes syrisches Oppositionsbündnis |
| SOC | *Syrian Opposition Coalition*, Nationale Koalition der syrischen Revolutions- und Oppositionskräfte, im November 2012 gegründetes breites Bündnis syrischer Oppositioneller, Rebellen und Aktivisten mit Sitz in der Türkei |
| SCM | *Syrian Center for Media and Freedom of Expression*, Syrisches Zentrum für Medien- und Meinungsfreiheit, syrische Nichtregierungsorganisation, die sich für verfolgte Journalisten und eine unabhängige Berichterstattung in Syrien einsetzt |
| SNHR | *Syrian Network for Human Rights*, Syrisches Netzwerk für Menschenrechte, syrische Nichtregierungsorganisation, die seit März 2011 die Menschenrechtsverletzungen in Syrien dokumentiert und Statistik über die von den verschiedenen Kriegsparteien begangenen Verbrechen führt |
| UNDP | *United Nations Development Programme*, Entwicklungsprogramm der Vereinten Nationen |
| UNESCO | *United Nations Educational, Scientific and Cultural Organization*, Organisation der Vereinten Nationen für Erziehung, Wissenschaft und Kultur |
| UNHCR | *United Nations High Commissioner for Refugees*, Hochkommissar der Vereinten Nationen für Flüchtlinge |
| VDC | *Violations Documentation Centre*, Zentrum zur Dokumentation von Gewalt, im Sommer 2012 gegründete syrische Nichtregierungsorganisation, die die Verbrechen sämtlicher syrischer Kriegsparteien dokumentiert |
| YPG | *Yekîneyên Parastina Gel*, Volksverteidigungseinheiten, bewaffneter Arm der PYD |

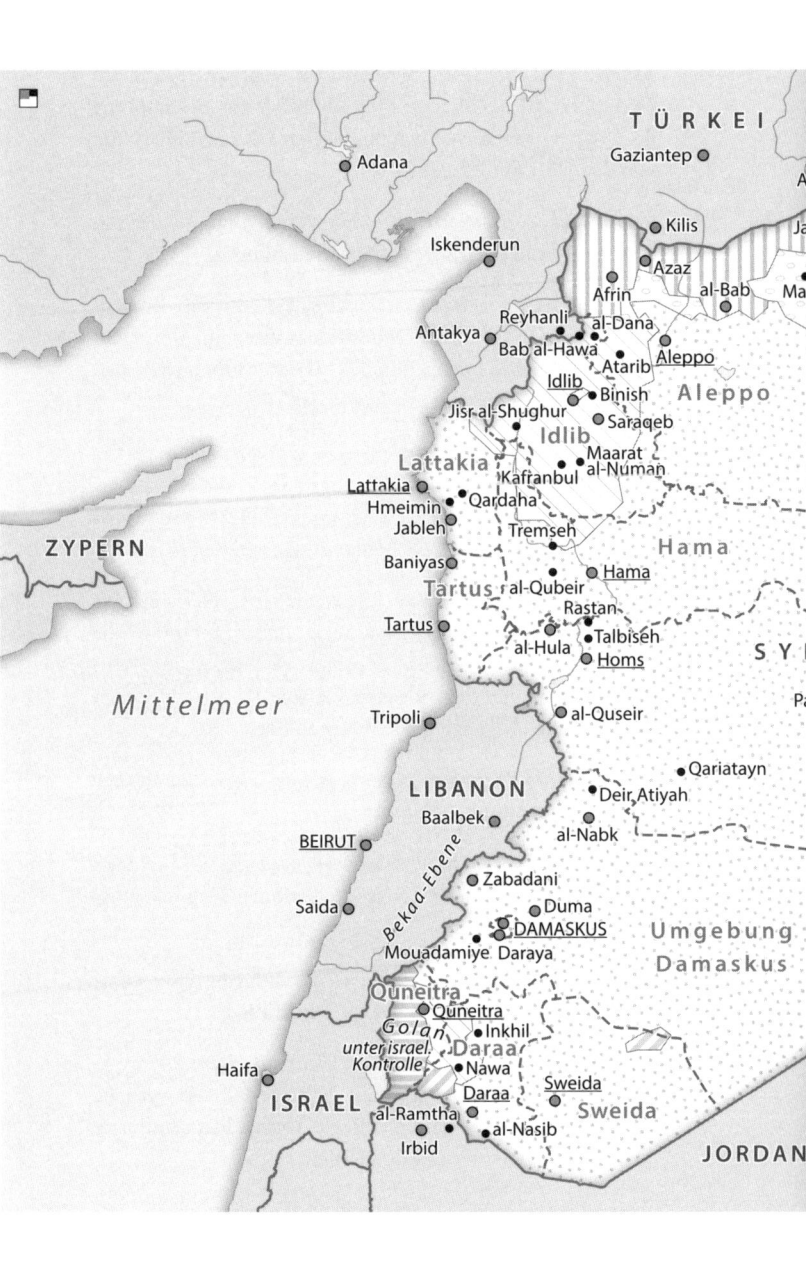

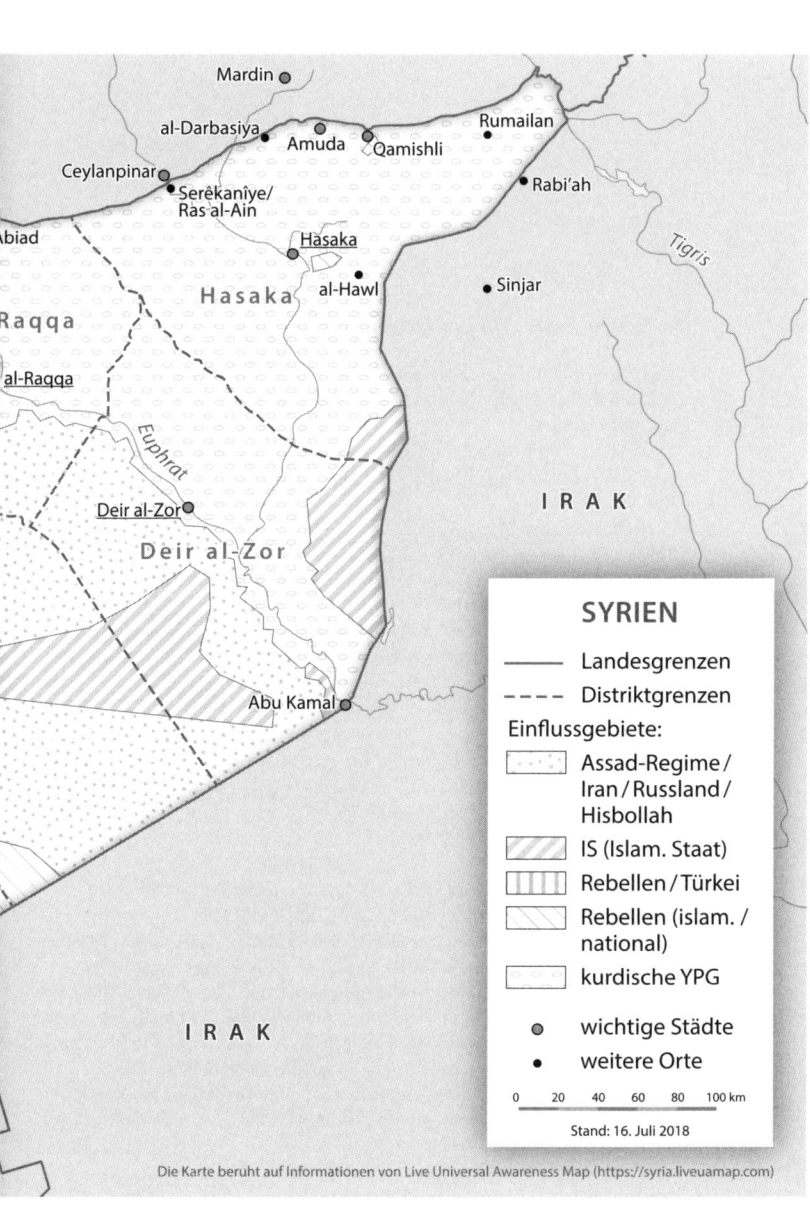

# Quellen

## 1. Das System Assad. Wie das syrische Regime bis heute herrscht

1. Vgl. Nikolaos Van Dam: Destroying a Nation. The Civil War in Syria, I. B. Tauris & Co. Ltd., London/New York 2017, S. 11.
2. Vgl. ebd., S. 43.
3. Daniel Gerlach: Herrschaft über Syrien. Macht und Manipulation unter Assad, Edition Körber-Stiftung, Hamburg 2015, S. 38.
4. Vgl. ebd., S. 48.
5. Gerlach: Herrschaft über Syrien, S. 144.
6. Tobias Schneider im Interview mit Lars Hauch: »Assad hat de facto keine Armee mehr«, Cicero, 6.10.2016. https://www.cicero.de/aussenpolitik/krieg-in-syrien-assad-hat-de-facto-keine-armee-mehr
7. Tobias Schneider: The Decay of the Syrian Regime Is Much Worse Than You Think, War on the Rocks, 31.8.2016. https://warontherocks.com/2016/08/the-decay-of-the-syrian-regime-is-much-worse-than-you-think/
8. Van Dam, Destroying a Nation, S. 47.
9. Vgl. ebd.
10. Vgl. Rosa Yassin Hassan: Überwachte Tänzer. Aus der Serie 10 nach 8 bei ZEIT online, 5.2.2018. http://www.zeit.de/kultur/2018-01/schulalltag-syrien-kinder-zwang-baath-partei-10nach8/komplettansicht
11. Vgl. Gerlach, Herrschaft über Syrien, S. 91.
12. Ebd., S. 92.
13. Vgl. Robin Yassin-Kassab und Leila al-Shami: Burning Country. Syrians in Revolution and War, Pluto Press, London 2016, S. 112.
14. Vgl. Michael Weiss: The Mysterious Fate of the Dissident Italian Priest Snatched by ISIS, The Daily Beast, 29.2.2016. https://www.thedailybeast.com/the-mysterious-fate-of-the-dissident-italian-priest-snatched-by-isis?source=facebook&via=mobile; Matern Böselager: Wer ist die Nonne, die Russland im Syrien-Konflikt die Argumente liefert? Vice, 20.9.2013. https://www.vice.com/de/article/qbmdkd/wer-ist-die-nonne-die-russland-im-syrien-konflikt-die-argumente-liefert
15. Neil McFarquhar: Syria Expels Jesuit Priest Who Spoke for Change, New York Times, 20.6.2012. http://www.nytimes.com/2012/06/21/world/middleeast/syria-expels-activist-roman-catholic-priest.html
16. Vgl. Van Dam, Destroying a Nation, S. 74.
17. Gerlach, Herrschaft über Syrien, S. 87.
18. Ebd., S. 95.

19 Vgl. ebd., S. 94.
20 Vgl. ebd., S. 93.
21 Vgl. Speech to the Syrian Parliament by President Bashar al-Assad: Wednesday, March 30, 2011. Syria Comment, 31.3.2011. http://www.joshualandis.com/blog/speech-to-the-syrian-parliament-by-president-bashar-al-assad-wednesday-march-30-2011/
22 Vgl. CNN 30.6.2011: Syrian presidential adviser denies peaceful protesters targeted. http://edition.cnn.com/2011/WORLD/meast/06/28/syria.unrest/index.html
23 New York Times, 25.3.2011: Syrian Troops Open Fire on Protesters in Several Cities. http://www.nytimes.com/2011/03/26/world/middleeast/26syria.html
24 Gerlach, Herrschaft über Syrien, S. 140.
25 Vgl. Kristin Helberg: Brennpunkt Syrien. Einblick in ein verschlossenes Land, 2. Auflage, Herder Verlag, Freiburg im Breisgau 2014, S. 112 f.
26 Vgl. ebd.
27 Vgl. Van Dam, Destroying a Nation, S. 46.
28 Vgl. Garance Le Caisne: Codename Caesar. Im Herzen der syrischen Todesmaschinerie, C. H. Beck, München 2016.
29 Vgl. Human Rights Council: Out of Sight, Out of Mind: Deaths in Detention in the Syrien Arab Republic, Februar 2016. http://www.ohchr.org/Documents/HRBodies/HRCouncil/CoISyria/A-HRC-31-CRP1_en.pdf
30 Vgl. Yassin-Kassab/al-Shami, Burning Country, S. 46.
31 Vgl. Van Dam, Destroying a Nation, S. 82 f.
32 The Guardian, 3.6.2014: Syria presidential election: Assad's stage-managed show of democracy. https://www.theguardian.com/world/2014/jun/02/syria-election-bashar-al-assad-president?CMP=twt_gu
33 Seventh report of the Organisation for the Prohibition of Chemical Weapons – United Nations Joint Investigative Mechanism (S/2017/904), New York, 25.10.2017. https://reliefweb.int/sites/reliefweb.int/files/resources/N1734930.pdf
34 George Monbiot: A Lesson from Syria: It's crucial not to fuel far-right conspiracy theories, The Guardian, 15.11.2017. https://www.theguardian.com/commentisfree/2017/nov/15/lesson-from-syria-chemical-weapons-conspiracy-theories-alt-right
35 Vgl. Volker Perthes: The Bourgeoisie and The Baath. A Look at Syria's Upper Class. In: Middle East Research and Information Project (MER) 170: Power, Poverty and Petrodollars, Mai/Juni 1991.
36 Ebd.
37 Vgl. Gerlach, Herrschaft über Syrien, S. 95.
38 Vgl. ebd.
39 Vgl. Helberg, Brennpunkt Syrien, S. 126 ff.
40 Vgl. Kheder Khaddour: Consumed by War. The End of Aleppo and Northern Syria's Political Order, Friedrich-Ebert-Stiftung, Oktober 2017.
41 Vgl. ebd., S. 9.
42 Ebd., S. 13.

## 2. Die Syrer. Zerrüttung und Zerfall einer Gesellschaft

1 Vgl. Salon Syria: Research On Syria and What Syrians Want – A Conversation Between Bassam Haddad and Rabie Nasr. Salon Syria 19.2.2018. https://

salonsyria.com/syria-now-research-on-syria-and-what-syrians-want-2/#.WqMBSoV88co
2  Vgl. Van Dam, Destroying a Nation, S. 125.
3  Vgl. Gerlach, Herrschaft über Syrien, S. 306.
4  Vgl. ebd., S. 308.
5  Vgl. Julie Saleh: As Syrian Government Trumpets Military Wins, Fear Continues to Grip Locals in Damascus. Global Voices Middle East, 28.11.2017. https://globalvoices.org/2017/11/28/as-syrian-government-trumpets-military-wins-fear-continues-to-grip-locals-in-damascus/
6  Vgl. Syria: direct: The State of Syria's South: A month-long reporting series from Syria Direct, 11.9.2017. http://test.syriadirect.org/news/the-state-of-syrias-south-a-month-long-reporting-series-from-syria-direct/
7  Vgl. AFP: Luxusprojekte im Syrien-Krieg empören Assad-Anhänger. Rheinische Post online, 17.10.2014. http://www.rp-online.de/politik/ausland/luxusprojekte-im-syrien-krieg-empoeren-assad-anhaenger-aid-1.4601428
8  Vgl. ebd.
9  Vgl. Synaps: Syria trends. Mining underused data. The run-up to the crisis, 16.4.2018. http://www.synaps.network/syria-trends#chapter-3699080
10  Vgl. The Syria Institute und PAX: No Return to Homs. A case study on demographic engineering in Syria. Februar 2017. http://syriainstitute.org/wp-content/uploads/2017/02/PAX_REPORT_Homs_FINAL_web_single_page.pdf
11  Vgl. ebd.
12  Etwa das Massaker von Adwiyya, Karm al-Zaytoun und Refa'i zwischen dem 11. und 12. März 2012, das Human Rights Watch in dem Bericht In Cold Blood. Summary Executions by Syrian Security Forces and Pro-Government Militias vom April 2012 dokumentierte. https://www.hrw.org/sites/default/files/reports/syria0412webwcover.pdf
13  Vgl. Reuters, 19.6.2012: Alawite fortress and Sunni wasteland in Syria's Homs. https://www.reuters.com/article/us-syria-crisis-homs-feature-idUSBRE85I0EI20120619
14  Vgl. The Syria Institute und PAX: No Return to Homs. A case study on demographic engineering in Syria. Februar 2017. http://syriainstitute.org/wp-content/uploads/2017/02/PAX_REPORT_Homs_FINAL_web_single_page.pdf
15  Vgl. ebd.
16  Vgl. Enab Baladi: Female Syrian journalist receives the »Anna Politkovskaya« Award, 12.3.2016. https://english.enabbaladi.net/archives/2016/03/female-syrian-journalist-receives-anna-politikovskaya-award/
17  Vgl. Janine di Giovanni: Syria crisis: Daraya massacre leaves a ghost town still counting it's dead. The Guardian, 7.9.2012. https://www.theguardian.com/world/2012/sep/07/syria-daraya-massacre-ghost-town
18  Vgl. Syrian Network for Human Rights (SNHR): Crimes Against Humanity and War Crimes are the reason behind the forced migration in Darayya. Siege, Chemical Weapons, Barrel Bombs, and International Silence, 31.8.2016. http://sn4hr.org/wp-content/pdf/english/Crimes_against_humanity_forced_displacement_for_Daraya_en.pdf
19  Vgl. Reuter, Christoph: Der Hölle entkommen, SPIEGEL online, 6.9.2016. http://www.spiegel.de/politik/ausland/syrien-krieg-die-letzten-stunden-von-daraya-a-1111004.html

20 Vgl. Kristin Helberg: Mit Krankenhäusern und Grafitti gegen den Terror. Qantara, 1.1.2018. https://de.qantara.de/inhalt/syrischer-buergerkrieg-mit-krankenhaeusern-und-graffiti-gegen-den-terror
21 Vgl. Muhannad Qaiconie: Die letzten Zegen werden ermordet. die tageszeitung, 27.6.2016. http://www.taz.de/!5316699/
22 Vgl. ebd.
23 Vgl. Haid Haid: Widerstand zwecklos? Wie Syriens Zivilgesellschaft den Extremismus bekämpft. Studie für adopt a revolution, November 2017. https://www.adoptrevolution.org/wp-content/uploads/2017/11/Studie_Widerstand-Zwecklos.pdf
24 Vgl. Haid Haid: How my Syrian hometown fought the Islamic State and won. Middle East Eye, 15.9.2017. http://www.middleeasteye.net/essays/how-my-syrian-hometown-fought-islamic-state-and-won-2083666410
25 Syrian Archive und Bellingcat: Bombing Civilians at Public Market in Syria's Atarib, 22.12.2017. https://www.bellingcat.com/news/mena/2017/12/22/targeting-civilians-public-market-al-atarib/
26 Berthold Pelster: »Welt braucht eine Revolution gegen Gewalt«, Interview mit Pater Jacques Mourad. Kirche in Not, 5.10.2016. http://www.kirche-in-not.de/aktuelle-meldungen/2016/10-05-pater-jacques-mourad-die-welt-braucht-eine-revolution-gegen-gewalt
27 Christoph Reuter: Das Experiment von Manbij. Der Spiegel, 1.10.2012. http://www.spiegel.de/spiegel/print/d-88861758.html
28 Iman al-Tayr: Meine Träume und der Krieg. adopt a revolution. 4.5.2018. https://www.adoptrevolution.org/meine-traeume-und-der-krieg/
29 Vgl. Bahira al-Zarier: Syrian family returns to Daraa province after three years in Jordanian refugee camp: »There was no future«. Syria direct, 14.9.2017. http://test.syriadirect.org/news/syrian-family-returns-to-daraa-province-after-three-years-in-jordanian-refugee-camp-%e2%80%98there-was-no-future%e2%80%99/
30 Vgl. Syria direct: Daraa residents begin to repair homes as southern ceasefire holds, 18.9.2017. http://test.syriadirect.org/news/daraa-residents-begin-to-repair-homes-as-southern-syria-ceasefire-holds/
31 Vgl. Khaled Yacoub Oweis: The Last Bastion of the Syrian Revolt. Southern Syria Offers Non-military Venues to Strengthen the Moderates. Stiftung Wissenschaft und Politik (SWP) Februar 2015. https://www.swp-berlin.org/fileadmin/contents/products/comments/2015C05_ows.pdf
32 Vgl. Ismael al-Jamous: Released from government detention, an art therapist finds new meaning in her work: »It all goes out onto the paper«. Syria direct, 7.3.2018. http://test.syriadirect.org/news/released-from-government-detention-an-art-therapist-finds-new-meaning-in-her-work-%e2%80%98it-all-goes-out-onto-the-paper%e2%80%99/
33 Vgl. ebd.
34 Christoph Reuter: Die schwarze Macht. Der »Islamische Staat« und die Strategen des Terrors, DVA, München 2015.
35 Vgl. ebd. S. 17.
36 Vgl. ebd., S. 126 f.
37 Vgl. ebd., S. 129 f.
38 Ebd., S. 143.
39 Vgl. ebd.
40 Vgl. ebd., S. 263 ff.
41 Vgl. Syria direct: Deir a-Zor teacher: After Islamic State »enormous effort« needed to counter extreme ideology, 19.3.2018. http://syriadirect.org/news/deir-e-zor-

teacher-after-islamic-state-%e2%80%98enormous-effort%e2%80%99-needed-to-counter-extreme-ideology/
42 Ebd.
43 Vgl. Raqqa is Being Slaughtered Silently: Raqqa a year under control of ISIS, 12.1.2015. http://www.raqqa-sl.com/en/2015/01/12/raqqa-year-control-isis/
44 Vgl. Ammar Hamou: From displacement camp, former Raqqa activist reflects on »insanity« of documenting IS abuses, Syria direct, 2.11.2017. http://test.syriadirect.org/news/from-displacement-camp-former-raqqa-activist-reflects-on-%e2%80%98insanity%e2%80%99-of-documenting-is-abuses/
45 Vgl. Mehdi Medded und Stéphane Kenech: Im Gefängnis der heiligen Krieger, ARTE 2017. https://www.arte.tv/de/videos/079770-000-A/syrien-im-gefaengnis-der-heiligen-krieger/
46 Vgl. Haid Haid: Driving out ISIS is just the start – rebuilding Raqqa will take years, CNN, 18.10.2017. https://edition.cnn.com/2017/10/18/opinions/no-plan-for-what-happens-next-in-raqqa-haid-haid-opinion/index.html
47 Vgl. Jan-Niklas Kniewel: Rakka, Stunde null, Neue Zürcher Zeitung, 21.9.2017. https://www.nzz.ch/international/rakka-stunde-null-ld.1317551
48 Vgl. Reuter, Die schwarze Macht, S. 253 f.
49 Vgl. Kniewel: Rakka, Stunde null.
50 Jan-Niklas Kniewel: »Wir müssen einander vergeben«, Der Tagesspiegel, 26.4.2018. https://www.tagesspiegel.de/themen/reportage/rakka-ehemalige-hauptstadt-des-is-wir-muessen-einander-vergeben/21214432.html
51 Vgl. UNFPA Whole of Syria. Gender-Based Violence Area of Responsibility: Voices from Syria 2018, 2. Auflage Dezember 2017. https://www.humanitarianresponse.info/sites/www.humanitarianresponse.info/files/documents/files/2017-12_voices_from_syria_2nd_edition.pdf
52 Vgl. ebd.
53 Vgl. Kurdwatch, Bericht 5: Staatenlose Kurden in Syrien. Illegale Eindringlinge oder Opfer nationalistischer Politik?, März 2010. http://www.kurdwatch.org/pdf/kurdwatch_staatenlose_de.pdf
54 Vgl. Kurdwatch Bericht 4: Der »Aufstand von al-Qamischli«, Dezember 2009. http://www.kurdwatch.org/pdf/kurdwatch_qamischli_de.pdf
55 Syria direct: Seizing lands from Afrin's displaced Kurds, Turkish-backed militias offer houses to East Ghouta families, 1.5.2018. https://syriadirect.org/news/seizing-lands-from-afrin%E2%80%99s-displaced-kurds-turkish-backed-militias-offer-houses-to-east-ghouta-families/
56 Vgl. adopt a revolution: Amude: Den Frieden bewahren, 30.9.2017. https://www.adoptrevolution.org/amude-den-frieden-bewahren/
57 Vgl. ebd.
58 Vgl. International Crisis Group: Fighting ISIS: The Road to and beyond Raqqa, April 2017. https://d2071andvip0wj.cloudfront.net/b053-fighting-isis-the-road-to-and-beyond-raqqa.pdf

## 3. Verraten und gekauft. Warum die Revolution in Syrien scheiterte

1 Für tiefe und detaillierte Einblicke in die syrische Revolution empfehle ich das Buch von Robin Yassin-Kassab und Leila al-Shami: Burning Country. Syrians in Revolution and War, Pluto Press, London 2016, oder die persönliche Analyse von Yassin al-Haj Saleh: The Impossible Revolution. Making Sense of the Syrian Tragedy, C. Hurst & Co., London 2017.

2 New Politics: Syria and the Left. Interview with Yassin al-Haj Saleh, Winter 2015. http://newpol.org/content/syria-and-left
3 Ebd.
4 Vgl. al-Haj Saleh, The Impossible Revolution, S. 7.
5 Vgl. Haid Haid: Widerstand zwecklos? Wie Syriens Zivilgesellschaft den Extremismus bekämpft. adopt a revolution, November 2017. https://www.adoptrevolution.org/wp-content/uploads/2017/11/Studie_Widerstand-Zwecklos.pdf
6 Vgl. al-Haj Saleh, The Impossible Revolution.
7 Vgl. Yassin-Kassab/al-Shami, Burning Country, S. 77.
8 Vgl. al-Haj Saleh, The Impossible Revolution, S. 77.
9 Vgl. Yassin-Kassab/al-Shami, Burning Country, S. 79.
10 Ebd., S. 78.
11 Nicolaos van Dam: Foreign intervention in Syria: Isn't it time to admit that the war against the Syrian regime is being lost? Vortrag beim Bruno Kreisky Forum für internationalen Dialog, Wien. Veröffentlicht auf Syria Comment, 8.3.2018. http://www.joshualandis.com/blog/foreign-intervention-in-syria-isnt-it-time-to-admit-that-the-war-against-the-syrian-regime-is-lost-by-nikolaos-van-dam/
12 Vgl. van Dam, Destroying a Nation, S. 99.
13 Vgl. Yassin-Kassab/al-Shami, Burning Country, S. 95.
14 Ebd., S. 96.
15 Vgl. ebd., S. 93.
16 Vgl. ebd., S. 97.
17 Vgl. SNHR: Toll of Most Notable Violations of Human Rights on the Seven Anniversary of the Popular Uprising in Syria, 14. März 2018.
18 Vgl. van Dam, Destroying a Nation, S. 147.
19 Vgl. ebd., S. 158 ff.
20 Vgl. Gerlach, Herrschaft über Syrien, S. 146.

## 4. Spielfeld Syrien. Wie ausländische Interessen den Konflikt befeuern und Frieden verhindern

1 Vgl. SNHR: The World Cup in Russia is Tainted with the Blood of 1.633 Syrian Civilians Killed by Russia, 21.5.2018. http://sn4hr.org/wp-content/pdf/english/The_World_Cup_in_Russia_is_marred_by_the_blood_of_6133_Syrian_civilians_killed_by_Russia_en.pdf
Amnesty International: »Civilian Objects were undamaged«. Russia's statements on it's attacks in Syria unmasked, Dezember 2015. https://www.amnesty.org/download/Documents/MDE2431132015ENGLISH.PDF; Human Rights Watch: Syrien: Berichte über Einsatz neuartiger russischer Streumunition, 13.10.2015. https://www.hrw.org/de/news/2015/10/13/syrien-berichte-ueber-einsatz-neuartiger-russischer-streumunition
2 Vgl. SNHR 21.5.2018.
3 Kristin Helberg: Warum Putin Assad fallenlassen sollte, die tageszeitung, 26.9.2016. http://www.taz.de/!5340020/
4 Ali Fathollah-Nejad: Iran: Fighting ›terror‹ publicly, mourning the dead secretly, Al-Jazeera, 1.5.2018. https://www.aljazeera.com/indepth/opinion/iran-fighting-terror-publicly-mourning-dead-secretly-180430140249437.html
5 Vgl. ebd.

6 Vgl. Anja Zorob: Internationale Sanktionen gegen Syrien: Was haben sie bewirkt? Bundeszentrale für politische Bildung, 19.2.2016. http://www.bpb.de/apuz/221170/internationale-sanktionen-gegen-syrien-was-haben-sie-bewirkt?p=all

7 Vgl. van Dam: Foreign intervention in Syria: Isn't it time to admit that the war against the Syrian regime is lost?

8 Van Dam, Destroying a Nation, S. 127.

9 Vgl. Peace Direct und The Syria Campaign: Idlib Lives, Mai 2018. https://idliblives.org/assets/video/idlib-lives-text-only.pdf; Haid Haid: Widerstand zwecklos? Wie Syriens Zivilgesellschaft den Extremismus bekämpft. Studie für adopt a revolution, November 2017. https://www.adoptrevolution.org/wp-content/uploads/2017/11/Studie_Widerstand-Zwecklos.pdf

10 Vgl. Peace Direct und The Syria Campaign: Idlib Lives, Mai 2018. https://idliblives.org/assets/video/idlib-lives-text-only.pdf

11 Vgl. SNHR: The Annual Report for Most Notable Violations of Human Rights in Syria in 2017, 26.1.2018. http://sn4hr.org/wp-content/pdf/english/The_Annual_Report_for_Most_Notable_Violations_of_Human_Rights_in_Syria_in_2017_en.pdf

12 Vgl. Mona Alami: Will escalation in Iran-US tensions impact Syria conflict? Al-Monitor, 23.5.2018. https://www.al-monitor.com/pulse/originals/2018/05/trump-withdrawal-iranian-deal-face-off-northern-syria-sdf.html

13 Vgl. Anna Ahronheim: Operation Good Neighbor: Bringing injured and sick Syrians into Israel, The Jerusalem Post, 3.2.2018. https://www.jpost.com/Magazine/Operation-Good-Neighbor-540359

14 Vgl. Akiva Eldar: After success with Trump, Bibi has trouble swaying EU on Iran, Al-Monitor, 10.5.2018. https://www.al-monitor.com/pulse/originals/2018/05/israel-us-palestinians-europe-iran-benjamin-netanyahu.html#ixzz5H1NQvY5o

15 Vgl. Guido Steinberg: Die »Volksmobilisierung« im Irak. Stiftung Wissenschaft und Politik, August 2016. https://www.swp-berlin.org/fileadmin/contents/products/aktuell/2016A52_sbg.pdf

## 5. Der Syrien-Krieg als Symptom einer neuen Welt-Unordnung. Was zu tun und was zu lassen ist.

1 Vgl. Norwegian Refugee Council: Reflections on future challenges to Housing, Land and Property restitution for Syrian refugees. Januar 2017. https://www.nrc.no/globalassets/pdf/briefing-notes/icla/final-hlp-syrian-refugees-briefing-note-21-12-2016.pdf

2 Vgl. Emma Beals: UN allowing Assad government to take lead in rebuilding Aleppo, Fox News, 16.11.2017. http://www.foxnews.com/world/2017/11/16/un-allowing-assad-government-to-take-lead-in-rebuilding-aleppo.html; The Syria Institute und PAX: No Return to Homs. A case study on demographic engineering in Syria, Februar 2017. http://syriainstitute.org/wp-content/uploads/2017/02/PAX_REPORT_Homs_FINAL_web_single_page.pdf; Muriel Asseburg und Khaled Yacoub Oweis: Syria's Reconstrucion Scramble. SWP Comments 51, Dezember 2017. https://www.swp-berlin.org/fileadmin/contents/products/comments/2017C51_ass_ows.pdf.

3 Vgl. Kristin Helberg: Die UN kuschen vor Assad, die tageszeitung, 13.9.2016. http://www.taz.de/!5335778/

4 Vgl. The Syria Campaign: Taking Sides: The United Nations' Loss of Impartiality, Independence and Neutrality in Syria, Mai 2016. http://takingsides.thesyriacampaign.org/; Nick Hopkins und Emma Beals: UN pays tens of millions to Assad regime under Syria aid program, The Guardian, 29.8.2016. https://www.theguardian.com/world/2016/aug/29/un-pays-tens-of-millions-of-Assad-regime-syria-aid-programme-contracts; Emma Beals: UN shelved 2017 reforms to Syria aid response. Recommendations for addressing concerns over dealings with al-Assad's government went unheeded, IRIN, 26.2.2018. https://www.irinnews.org/feature/2018/02/26/exclusive-un-shelved-2017-reforms-syria-aid-response; Reinoud Leenders: »Why the UN's Excuses For it's Aid Fiasco in Syria Fail to Convince«, Syria Comment, 3.9.2016. https://www.joshualandis.com/blog/uns-excuses-aid-fiasco-syria-fail-convince-reinoud-leenders/

5 Kristin Helberg: Syrische Folteropfer hoffen auf europäische Gerichte. Deutschlandfunk Hintergrund, 26.4.2017. http://www.deutschlandfunk.de/assads-regime-syrische-folteropfer-hoffen-auf-europaeische.724.de.html?dram:article_id=384657

6 Vgl. Carla Del Ponte: Im Namen der Opfer. Das Versagen der UNO und der internationalen Politik in Syrien, Giger Verlag, Zürich 2018.

7 So formuliert von der AfD-Fraktionsvorsitzenden Alice Weidel am 16.5.2018 im Bundestag.

8 Vgl. Stefan Ulrich: Wie das Inferno in Syrien enden könnte, Süddeutsche Zeitung, 13.4.2018. http://www.sueddeutsche.de/politik/kriegsgefahr-welt-im-wanken-1.3943381

9 Ebd.

10 Die European Stability Initiative (ESI) macht seit Jahren praktikable Vorschläge für eine humane und effektive europäische Flüchtlingspolitik, etwa den Rom-Plan von 2017. Gerald Knaus: Sichere Wege statt tödliches Meer, Internationale Politik (IP) – die Zeitschrift, 1.9.2017. https://zeitschrift-ip.dgap.org/de/ip-die-zeitschrift/archiv/jahrgang-2017/september-oktober/sichere-wege-statt-toedliches-meer

11 Vgl. Peter Harling, Alex Simon und Ben Schonveld: The West's War on itself. The hard truths of soft counterterrorism, Synaps 5.2.2018. http://www.synaps.network/the-wests-war-on-itself

12 Norwegian Refugee Council, Save the Children, Action against Hunger, Care International, the International Rescue Committees, Danish Refugee Council: Dangerous Ground. Syria's refugees face an uncertain future, 5.2.2018. https://www.nrc.no/globalassets/pdf/reports/dangerous-ground---syrias-refugees-face-an-uncertain-future/dangerous-ground---syrian-refugees-face-an-uncertain-future.pdf

13 Als Kriegsflüchtlinge sind die meisten Syrer nicht individuell verfolgt. Sie sollten deshalb kein Asylverfahren durchlaufen, sondern über Kontingente oder Resettlement-Programme unbürokratisch vorübergehend Schutz finden. Vgl. Kristin Helberg: Verzerrte Sichtweisen. Syrer bei uns. Von Ängsten, Missverständnissen und einem veränderten Land, Herder-Verlag, Freiburg 2016, S. 223 ff.

14 Vgl. Christoph Ehrhardt: Syrer sollen Farbe bekennen, FAZ online, 17.1.2018. http://www.faz.net/aktuell/politik/ausland/eine-initiative-will-den-schweigenden-syrern-eine-stimme-geben-15402358.html?printPagedArticle=true#pageIndex_0.

15 Peace Direct und The Syria Campaign: Idlib Lives, Mai 2018. https://idliblives.org/assets/video/idlib-lives-text-only.pdf

Alle Links wurden zuletzt am 13.7.2018 aufgerufen.

# Weiterführende Literatur

Abouzeid, Rania: No Turning Back. Life, Loss, and Hope in Wartime Syria, W. W. Norton & Company, New York 2018

Bender, Larissa (Hg.): Innenansichten aus Syrien, Edition Faust, Frankfurt am Main 2014

Del Ponte, Carla: Im Namen der Opfer. Das Versagen der UNO und der internationalen Politik in Syrien, Giger Verlag, Zürich 2018

Gerlach, Daniel: Herrschaft über Syrien: Macht und Manipulation unter Assad, edition Körber-Stiftung, Hamburg 2015

Helberg, Kristin: Brennpunkt Syrien. Einblick in ein verschlossenes Land, Herder, Freiburg 2014

Helberg, Kristin: Verzerrte Sichtweisen. Syrer bei uns. Von Ängsten, Missverständnissen und einem veränderten Land, Herder, Freiburg 2016

Hénin, Nicolas: Der IS und die Fehler des Westens. Warum wir den Terror militärisch nicht besiegen können, Orell Füssli, Zürich 2016

Le Caisne, Garance: Codename Caesar. Im Herzen der syrischen Todesmaschinerie, C. H. Beck, München 2016

Lister, Charles: The Syrian Jihad: Al Qaida, The Islamic State and the Evolution of an Insurgency, Oxford University Press, New York 2015

Ramsauer, Petra: Siegen heißt, den Tag überleben. Nahaufnahmen aus Syrien, Kremayr & Scheriau, Wien 2017

Reuter, Christoph: Die schwarze Macht. Der »Islamische Staat« und die Strategen des Terrors, DVA, München 2015

Saleh, Yassin al-Haj: The Impossible Revolution. Making Sense of the Syrian Tragedy, C. Hurst & Co., London 2017

Scheller, Bente: The Wisdom of Syria's Waiting Game. Foreign Policy under the Assads, Hurst, London 2013

Stormer, Carsten: Die Schatten des Morgenlandes. Die Gewalt im Nahen Osten und warum wir uns einmischen müssen, Bastei Lübbe, Köln 2017

Van Dam, Nikolaos: Destroying a Nation. The Civil War in Syria, I. B. Tauris & Co, London/New York 2017

Yassin-Kassab, Robin und Al-Shami, Leila: Burning Country. Syrians in Revolution and War, Pluto Press, London 2016

Yazbek, Samar: Die gestohlene Revolution. Reise in mein zerstörtes Syrien, Nagel & Kimche, Zürich 2015